本书出版获得本人主持的2019年国家社科基金重大项目“‘北极命运共同体’理念下‘冰上丝绸之路’合作机制构建研究”（19ZDA140）子课题“北极外交协调机制的构建研究”，2017年司法部国家法治与法学理论中青年项目“中国参与北极海洋法治建设的法律实践问题研究”（17SFB3041），2018年中国博士后科学基金（部级课题）第11批特别资助项目“极区大陆架划界的法律问题及中国对策研究”（2018T110784），以及2019年“双一流”建设专项人才启动经费项目“北极200海里外大陆架划界的法律与政策问题研究”（600460003)等资助。

北极大陆架划界的国际法问题研究

章成 著

WUHAN UNIVERSITY PRESS
武汉大学出版社

图书在版编目(CIP)数据

北极大陆架划界的国际法问题研究/章成著．—武汉：武汉大学出版社，2020.5(2022.4 重印)
ISBN 978-7-307-21485-9

Ⅰ.北…　Ⅱ.章…　Ⅲ.北极—大陆架—划界—国际法—研究
Ⅳ.D993.5

中国版本图书馆 CIP 数据核字(2020)第 070896 号

责任编辑:胡　荣　　责任校对:汪欣怡　　版式设计:马　佳

出版发行：**武汉大学出版社**　(430072　武昌　珞珈山)
(电子邮箱：cbs22@whu.edu.cn　网址：www.wdp.com.cn)
印刷:武汉邮科印务有限公司
开本:720×1000　1/16　印张:16.5　字数:294 千字　插页:1
版次:2020 年 5 月第 1 版　2022 年 4 月第 2 次印刷
ISBN 978-7-307-21485-9　定价:48.00 元

序　言

北极问题是国际社会在主权延伸方面的重要争点，也是中国当代国际法理论和实践领域关注的重要问题。这其中的大陆架划界问题是近年来的研究热点，也是难点，目前国内学界对此进行专门研究的成果不多，但研究的理论意义和现实意义极高。章成博士是我指导过的优秀学生，勇于思考、专注勤奋，很早就展现出了很好的学术潜力，在留校进入武汉大学中国边界与海洋研究院工作后，也取得了一系列出色的研究成果。章成博士一直持续关注北极治理领域和北极大陆架划界争议所涉及的各项国际法问题，并经常与我一起进行交流和探讨，本书即是在他博士论文的基础上修改完善而成。全书通过系统广泛地梳理、研究国内外的文献资料，从大陆架的基本制度入手，分析了北极大陆架划界的主要法律问题，条分缕析地对北极地区 200 海里内、外大陆架案例做了地毯式的梳理、研究，运用海洋法原理并归纳各案中的法理，进而对未来的发展走向作出合理预判，并最终落脚于中国的策略选择，这是近年来少有的具有一定深度的开拓性成果。

本书的研究视角体现了理论前沿和实践导向，选题和结论经得起学术推敲。全书材料和文献运用充实、全面，学理把握准确，分析较为扎实，结构布局合理，论点论证符合学术逻辑，研究方法科学，图表引证翔实细致。作为国内少见的系统研究北极地区大陆架划界问题的专著，本书的特点和创新包括：

1. 本书选题的视角较为新颖，首次以专著的形式对北极地区大陆架划界问题这一主题进行全方位、系统化地梳理和阐述，在国内尚属稀缺，在选题和结构上对北极地区大陆架划界问题进行了全景化的分析与解读。

2. 本书在内容上有所创新。本书详细分析了北极各国之间的 200 海里以内大陆架划界情况并重点探讨了北极国家 200 海里以外的外大陆架划界申请情况，并对其中的法律障碍与前景进行了系统的分析与探讨。值得一提的是，本书特别补充了 2014 年 12 月 15 日和 2019 年 5 月 23 日丹麦、加拿大两国提交的最新 200 海里外大陆架划界申请案材料，并进行了相应的分析和解读，这属于对该领域国际最新动态的及时跟进，并对《联合国海洋法公约》框架下一些传统制度内容在适用实效上的利弊解读提出了一些具有独创性的分析和观点。

3. 本书的若干构想和建议在论证上较为完整，同时具有一定的可行性。本书对中国参与北极事务、应对北极地区 200 海里外大陆架划界问题的必要意义、可行性策略构想都做了较为全面的论证，从而在全书的整体结构框架下，突出了相关构想建议的具体内容。例如针对目前《联合国海洋法公约》和大陆架界限委员会在实践中存在的若干问题，本书从国际法理论和对国际整体利益关注的角度出发来进行分析，在界定国际社会整体利益的前提下，提出了改良包括《联合国海洋法公约》规则、大陆架界限委员会相关职能的具体构想，此外还就相关内容联系国际法各个子领域的基础理论进行了融贯性分析。

4. 本书的研究旨在推进国内对北极相关专业问题的整体研究力度，进而为维护中国的北极利益提供相应的理论参考。因此本书的研究兼具有一定的理论价值和实践价值。本书最后对中国北极策略的相关建议，也颇具创新性和参考意义，有助于中国未来在北极事务中的实践应用。

当然，全书亦有一些需要进一步完善的地方。本书在内容上多有新论，但受限篇幅，希望能进一步加强实证研究，对于提升和优化我国在北极治理领域内的参与能力的具体对策，也可以更加细化。

总体而言，全书集合了国内外极其全面和有代表性的文献研究成果，体现出作者章成博士坚实宽广的学科基础知识和深厚的北极大陆架专门知识，体现了作者独立从事北极专门问题研究的学术能力。在他攻读博士学位期间，我有幸担任其导师，故在本书付梓之际，谨志数语，以为序。期待章成博士再接再厉、不忘初心，在学术研究漫长不易但亦充满探索乐趣的道路上越走越宽广。

黄德明

2020 年 3 月于珞珈山

目　　录

导论 …… 1

一、选题背景与意义 …… 1

二、国内外研究现状 …… 5

三、研究思路、架构与研究方法 …… 19

第一章　国际法视角下的北极问题与其中的大陆架划界争端 …… 24

第一节　有关北极的若干概念及其范围界定 …… 24

一、北极地区的概念及其范围界定 …… 24

二、北极海域的概念及其范围界定 …… 27

三、北极国家与行政意义上的北极 …… 30

第二节　北极的重要价值及其区位特征 …… 31

一、北极地区的航道利益 …… 31

二、北极地区的资源开发利益 …… 35

三、北极的军事利用利益 …… 37

四、北极的生态环境利益 …… 38

五、北极地区形势发展的全球化时代背景 …… 39

第三节　《联合国海洋法公约》框架下的大陆架制度及其在北极的适用效果 …… 42

一、大陆架的概念、发展过程及其法理基础 …… 42

二、200海里外大陆架划界规则的适用标准 …… 46

三、大陆架制度在北极的争议性适用效果 …… 50

四、北极地区大陆架划界争议的法律定性 …… 56

第二章　北极国家间200海里以内大陆架划界的国际法问题 …… 58

第一节　北极国家相互间的200海里以内大陆架划界现状 …… 58

一、俄罗斯与挪威之间的北极大陆架划界状况 …… 61

二、加拿大与丹麦(格陵兰)之间的北极大陆架划界状况 …………………… 63
三、美国与俄罗斯之间的北极大陆架划界状况 …………………………… 66
四、丹麦(格陵兰)与挪威之间的北极大陆架划界状况 ……………………… 71
五、美国与加拿大之间的波弗特海划界纠纷 ……………………………… 73
第二节　国际司法判例对北极国家大陆架划界的影响与启示 ………… 75
一、国际司法判例在大陆架划界实践中的重要作用 ……………………… 77
二、国际司法判例确立的大陆架划界原则和规则 ………………………… 78

第三章　划定北极国家200海里外大陆架外部界限的国际法问题 ………… 84
第一节　北极国家的200海里外大陆架划界申请案 ……………………… 86
一、2001年和2015年俄罗斯外大陆架划界申请案 ……………………… 87
二、2006年挪威外大陆架划界申请案 ……………………………………… 99
三、2014年丹麦(格陵兰)外大陆架划界申请案 ………………………… 104
四、2019年加拿大外大陆架划界申请案 ………………………………… 108
第二节　影响北极国家200海里外大陆架划界申请的主要法律因素…… 111
一、关于北极地区总体法律地位的持久争议………………………………… 112
二、北极国家间200海里外大陆架相邻部分的划界困局………………… 112
三、北冰洋中央区洋底地形属性的认定问题………………………………… 120
第三节　北极地区国际海底区域的可预期范围………………………… 121
一、国际海底区域制度及其在北极地区的适用前景………………………… 121
二、依据不同标准所能取得的国际海底区域预期范围……………………… 123

第四章　解决北极大陆架划界问题的具体构想………………………… 126
第一节　北极地区现有法律治理机制的不足与可能的完善路径………… 127
一、北极地区现有法律治理机制的不足………………………………………… 128
二、建构北极法律治理框架的可能模式利弊讨论…………………………… 130
第二节　推动北极问题国际化的前景……………………………………… 135
一、夯实北极问题国际化的法理基础………………………………………… 135
二、扩大北极议题的国际对话圈………………………………………………… 137
三、适度参考《南极条约》模式 ……………………………………………… 139
第三节　适度调整大陆架界限委员会的有关职能………………………… 141
一、大陆架界限委员会对外大陆架划界申请案的审议现状………………… 142
二、当前委员会在外大陆架划界进程中所面临的理论困境………………… 146

三、改进和完善委员会职能的可行方向及其相关路径…………………… 148
四、职能调整后的委员会相对于国际司法机构的比较优势……………… 150
第四节　加强针对北极地区外大陆架划界问题的回应能力……………… 154
一、适当限制北极国家外大陆架划界主张的法理依据…………………… 155
二、北极大陆架划界问题演变的长期性及其与北极区域治理走向的关联性……………………………………………………………………… 157
三、加强对该问题回应能力的中国责任…………………………………… 159

第五章　中国应对北极大陆架划界形势的对策研究……………………… 161
第一节　准确定位中国在北极地区的角色身份……………………………… 162
一、界定中国在北极地区合法权益的必要性……………………………… 163
二、明晰中国在北极地区的主要权益内容………………………………… 164
三、从中国海外安全利益的高度擘画对北极区域治理的参与………… 170
四、阐明中国对北极问题的基本原则立场………………………………… 172
第二节　全面提升中国对北极事务的法律参与水平……………………… 174
一、以北极科考实力的提升助推中国对北极事务的法律参与………… 174
二、依托北极理事会平台参与北极区域规范的创制构建……………… 177
三、加强软性国际法工具在中国应对北极问题过程中的实践适用…… 178
第三节　运筹多边外交铺设中国软介入北极之路………………………… 179
一、国际合作原则在北极问题中的重要地位……………………………… 179
二、区分北极国家的不同情况实施相应的合作策略……………………… 180
三、强化非北极国家之间的立场呼应与利益协调………………………… 186
第四节　中国加强应对北极地区大陆架划界问题的具体策略…………… 187
一、中国应对北极大陆架划界进程的总体思路…………………………… 188
二、中国应对北极大陆架划界形势的现实选择…………………………… 190

参考文献……………………………………………………………………… 194

附录　与本书相关的地图资料……………………………………………… 242

后记…………………………………………………………………………… 253

导　论

一、选题背景与意义

(一)选题背景

近年来，北极问题持续趋热，已日渐上升为国际上的一大热点问题。各方无论是环北极国家还是域外国家都纷纷加大了对北极问题的关注力度。毋庸置疑，气候变化带来的巨大挑战不仅局限于生物学或环境学上的意义，还可能带来一系列法律及政治性的问题。北极地区法律秩序的变动，恰为全球变暖外部性影响的最充分展示。北极可以说是受世界上全球变暖影响最为显著、升温幅度最大的地区，而全球变暖的效应不仅止于北极的气温升高及其地表外观的改变，还直接把北极从几乎游离于人们视野之外的“盲区”，带入到万众瞩目的国际角力舞台。因此可以说，当前北极地区上升的不仅是气温，还有它在国际社会中的“热度”。北极地区的这种“态势变迁”(State Change)，不仅体现在由于气候变化导致的北极地区自然环境的变化，也体现在北极地区国际治理方面的变迁。① 变化中的北极引发了一系列尚难得出定论的争议性问题。与人类充分开发地区、公海类的“全球公域”(Global Commons)以及南极地区都有所不同，围绕着北极问题产生了一系列的法律和政治上的争议。② 北极环境变化所导致的后果，既表现为北极问题的发酵效应牵扯诸多领域，如北极的环境问题、北极航道问题、北极海洋划界问题等一系列复杂争议随着极冰的融化而几乎同时浮出水面，也体现在北极问题的区域外溢性，即北极问题带来的深远影响已不仅限于北极这一单一地区，世界各地区不同国家，都会多多少少地感受

① 孙凯、张亮：《北极变迁视角下中国北极利益共同体的构建》，载《国际关系研究》2013年第1期，第121页。

② 刘惠荣、董跃、侯一家：《保障我国北极考察及相关权益法律途径初探》，载《中国海洋大学学报》(社会科学版)2010年第6期，第1页。

到北极问题所带来的直接或间接挑战。从长远来看，北极问题的走向与全人类的共同福祉和未来命运休戚相关。“换言之，应对北极环境变化下的安全挑战，不仅需要北极地区国家的努力，也需要国家之上的北极地区区域和全球参与以及国家内部的相关群体乃至个体的积极参与。”①有鉴于此，笔者在学习和研究的过程中一直保持对北极问题的强烈关注和兴趣，并立足于从国际法的视角来解析北极问题。

北极地区主体区域的地理属性为海洋，故在国际法的视角下，海洋法的相关法律规则能否在北极地区适用就相当关键。但北极地区的海洋形态与其他海洋海区相比又有其显著特殊性。构成北极主体区域的北冰洋长期处于封冻状态，而且北冰洋面积狭小，形态封闭，冰封状态下的海洋外缘与周边冰蚀型地貌属性的陆地分界不明，因此在地域特质明显与其他正常海洋形态的海区相异的北极海区，不加区分地适用同一国际海洋法规则的做法显有不少的疑义。当然在全球变暖的大背景下，在北极海冰大幅消退之后，大部分北冰洋水域势将恢复其海洋形态的本来面貌。因此可以将所有北极法律问题的实质归纳为——极冰消融后的北极海域能否引入以《联合国海洋法公约》(以下简称为《公约》)为主体的国际海洋法律制度，而这一问题恰恰是引发各方广泛争议的根源。

不仅如此，在以《公约》为主体的国际海洋法律体系中，有关大陆架的法律制度，在大部分情况下被视为是能为相当数量的沿海国家带来巨大利益的一项制度安排，尤其是《公约》之中有关200海里外大陆架的划界规则，其相关规则的适用标准相对最为模糊，受各种主客观因素的综合影响最为突出，而北极地区相对封闭的地理环境以及北冰洋的海底地质形态，无疑极大加剧了沿岸北极国家利用甚至是滥用《公约》及其大陆架划界规则为其自身“渔利”的风险。

在北极地区，大陆架法律制度的引入使该地区存在两类法律问题：一类是北极地区的大陆架划界问题本身，另一类是与北极大陆架划界相关的法律问题。这两者都会对相关的国际法规则产生相应的影响。如前者即北极地区的大陆架划界问题本身，会导致北冰洋海底区域法律权属的重大改变，在《公约》所规定的200海里外大陆架划界规则适用于北极地区之前，环北极国家在北冰洋海区海床底土之上的权利边界仅以200海里为限，而在相关国家针对北极海区的200海里外大陆架划界目标实现之后，北冰洋的国际海底区域面积势将遭受严重压缩，广大非北极国家在北极地区的资源期待利益与相关国际法规则的

① 王传兴：《北极地区安全维度变化与北极地区议题安全化》，载《国际安全研究》2013年第3期，第115页。

公平性都将受到严重影响，因而引发了关于北极地区是否需要专门化的区域国际立法和修正《公约》现有大陆架划界规则适用范围的持久讨论；而后者即与北极大陆架划界相关的法律问题，则包括海洋法、资源法和环境法等诸多领域。在北极地区的大陆架边界走向划定之后，北极国家的大陆架权利边界大幅拓展，相关国家按照《公约》第77、79、80、81、85条的规定，在其位于北极地区的新拓展的大陆架权利边界范围内，所享有的《公约》法定权利有：

(1)为开发底土权利而开凿隧道；

(2)铺设海底电缆和管道，并以勘探开发大陆架之上自然资源以及防控、减少电缆管道所造成的污染为名义，对他国在其大陆架边界范围内的同类铺设海底电缆和管道行为予以合理限制；

(3)在大陆架上建立、经营和管理人工岛屿、设施和结构；

(4)勘探和开发相关海床底土的矿物及其他非生物资源、利用和养护相关海床底土之上的定居种生物，这一权利在行使上具有主权性和专属性，只有沿海国有权对此类活动进行授权和管理，且非经沿海国明示同意，其他国家和任何人不得从事此类活动。

相关北极国家有权在上述领域为维护《公约》赋予其的大陆架权利，制定和颁布相应的国内立法及其他管理办法，并在北极地区200海里以内和200海里以外的大陆架上覆水域和上空，按照专属经济区和公海的法律地位属性，分别享有《公约》所规定的相应权利内容。而大陆架边界被全部划定之后的北极地区，虽然其国际海底区域部分的范围受到严重挤压，但按照不同大陆架划界标准所估算出来的结果，北极地区相关国际海底区域依然存在(后文将有详述)，而不会由环北极国家全部瓜分完毕，因此非北极国家和国际社会仍然保有进入北极海底区域的法律空间，其在北冰洋上覆水域所享有的权利范围亦相对更大。因此对于北极地区这一部分的法律规制，势必在日后按照《公约》第十一部分所规定的内容加以管理，并有可能为此而制定更详细的具体操作细则，因此由北极地区大陆架划界问题所衍生出来的海洋法、资源法和环境法等诸领域的问题都有进一步细致探讨之必要。可以明确的是，北极地区的大陆架划界问题并不局限于海洋法问题本身，其发展动向之脉络影响将及于国际法的其他层次，属于全球化时代国际法新发展的重要组成部分和一大主要生长点。

所以说，北极问题在法律层面的实质，是国际海洋法制度引入北极所带来的北极法律秩序大范围变动问题，而引发多方矛盾之匙，则体现于大陆架法律制度在北极地区的适用问题之中。故此，北极地区的大陆架划界问题是所有北极法律问题中的焦点与核心，此即为本书的选题背景所在。

（二）选题意义

在前文所述背景下，本书选题的意义主要表现在：

首先，北极地区大陆架划界的法律问题与北极区域法制建构的路径选择有紧密关联，并对后者的建构与形塑具有深远影响。因此对北极地区大陆架划界法律问题的解读，必然涉及对于北极区域法制建构的路径选择和前景判断。而在“北极争夺战”日益升温的今天，通过互相协商从而最终在北极地区达成一套良好而行之有效的制度规则安排，或将有助于避免围绕北极资源的大国角力走向无序和恶性竞争。北极地区又恰恰是国际法碎片化和不成体系性特征比较突出的地方，因此通过理论上的探讨，如能对北极地区大陆架划界问题的解决有所助益，不仅有助于完善《联合国海洋法公约》框架下的大陆架制度适用实效，且恰能为北极地区注入一种可持续的、规范化的秩序性因素，因此北极问题的解决尤其需要倚重国际法的制度力量，也有赖于国际法相关理论的发展与创新。特别是根据大陆架划界实践中所表现出来的科学性与法律性交汇的特点，北极地区大陆架划界争议的最终解决，将不能不带有既有国际司法裁判后续影响的深刻烙印。本书的立论基础与域外非北极国家大体相同，均认为应尽可能保留北极地区的国际海底区域，以此为研究北极大陆架划界问题的基本宗旨，提出了一些有建设性和参考价值的构想和完善建议。

其次，本研究的讨论在某种程度上也是对国内现有北极问题的国际法研究的一种系统性梳理，在对已有文献的整理与评述的基础上，本研究期待在完善北极大陆架划界问题的理论分析框架方面略尽绵薄之力。随着中国的发展与国力的辐射，有关北极问题的理论研究在日后将占据更为重要的地位。因此，本研究期待在日后的进一步研究中更加深入地探讨这一领域内的有关问题，以丰富该领域的国际法制度设计以及学科交叉探讨。因此，本书的选题研究可作为对国内该领域研究的一个重要补充。

最后，针对北极地区的海洋法问题，已有的研究成果多希望是从具体的北极环境及生态保护、提出较为笼统的国际规则等措施来予以应对。但在北极地区，不同的海洋法问题、不同区域的自然情况，都会使北极问题下属的子问题存在差异，规制这些活动的法律制度亦存在差别，采用大而笼统的软法性措施无法有效应对北极区域内各种政治与法律矛盾，而这恰为当前北极局势的现状。故必须首先抓住北极问题中的核心争议所在，有针对、有区别地进行规制。本书分析了北极大陆架划界问题在整个北极问题中的重要地位，并将该问题进一步细分为 200 海里以内的大陆架划界问题和 200 海里以外的大陆架划界问题，通过不同权源基础的理论与制度分析，从而展示出了在北极不同区域适用不同的大陆架划界层次，所能预见到的法律效果与形势，从而对该问题在未来的发展趋势提出相应的完善与应对措施。故通过对本书选题的上述系统讨论，本书期冀我国能进一步加强在北极事务上的参与力度，特别是在有关北极议题上的国际法参与能力，从而从整体上增强中国在各项国际事务中的法律实践与应对能力。中国对北极大陆架划界问题的法理解读以及对北极区域法制议题建构的规范参与，可以更好地促进北极各方的合作共赢，进而维护中国和广大非北极国家在北极地区的合法权益。

二、国内外研究现状

（一）国外文献综述

伴随着国际社会对北极问题了解的进一步加深，以法学及国际海洋法为视角对北极大陆架划界所涉之法律问题的研究一直是国际社会所关注的热点所在。对此意涵颇为丰富而重要的研究主题，西方国家的相关学者率先启动了较为充分的关注和研讨，中国学者对这一重大国际法与国际政治问题的重视则相对较晚，但在近十年已处于紧密跟进状态，因此国外同领域的有关研究成果对于国内北极问题研究的参考价值重大。尤其是来自北极国家学者的相关研究文献，很多都包含了北极问题研究所必需的第一手参考资料，代表了该领域研究的最新成果进展。

本书参考及引用的文献资料主要为来自西方国家特别是北极国家的英文研究文献。由于西方发达国家在国际体系中的话语权以及在北极各类议题的设置和规则制定方面的领先地位，这方面研究文献的数量较多，且内涵丰富视阈多元，相关论述全面而成熟。上述特点实际上也是西方国家法治传统和法律分析思维在其对外关系中的重要体现。西方国家在国际关系中历来注重运用国际法这一规范性工具来推进其国家利益，并反过来以其国家实践来引领国际法理论的发展。① 因此，有关

① 相关研究文章可参考但不限于：Anne-Marie Slaughter, Andrew S. Tulumello and Stepan Wood, "International Law and International Relations Theory: A New Generation of Interdisciplinary Scholarship", *Am. J. Int'l L.*, Vol. 92 (1998); Anne-Marie Slaughter, "International Law and International Relations Theory: A Dual Agenda", *Am. J. Int'l L.*, Vol. 87 (1993); Colter Paulson, "Compliance with Final Judgments of the International Court of Justice since 1987", *Am. J. Int'l L.*, Vol. 98, No. 3 (Jul. 2004); Kenneth W. Abbott and Duncan Snidal, "Hard and Soft Law in International Governance", *International Organization*, Vol. 54 (2000); Phillip R. Trimble, "International Law, World Order, and Critical Legal Studies", *Stanford Law Review*, Vol. 42 (1990); Robert H. Bork, "The Limits of International Law", *The National Interest*, Vol. 41 (Winter, 1989-90).

北极国家都很注重运用国际法特别是海洋法的研究成果来申明对北极的主张，确认自身的北极权益，并且将其体现在国际法及国内法条文之中。①

鉴于西方相关研究文献的数量及内容较为庞杂，方方面面皆有涉猎，本书首先将有关文献按其研究内容及视角的不同，将其概括性地归纳为四个不同研究层次，每个层次的视阈划分较为清晰，但不排除部分文献在其研究内容上同时兼跨不同层次：

笔者对西方文献研究层次的划分与梳理表

第一层次：北极问题不同领域的学科分类研究	北极地区的海洋海事规则问题
	北极地区的环境保护和资源开发问题
	北极地区的自然科考和人文社会问题
	北极地区的各国政策和安全战略问题
第二层次：北极地区的国际公法问题研究	北极地区的国际组织法问题
	北极地区的国际环境法问题
	北极地区的国际海洋法问题
第三层次：北极地区的大陆架划界问题	北极国家相互间的大陆架划界问题
	北极地区 200 海里外大陆架外部界限的划定问题
第四层次：北极问题中的中国元素	

如上表所示，西方文献中关于北极问题的著述十分丰富。北极地区的大陆架划界问题在学科分类上属于国际海洋法领域的研究主题，其内容可以分为北极国家相互间的大陆架划界问题和北极地区 200 海里外大陆架外部界限的划定问题。本书仅就这一层次的西方文献予以简要评述：

① 刘惠荣、董跃、侯一家：《保障我国北极考察及相关权益法律途径初探》，载《中国海洋大学学报》(社会科学版)2010 年第 6 期，第 1 页。

1. 基本研究情况概览

(1)在北极大陆架划界领域较有影响的相关专著主要有：加拿大著名北极问题专家多纳特·弗拉德(Donat Pharand)撰写的《加拿大北极水域的国际法研究》(*Canada's Arctic Waters in International Law*)与《极地与国际法的发展》(*Polar Regions and the Development of International Law*)。前一本专著首先提到，1985年8月美国潜艇穿越西北航道的事件给加拿大在其北极群岛水域的主权安全造成了严峻挑战，因此该书深入研究加拿大的相关北极主张，对其长期依托的扇形原则、历史性水域和直线基线这三大理论基础进行了国际法合法性的检视，并在理论和实践层面提出了及时重新评估相关法律的建议；① 后一本书著述时间更新，从总体上探讨了南北极国际法问题的各个分类，其内容包括极地法律制度管理总论、针对北极问题的特殊国际法安排、极地海洋法、极地资源法、极地环境法以及与极地问题相关的国际关系制度理论。② 澳大利亚学者亚历克斯·艾弗瑞克(Alex G. Oude Elferink)与多纳德·罗斯威尔(Donald Rothwell)合著的《海洋法与极地海洋划界及管辖问题》(*The Law of the Sea and Polar Maritime Delimitation and Jurisdiction*)，就1982年《联合国海洋法公约》在海洋划界领域对于极地的影响方面进行了探讨。③

除了上述原版英文文献，有关主题的中文译著数量近几年日趋增多。20世纪80年代由高玉香等人翻译的美国玛丽·A. 麦克惠妮所著的《南北极研究的现状和未来》一书是中国国内较早出现的有关北极地区研究状况和国际关系问题的译著。澳大利亚著名政治地理学家维克托·普雷斯科特(Victor Prescott)等人撰写的《世界海洋政治边界》(*The Maritime Political Boundaries of the World*)一书是目前关于领海基线的划定和世界海洋划界问题的内容最全面、资料最翔实的专著，在内容上几乎涵盖了世界上所有沿海国之间的海洋划界问题，可谓是世界海洋划界的“百科全书”，反映出作者的深厚专业功底，因而具有极高的参考价值。④ 该书的中译本已于2014年6月由海洋出版社出版。

① Donat Pharand, *Canada's Arctic Waters in International Law*, Cambridge: Cambridge University Press, 1988, p. 1.

② Donat Pharand, *Polar Regions and the Development of International Law*, Cambridge: Cambridge University Press, 1996, p. 1.

③ Alex G. Oude Elferink and Donald Rothwell, *The Law of the Sea and Polar Maritime Delimitation and Jurisdiction*, The Hague: Martinus Nijhoff Publishers, 2001, p. 1.

④ ［澳］维克托·普雷斯科特、克莱夫·斯科菲尔德著：《世界海洋政治边界》，吴继陆、张海文译，海洋出版社2014年版，序言第III-IV页。

该书在第22章中以一章的篇幅系统介绍了北冰洋及相关海区的划界工作所需解决的领海基线与未划定的海洋边界问题。

(2)在期刊论文方面，美国科学信息研究所编辑出版的社会科学引文索引(Social Sciences Citation Index，SSCI)所收录的期刊及文献，代表了当今国际期刊及其刊载成果在社会科学领域的较高水平。以2007年8月发生的俄罗斯插旗事件为界，在此之前SCI/SSCI期刊每年收录的北极大陆架问题研究文献的数量多在三四十篇的水平上下浮动，在北极问题和大陆架划界争端趋于激化之后，SCI/SSCI期刊每年的相关刊文量达到至少五十篇以上。

根据Web of Science数据库的统计信息，刊载北极大陆架问题的社会科学研究文献数量较多、或包含有较多该类型学术信息的SCI期刊有《大陆架研究》(*Continental Shelf Research*)、《科学》(*Science*)、《极地研究》(*Polar Research*)、《海洋研究杂志》(*Journal of Marine Research*)、《北极》(*Arctic*)、《极地记录》(*Polar Record*)等；刊载北极大陆架问题的社会科学研究文献数量较多的SSCI期刊有《海洋发展与国际法》(*Ocean Development and International Law*)、《地缘政治》(*Geopolitics*)、《美国国际法杂志》(*American Journal of International Law*)、《国际海洋与海岸法》(*Int'l J. Marine & Coastal L.*)等。

(3)在北极地区大陆架划界问题上研究实力较强、就该领域产出SCI和SSCI成果较多的单位有：俄罗斯科学院海洋研究所/圣彼得堡大学/罗蒙诺索夫大学、美国的伍兹霍尔海洋研究所/阿拉斯加大学/哥伦比亚大学/斯坦福大学/华盛顿大学/加州大学/科罗拉多大学、挪威的海洋研究所/奥斯陆大学/特罗姆瑟大学/卑尔根大学、英国的NERC国家海洋学中心/剑桥大学/牛津大学/杜伦大学/伦敦大学、加拿大的多伦多大学/魁北克大学/阿尔伯塔大学/英属哥伦比亚大学/达尔豪斯大学、瑞典的斯德哥尔摩大学/哥德堡大学、德国的马克斯·普朗克研究所/汉堡大学、丹麦的哥本哈根大学、冰岛的冰岛大学、比利时的根特大学/列日大学、日本的北海道大学以及澳大利亚的塔斯马尼亚大学等院校机构。

(4)如果按照相关研究文献的作者所属国进行统计，目前在北极地区大陆架划界问题上研究实力最强的六个国家是美国、德国、加拿大、俄罗斯、挪威和英国，这六个国家的相关院校机构和个人所产出的SCI和SSCI成果数量皆高达120篇以上，遥遥领先于世界上其他国家，而研究成果最为丰富的美国所产出的文献数量又是排名第二的德国研究文献数量的两倍以上。上述六国之中，除德、英以外的其他四国均属于北极国家，并且在北极大陆架划界问题上扮演着举足轻重的角色，由此可以看出北极国家和西方强国在该领域的当前国际研究中占据着绝对统治地位。目前在该研究领域处于“第二集团”的国家有瑞典、丹麦、日本、中国、比利时和法国，其产出的SCI/SSCI成果数量由50余篇逐次递减至20篇左右。

(5)在北极大陆架划界领域享有国际知名度的相关学者主要有：

①加拿大国内公认的北极问题和国际海洋法权威专家、渥太华名誉教授多纳特·弗拉德(Donat Pharand，1929—)，是造诣高深、深具资历的著名专业人士，拥有多项国际及加拿大国内学术荣誉头衔。自其1968年发表第一篇北极学术论文起，已在北极区域法律问题研究领域深耕近50年，在该领域有着杰出的成就。弗拉德教授自1969年起即开始关注北极地区的大陆架划界问题，先后发表了一系列涉及北极地区大陆架划界问题的相关著述，其中主要有《加拿大北极水域的国际法研究》(*Canada's Arctic Waters in International Law*)、《国际法上的加拿大北极管辖权》(*Canada's Arctic Jurisdiction in International Law*)、《北极海域的海洋自由》(*Freedom of the Seas in the Arctic Ocean*)、《国际法上的历史性水域对于北极的特别参考意义》(*Historic Waters in International Law with Special Reference to the Arctic*)、《大陆架的再定义及其对北极的特别参考价值》(*The Continental Shelf Redefinition, with Special Reference to the Arctic*)、《加拿大北极群岛水域》(*The Waters of the Canadian Arctic Islands*)等。

②澳大利亚著名政治地理学家维克托·普雷斯科特(Victor Prescott，1926—2018)，曾供职于墨尔本大学地理系，自1956年起开始研究全球范围内的陆地与海洋划界问题，其与英国杜伦大学政治地理学家克莱夫·斯科菲尔德(Clive Schofield)合著的《世界海洋政治边界》(*The Maritime Political Boundaries of the World*)一书享誉世界。

③澳大利亚国立大学国际法教授多纳德·罗斯威尔(Donald Rothwell)，在极地法和海洋法领域成就突出，其涉北极问题与北极海洋法的相关著述主要有《海洋法与极地海洋划界及管辖问题》(*The Law of the Sea and Polar Maritime Delimitation and Jurisdiction*)、《极地与海洋法：全球化与区域治理的互动》(*The Law of the Sea and the Polar Regions: Interactions between Global and Regional Regimes*)等。多纳德·罗斯威尔教授是一个高产的学者，在极地法、海洋法、国际关系诸领域撰有相当数量的成果论文。

④芬兰拉普兰大学教授、北极中心主任蒂姆·奎沃洛瓦(Timo Koivurova)，是欧盟区域内的知名北极问题和国际环境法专家，同样也是一位高产学者。他站在欧盟立场的角度发表了多篇以欧盟—北极关系为主题的SSCI论文，如《欧盟北极实力的现状和将来》(*The Present and Future Competence of the European*

Union in the Arctic)、《欧盟的一体化海洋政策：挑战与得失》(*Integrated Maritime Policy of the European Union*: *Challenges*, *Successes*, *and Lessons to Learn*)等，他同时还是《极地法年刊》(*The Yearbook of Polar Law*)的主编。奎沃洛瓦教授对中国参与北极事务持积极证明的评价态度，为中国在北极地区的未来发展提供了不少宝贵建议。

上述学者的相关论述对于北极地区大陆架划界所涉及的诸多问题进行了深入的研究，对于该领域的后来者尤其是中国学者的研究工作具有很好的启发作用与参考价值。

(6)除却英文研究文献，在北极大陆架划界问题上，俄文文献也是重要一极。俄罗斯在北极地区占有最有利的地理条件，并且积累有丰富悠久的北极开发经验，是北极地区行动能力最强的国家。俄罗斯国家和民族的历史文化传统及其在国际体系中的独特地位决定了俄国的北极视角与其他西方国家的立场相比有一定的特殊性。俄罗斯国内涉及和规制北极事务的相关立法、政策及战略方向性文件的框架体系完整，规划范围全面且在不少事项上具有相当的前瞻性，如率先向联合国大陆架界限委员会提交涉北极地区的200海里外大陆架划界申请案、在2008年即颁布《2020年前及更长期的俄罗斯联邦北极地区国家政策基本原则》(*Basics of the National Policy of the Russian Federation in the Arctic for the Period until* 2020 *and for the Future*, 2008)①、率先组建北极部队以强化其在北极地区的军事优势等，同时其国内还存在诸多专门研究北极问题的智库机构，如俄罗斯科学院的海洋研究所、圣彼得堡大学、罗蒙诺索夫北方(北极)联邦大学等，并办有诸如《北极地区的国际关系与地缘政治》(*Международные Отношения и Геополитика в Арктике*)等专业性的学术期刊。在北极大陆架划界方面的主要俄文论述大致有：由俄罗斯罗蒙诺索夫北方(北极)联邦大学的Ю. Ф. 卢金(Ю. Ф. Лукин)2010年出版的专著《北极大划分》(*Великий Передел Арктики*)，对北极地区大陆架划界问题做了较为系统的介绍；近几年发表的相关论文主要有Д. П. 别里亚耶夫(Д. П. Беляев)的《俄罗斯北极政策的形成》(*Формирование арктического направления российской политики*)、А. В. 梅里措夫(А. В. Мельцов)的《北极区域的政治法律地位》(*Политико-прововой Статус Арктических Пространств*)、П. С. 茹拉夫廖夫(П. С. Журавлёв)的《俄国北极地缘政治的历史回顾》(*Арктическая Геополитика России в Исторической Ретроспективе*)、А. И. 季莫申科

① 具体内容参见网址http：//www. serf. gov. ru/doeuments/98. html。

(A. И. Тимошенко)的《20—21世纪俄罗斯在北极地区区域政策—问题的战略连续性》(*Российская региональная политика в Арктике в XX-XXI вв.: проблемы стратегической преемственности*)以及B. 波波夫(B. Попов)的《维护国家在北极的海洋政策和经济活动的法律保障》(*Законодательное Обеспечение Национальной Морской Политики и Экономической Деятельности в Арктике*)等。与其他西方国家的英文研究文献相比，俄文文献的思维进路更注重强调俄罗斯的国家利益和俄罗斯在北极地区的特殊地位，严格契合国际法方向的观点结论较少，在最后结论的立场上偏于强硬，这似乎与俄罗斯习惯于在遵循国际法基本原则规则和寻找一切可能机会扩充其本国领土利益这两大选项之间优先选择后者的历史传统相近。不过，随着时代的发展，俄罗斯国内学者的认识也在不断完善和丰富之中，并不能简单地将俄方学界的所有观点一概而论，俄罗斯官方对北极的政策也在不断调整和修正。但总的来说，俄罗斯对北极地区的管控是朝着更为严厉的方向发展。当然，与苏联时期的相关论述相比，俄罗斯方面现今对北极地区有关法律问题的理解在整体上已更接近于当代国际法的通行观点，而苏联时期的有关论述更强调俄在北极地区的权益具有领土性、主权性和绝对排他性，1958年世界知识出版社编译出版的《苏联国际法论文选》即说明了这个问题。① 此外相关俄文文献的重大价值还在于与其他西方国家的英文文献相比，其搜集的有关数据信息在绝大多数情况下是更能精确反映北极地区相关客观情况的原始材料。因此笔者期冀今后有机会进一步提高俄文文献的阅读能力，以获得对俄罗斯有关北极观点的更全面认知。

2. 具体文献观点概要

(1)在北极地区大陆架划界的适用前景方面，斯科特·萨科福(Scott J. Shackelford)认为，北极应该与外太空、深海床、南极一道，受国际法特别立法的规制，以将北极的地位上升为“全人类共同财产”。② 周边国家不应在北极地区追求大陆架划界，保护北极国家共同利益的最佳办法应是在北极实行类似南极的“非主权化”③。斯蒂芬妮·霍尔姆斯(Stephanie Holmes)回溯了包括公

① ［苏］斯·维什涅波尔斯基：《论北极区域的法律制度问题》，张瑞祥译，《苏联国际法论文选》，世界知识出版社1958年版，第245~262页。

② Scott J. Shackelford, “The Tragedy of the Common Heritage of Mankind”, *Stanford Environmental Law Journal*, Vol. 27 (2008), p. 112.

③ Scott J. Shackelford, “The Tragedy of the Common Heritage of Mankind”, *Stanford Environmental Law Journal*, Vol. 27 (2008), p. 128.

平原则在内的各类海洋划界方法的产生及适用背景，认为北极极冰的迅速融化使北极地区的海洋划界问题变得急迫起来，她相信避免北极问题恶化的最好办法是缔结一项专门规制北极地区的多边国际特别协定，这一点与萨科福一致。但萨科福的目标是通过缔结北极多边国际协定冻结北极国家的相关诉求，而霍尔姆斯认为尽快在北极地区达成多边一致，所缔结的北极国际协定有助于北极大陆架划界工作的迅速推进，并降低划界的难度。①

(2)对于北极大陆架的具体划界办法，联合国—日本基金研究员努格扎尔·杜恩达(Nugzar Dundua)的文章论述了相邻国家的海洋划界，全书对诸多海洋划界规则，如公平原则、等距离线原则、单一海洋划界、比例原则、有关情况的各种情形做了详细介绍和说明，这对研究具体划界规则在北极地区的适用有很大的参考价值。② 斯科特·萨科福(Scott J. Shackelford)指出，“现在的北极国家热衷于划设超过200海里的外大陆架边界，扇形线可能是北极国家不愿承认但乐于看到其运用的划界办法”。③

(3)就北极国家间的大陆架划界问题，这方面的研究文献有加拿大英属哥伦比亚大学政治科学学院的詹姆斯·S. 贝克(James S. Baker)和迈克尔·拜尔斯(Michael Byers)教授合作发表在《海洋发展与国际法》(*Ocean Development and International Law*) 2012年第43卷第1期的《十字路口：关于波弗特海海洋划界纠纷的奇特案例》(*Crossed Lines: The Curious Case of the Beaufort Sea Maritime Boundary Dispute*)、和挪威弗里乔夫·南森研究所高级研究员奥斯丁·詹森(Øystein Jensen)发表在《国际政治》(*Internasjonal Politikk*)第66卷第4期的《北极海域的200海里外大陆架划界：挪威和俄罗斯的视角》(*The Delimitation of the Continental Shelf beyond* 200 *Nautical Miles: Norwegian and Russian Perspectives in Arctic Waters*)等SSCI论文。

(4)关于北极问题的国别分析，在各国关于北极地区的基本政策层面，M. 克罗索夫(M. Kolossov)等人在其合著的《苏属北极地区的法律地位》一文中分析了俄罗斯在北极地区的基本立场和北极地区的法律地位问题。克罗索夫认

① Stephanie Holmes, “Breaking the Ice: Emerging Legal Issues in Arctic Sovereignty”, *Chi. J. Int'l L.*, Vol. 9, Issue 1 (2008-2009), p. 351.

② Nugzar Dundua, “Delimitation of Maritime Boundaries between Adjacent States”, Toyko: Paper Submitted for the Programme of the United Nations-The Nippon Foundation, 2006-2007.

③ Scott J. Shackelford, “Was Selden Right? The Expansion of Closed Seas and Its Consequences”, *Stan. J. Int'l L.*, Vol. 47 (2011), pp. 2-13.

为，在北极，单方面主张外大陆架边界最终获得大陆架界限委员会认可的可能性很大。结合北极治理的自愿性质，可知北极地区的大陆架划界过程并不妨碍北极地区的合作科研与北极理事会工作的开展。① 针对中国在北极事务上刚刚起步未久的参与活动，国外学界也表现出了高度的甚至是过于"敏感"的关注。部分学者和观察家对此感到担忧，如加拿大的大卫·赖特(David Wright)等人，就认为中国进入北极会影响加拿大和其他北极国家以及北极地区原住民的共同利益。②

(5)关于北极问题的比较借鉴研究，这方面的文章有 Web of Science 数据库收录的澳大利亚塔斯马尼亚大学的梅丽莎·韦伯(Melissa Weber)发表于《极地记录》(*Polar Record*)2014 年 1 月版上的《从大陆架划界案提交进程看南北极治理的稳健性对比》(*Comparing the Robustness of Arctic and Antarctic Governance through the Continental Shelf Submission Process*)、加拿大国际治理创新中心原研究员詹姆斯·曼尼卡姆(James Manicom)博士发表于《国际研究视角》(*Int. Stud. Perspect.*)2011 年第 12 卷第 3 期的《东亚海洋划界争端：以北极为鉴》(*Maritime Boundary Disputes in East Asia: Lessons for the Arctic*)等 SSCI 文章。

(6)关于北极地区的其他法律问题，相关文献有 T. 雷诺德(Timtchenko Lenoid)发表在《北极》1997 年第 1 期的《俄罗斯关于北极的扇形理论：过去和现在》(*The Russian Arctic Sectoral Concept: Past and Present*)、挪威奥斯陆大学法学院斯堪的纳维亚海洋法研究所研究员奥利亚·贾亚佐娃(Olya Gayazova)发表于《国际海洋与海岸法》(*Int'l J. Marine & Coastal L.*)2012 年第 27 卷第 1 期的《关于北极海底自然保护区的临时安排》(*The North Pole Seabed Nature Reserve as a Provisional Arrangement*)等。

以上外文文献材料对本书研究资料的丰富和观点的参考起到了一定的比照借鉴作用。但外文文献也存有一定的瑕疵，如英美专业人士习惯以罗列事实的"归纳性"论述作为主要行文风格，这样就在一直接受演绎逻辑熏陶的国内研究者看来显得相关文献的思路较为发散，体系结构感不强。因此国内的北极问题研究需要在大量消化外文文献的基础上，对相关论点论据进行符合中国视角及思维模式的再整理加工。另外国外文献多是以发达国家特别是北极国家的视

---

① M. Kolossov, "The Legal Regime of the Soviet Arctic: Major Issues", *Marine Policy*, Vol. 14(1990), p. 1.

② David Wright, "The Dragon Eyes the Top of the World: Arctic Policy Debate and Discussion in China", *China Maritime Study*, No. 8(Aug. 2011), p. 1.

角来分析北极问题，这与中国国内研究者在北极问题上的基本理念取向相悖，因此也需要国内研究者对其相关观点进行相应的梳理、斟酌与审慎引用。

（二）国内文献综述

初步统计，目前中国研究北极问题的学者有500名左右，主要分布在与极地和海洋学科相关的研究所和实验室，同时也包含了以海洋法、国际法和国际关系为自身优势学科的国内高校。由于北极问题兼有自然科学和人文社会科学的双重属性，因此即使是该领域的社会科学研究也与自然科学存有密切的联系。在国内研究层面，总体而言，自然科学领域研究者所取得的研究成果质量较社会科学研究者更高，这与中国在极地科考上的强大综合实力是分不开的，因此国内有关北极问题的自然科学研究数量和质量均较为突出，接近国际先进水平。但单纯的北极自然科学研究也有自身的局限，可能因为研究视角的过于技术化和专业化而导致学科关联价值不高，而这正是国内北极问题的社会科学研究者应有所作为的地方。

我国人文社会科学学界对于北极权益问题的研究起步较晚，加以高度关注主要是源于2007年俄罗斯在北极点插旗事件。这方面的专著及论文成果主要有：

在北极问题的区域学科视角分析方面，有北极问题研究编写组编写的《北极问题研究》，对北极的自然环境和社会经济概况、北冰洋海底的地质与地貌构造、北极海域的主要交通航路以及人类与此相关的探险与科考研究、北极环境问题与应对策略、北极地区可再生与不可再生资源的开发与利用、北极地区的政治法律外交军事因素、北极社会的变化与发展、北极土著人的分布与权利保护以及中国在北极的活动等问题进行了全面介绍；① 在北极航道的国际问题与国际法研究领域，先后有中国海洋大学郭培清教授所著的《北极航道的国际问题研究》②、中国海洋大学白佳玉教授所著的《船舶北极航行法律问题研究》③和中国海洋大学刘惠荣教授与李浩梅博士后合著的《国际法视角下的中国北极航线战略研究》④；在北极地区的地缘政治格局分析方面，有江南社会学

① 北极问题研究编写组：《北极问题研究》，海洋出版社2011年版。
② 郭培清等：《北极航道的国际问题研究》，海洋出版社2009年版。
③ 白佳玉：《船舶北极航行法律问题研究》，人民出版社2016年版。
④ 刘惠荣、李浩梅：《国际法视角下的中国北极航线战略研究》，中国政法大学出版社2019年版。

院陆俊元研究员所著的《北极地缘政治与中国应对》①和北京第二外国语学院肖洋副教授所著的《冰海暗战：近北极国家战略博弈的高纬边疆》②，分别从地缘政治学的角度对北极的地缘格局及其演变、主要国家的北极战略与实践逐一进行了分析，并就如何维护中国在北极的地缘政治利益提出了相应的政策建议。另外的研究视角还包括中国海洋大学刘惠荣教授与杨凡博士合著的《北极生态保护法律问题研究》③，以北极的生态保护为视角，从国际法的角度探讨了与北极生态保护有关的法律冲突及其解决、北极现有法律制度的生态理念分析以及北极生态保护的法律路径等，以及上海国际问题研究院杨剑研究员所著的《北极治理新论》④，从"治理理论和体系探索""治理机构和行为体研究""领域治理的案例研究"三大部分来阐述北极治理理论和实践中遇到的诸多新问题。

而在国内早期的大陆架问题研究中，也形成了一批有分量的成果，为我国学界对北极问题的及时跟进作出了相当的贡献。例如武汉大学匡增军教授所著的《俄罗斯的北极战略：基于俄罗斯大陆架外部界限问题的研究》⑤，以国际法、国际关系和海洋测绘相结合的多学科视角和跨学科研究方法为依托，从大陆架外部界限的基本理论问题入手简析了俄罗斯大陆架外部界限的主要问题，着重从战略、法律、科技和外交等方面评析其在大陆架外部界限问题上的政策措施，以及中国政法大学高健军教授的专论《国际海洋划界论——有关等距离/特殊情况规则的研究》⑥、清华大学张新军副教授的专论《权利对抗构造中的争端：东海大陆架法律问题研究》⑦，等等。自"俄罗斯北冰洋底插旗事件"引起国内社科学界关注以来，国内学者对北极大陆架划界问题的研究广度和深度也在不断增加。例如国际关系学院副校长吴慧教授的《"北极争夺战"的国际法分析》是"插旗事件"发生之后第一篇从国际法角度较为全面地分析有关国家在北极地区行动的论文，同时对俄罗斯相关主张的性质进行了厘清，指出北极

① 陆俊元：《北极地缘政治与中国应对》，时事出版社2010年版。

② 肖洋：《冰海暗战：近北极国家战略博弈的高纬边疆》，人民日报出版社2016年版。

③ 刘惠荣、杨凡：《北极生态保护法律问题研究》，知识产权出版社2010年版。

④ 杨剑：《北极治理新论》，时事出版社2014年版。

⑤ 匡增军：《俄罗斯的北极战略：基于俄罗斯大陆架外部界限问题的研究》，社会科学文献出版社2017年版。

⑥ 高健军：《国际海洋划界论——有关等距离/特殊情况规则的研究》，北京大学出版社2005年版。

⑦ 张新军：《权利对抗构造中的争端：东海大陆架法律问题研究》，法律出版社2011年版。

问题争议的焦点不是主权问题而是外大陆架划界主张问题，从而为国内学界就此问题的后续研究做了铺垫；① 自然资源部海洋发展战略研究所贾宇研究员则在《北极地区领土主权和海洋权益争端探析》一文中系统梳理了围绕北极地区各种性质的争端，并对北极地区已有的大陆架划界协议和俄罗斯在北极地区的外大陆架划界案做了附有配图的详细说明；② 武汉大学法学院副院长黄志雄教授在《北极问题的国际法分析和思考》一文中建议参照《联合国海洋法公约》(*the UNCLOS*，1982)、《南极条约》(*the Antarctic Treaty*，1959)或《斯瓦尔巴德公约》③(*the Svalbard Treaty*，1920)的模式之一构筑相应的北极条约体系，其中以《南极条约》中"冻结各国对南极领土主张"的约文为样本，在新的北极条约体系中取消(或冻结)《联合国海洋法公约》关于外大陆架有关规定在北极海域的适用将非常重要。④ 这种观点得到了相当数量学者类似论述的赞同及响应。⑤ 但也有不少学者认为，南极问题与北极问题在各自的核心议题上有着本质区别，前者主要是南极陆地的主权归属是否适用于先占取得，后者则主要是北极海域海上专属经济区界限的划定以及海底大陆架的权利划分问题。而且南极洲与各国相距较远，没有哪个国家能在广袤的南极大陆的任何一块地方建立可以实际有效行使的主权性法律秩序，而狭小的北冰洋则为周边五个国家的领土所紧紧环绕，北极海域中的岛屿以及边缘陆地早已为八个国家瓜分殆尽。因此，在当今北极周边的现实政治生态下，单纯地仿照"南极模式"构筑相似的《北极条约》将不具备现实意义上的可行性。⑥ 除此之外，还有不少对大陆架

---

① 吴慧：《"北极争夺战"的国际法分析》，载《国际关系学院学报》2007 年第 5 期，第 36~42 页。

② 贾宇：《北极地区领土主权和海洋权益争端探析》，载《中国海洋大学学报》(社会科学版)2010 年第 1 期，第 6~10 页。

③ 也有称之为《斯匹茨卑尔根群岛条约》(*The Spitsbergen Treaty*)的，斯匹茨卑尔根岛是该群岛中最大的一个岛，整个群岛通称为"斯瓦尔巴德群岛"。

④ 黄志雄：《北极问题的国际法分析和思考》，载《国际论坛》2009 年第 6 期，第 8~13 页。

⑤ 尹丹阳：《解决北极争端的法律机制分析》，载《海洋开发与管理》2009 年第 9 期；王秀英：《国际法视阈中的北极争端》，载《海洋开发与管理》2007 年第 6 期；赵颖：《浅析北极所面临的法律挑战及其对我国的影响》，载《海洋开发与管理》2009 年第 3 期；王郦久：《北冰洋主权之争的趋势》，载《现代国际关系》2007 年第 10 期。

⑥ 梅宏、王增振：《北极海域法律地位争端及其解决》，载《中国海洋大学学报》(社会科学版)2010 年第 1 期；董跃：《论海洋法视角下的北极争端及其解决路径》，载《中国海洋大学学报》(社会科学版)2009 年第 3 期；张磊：《国际法视野中的南北极主权争端》，载《学术界》2010 年第 5 期。

和外大陆架划界作一般性探讨的法律文献对于本书的研究主题而言也是极有参考价值的，它们有助于我们更加充分地了解大陆架制度的相关法律概念及其具体的划界程序，以及相应的技术标准。① 值得欣喜的是，从 2009—2011 年开始，国内关于北极问题的研究论文数量也明显增多，视角亦趋于多元化。相关文献分别探讨了北极的特殊法律地位②、北极航道及通航的法律问题③、北极的生态环境保护法律问题④、北极科学考察相关的法律问

① 王玫黎：《外大陆架争端解决机制探讨》，载《理论与现代化》2010 年第 5 期；李毅：《论联合国大陆架界限委员会在外大陆架划界中的作用——兼谈中国及周边国家的外大陆架申请》，载《南洋问题研究》2010 年第 2 期；高健军：《200 海里以外大陆架外部界限的划定：目前为止的实践综述》，载《中国海洋法学评论》2008 年第 1 期；袁古洁：《对大陆架划界问题的思考》，载《中外法学》1998 年第 5 期；张耀光、王圣云、宋欣茹、耿雅冬：《大陆架在国家可管辖海域划界问题研究》，载《地理与地理信息科学》2004 年第 3 期；王建廷：《大陆架划界规则的司法考量及其发展》，载《苏州大学学报》(哲学社会科学版)2010 年第 4 期；袁古洁：《专属经济区划界问题研究——专属经济区划界与大陆架划界的关系》，载《中山大学学报》(社会科学版)1998 年第 4 期；黄伟：《论单一海洋划界的概念和特征》，载《武汉大学学报》(哲学社会科学版)2010 年第 1 期；傅崐成：《中国周边大陆架的划界方法与问题》，载《中国海洋大学学报》(社会科学版)2004 年第 3 期；薛桂芳、王冠钰：《澳大利亚外大陆架划界初探》，载《中国海洋大学学报》(社会科学版)2009 年第 6 期。

② 董跃、黄旻：《北极地区各种形式冰的法律地位问题研究》，载《中国海洋大学学报》(社会科学版)2009 年第 6 期。

③ 郭培清、管清蕾：《北方海航道政治与法律问题探析》，载《中国海洋大学学报》(社会科学版)2009 年第 4 期；郭培清、管清蕾：《探析俄罗斯对北方海航道的控制问题》，载《中国海洋大学学报》(社会科学版)2010 年第 2 期；郭培清、刘江萍：《曼哈顿号事件与加拿大西北航道主权权利的扩张》，载《中国海洋大学学报》(社会科学版)2009 年第 5 期；李振福、李漪、黄蕴青、姚丽丽：《海运航线战略对国家海洋建设的影响》，载《大连海事大学学报》(社会科学版)2014 年第 6 期；李志文、高俊涛：《北极通航的航行法律问题探析》，载《法学杂志》2010 年第 11 期；刘惠荣、林晖：《论俄罗斯对北部海航道的法律管制——兼论其与〈联合国海洋法公约〉的冲突》，载《中国海洋大学学报》(社会科学版)2009 年第 4 期；刘惠荣、刘秀：《西北航道的法律地位研究》，载《中国海洋大学学报》(社会科学版)2009 年第 5 期。

④ 刘惠荣、陈奕彤：《北极法律问题的气候变化视野》，载《中国海洋大学学报》(社会科学版) 2010 年第 3 期；刘惠荣、李静：《论〈联合国海洋法公约〉第 234 条在北极海洋环境保护中的适用》，载《中国海洋大学学报》(社会科学版) 2010 年第 4 期；刘惠荣、杨凡：《国际法视野下的北极环境法律问题研究》，载《中国海洋大学学报》(社会科学版) 2009 年第 3 期；梅宏：《北极航道环境保护国际立法研究》，载《中国海洋大学学报》(社会科学版) 2009 年第 5 期；杨凡：《生态保护视角下北极法律制度的缺失与完善》，载《中国海洋大学学报》(社会科学版) 2010 年第 3 期。

题①、北极问题的国别研究②等诸多方面。

在取得巨大成绩的同时，早期成果多存在一些明显的认识误区，这显示国内学者在涉猎这一领域之初，对其相关的国际法分析尚不十分深入。例如有关文献对于北极问题与《联合国海洋法公约》的关系，以及《联合国海洋法公约》在解决北极大陆架划界问题中的具体作用的阐述更多还只是停留在初始阶段，不少相关的国际法研究论文未能超越地缘政治的研究视阈，甚至存在一些常识性的误读，如将北极争端称为“主权之争”。但事实上，有关国家对大陆架特别是外大陆架所享有的只是“延展性的主权权利”而不是国家主权，大陆架制度在国家利益的指向内容上也更多只涉及国家的经济利益而不是政治利益，况且经济利益也仅指国家对外大陆架上非生物资源的开发利益。另外，早期研究成果主要集中于对北极相关知识的介绍性描述，很多即便是从国际法视角来展开研讨的北极问题研究文献，对于北极地区的大陆架划界问题也只有比较简略和间接的介绍。与之相对比的则是，国内国际法学界对于大陆架法律问题的研究则要早于对北极法律问题的关注，不少涉及大陆架划界的具体方法及其权威国际法判例的适用情况，在有关北极问题的专门研究中几无体现，反倒是更多地出现在对大陆架以及外大陆架问题的一般性研究文献之中。上述部分对大陆架法律问题的基础性研究，虽未涉及北极的对大陆架问题的探讨，也依然很有启发和借鉴意义。自然资源部(原国家海洋局)、中国海洋大学、武汉大学、厦门大学、上海交通大学和同济大学等单位机构，是国内少数设置了专业研究平台的北极问题社科研究重镇。有关专家学者为推进这一领域的国内研究水平、更好地使相关理论研究适应于国家的现实利益需要而付诸了巨大努力。

不过瑕不掩瑜，随着国家对北极问题的重视以及支持力度的不断加大，有关北极领域的研究平台正加速整合。“十二五”期间，国家设立了“南北极环境综合考察与评估”的专项基金，依托中国极地研究中心、自然资源部海洋战略

① 董跃、宋欣：《有关北极科学考察的国际海洋法制度研究》，载《中国海洋大学学报》(社会科学版) 2009 年第 4 期；董跃、许宁宁、黄昇：《北极国家对北极考察管理制度之比较研究》，载《中国海洋大学学报》(社会科学版) 2010 年第 2 期；刘惠荣、董跃、侯一家：《保障我国北极考察及相关权益法律途径初探》，载《中国海洋大学学报》(社会科学版) 2010 年第 6 期；刘玲、赵颖、张璐：《海洋法视角下的北极科考相关问题初探——以〈联合国海洋法公约〉第 76 条为例》，载《中国海洋大学学报》(社会科学版) 2010 年第 2 期。

② 程群：《浅议俄罗斯的北极战略及其影响》，载《俄罗斯东欧中亚研究》2010 年第 1 期；王金强、王蔚：《美国对海底权利的诉求与国内利益的平衡——以海底界限的争论为中心(1969—1972) 》，载《美国研究》2008 年第 3 期。

研究所、中国海洋发展研究中心、武汉大学、中国海洋大学、上海交通大学、同济大学等科研部机构构建了若干研究平台，先后形成了一系列研究成果。可以预见，未来国内在该领域的研究必将取得更加长足的进步，这也是当前国内该领域研究发展趋势最让人感到欣慰的地方。

目前国内的相关研究也存在一些亟待改进之处，如有关研究的论证材料较零散，对北极相关问题的个案分析多于系统整合，另外有部分研究论点论据陈旧，未能及时把握北极问题的最新演进趋向。此外，与国外的北极问题社科研究文献多为国际法专业论文的现象正好相反，国内对北极问题在社科层面上研讨最多的仍然是国际关系领域的学者，其人数和论文产出数量都多于国际法学者，这也是未来国内国际法学者需要努力之处。不过，尽管中国国际法学者在北极地区大陆架划界问题的研讨上属于后来者，但后来者也可以利用好自己的后发优势，这几年国内有关论著的数量和质量日渐上升就是明证。在借鉴国外同仁的开创性研究的基础上，中国还需要进一步加强在此领域上的理论创新与实践参与，从而为日后更高水平的专业性研究成果的形成创造有利条件。

三、研究思路、架构与研究方法

（一）研究思路

本书在论述过程中遵循从理论到实证、释理与示例相结合的研究思路。因此，笔者意图将本书的研究层次划分为三个递进式的组成部分，以此来展开行文：

本书首先予以阐述的是属概要介绍性质的第一层次。这部分论述的目的是为了陈述与本书研究主题相关的知识背景，其内容包括北极的基本状况、北极问题的国际法视角分类和国际法上的大陆架法律制度。

接下来的第二层次是本书的实质主体内容。这部分的研究结构需要拆分为研究内容和研究方法明显相异的两大结构：200 海里以内的北极大陆架划界问题和 200 海里以外的北极大陆架划界问题。由于这两部分在《联合国海洋法公约》中所适用的法律规则不同，因而需要结合不同的法律文本与实证案例加以细致分析。对于前者即 200 海里以内的北极大陆架划界纠纷，各国虽然争议较大，但在本质上多属于争端国家之间的事务，预计主要将通过双边划界协议或多边划界协议的形式来解决。[①] 因此这部分内容将主要采取文献分析法特别是

① 刘惠荣、董跃、侯一家：《保障我国北极考察及相关权益法律途径初探》，载《中国海洋大学学报》（社会科学版）2010 年第 6 期，第 2 页。

法律文本分析的形式，论证过程较为简单，本书将先就不同北极国家 200 海里以内大陆架划界的具体情况加以阐述；反观后者即 200 海里以外的大陆架划界问题，则是北极大陆架划界问题中适用规则最复杂、最终解决难度最大、处理结果外溢效果最大乃至影响北极区域形势全局的重中之重，因而也是本书需要全面解读并评述的重点所在。因此本书在具体论述安排上，将更加侧重于对北极地区 200 海里外大陆架划界问题的研讨。俄罗斯、挪威、丹麦（格陵兰）、加拿大等北极国家向联合国大陆架界限委员会提交的 200 海里外大陆架划界申请案将是这一部分的研究主线，本书将就目前已有的四个直接涉及北冰洋中央海区的 200 海里外大陆架划界申请案予以着重分析。

最后的第三层次属本书对北极大陆架划界问题解决路径的设想与探讨，以及对中国的应对策略进行整体研究。这一层次的内容亦分为两大不同方面，前一部分为较为理想化的构想方案设计，后一部分则结合中国的北极利益突出了中国因应北极问题的现实策略，以此作为该领域研究中相对有个人特色的中国化视角，进而收束全书。

（二）研究架构

基于上述研究思路，本书的研究框架在章节安排上拟分为六章，具体的研究架构设置如下：

1. 导论部分先后介绍了选题的背景和意义，梳理了国内外研究现状，并阐释了本书的研究思路、架构与方法，指明了本书的研究创新之处与不足所在。

2. 第一章分为三大部分，第一部分是对北极概况与大陆架划界问题在该地区的重要意义的阐述，这包括了对北极地区、北极海域、北极国家与行政意义上的北极地区的概念及其范围的界定；第二部分详细叙述了北极地区的重要价值及区位特征；第三部分系统阐释大陆架法律制度的相关概念，如北极地区的航道利益、资源开发利益、军事利益和生态环境利益等内容；关于大陆架制度的有关论证是本章的重点部分，本书论述了大陆架的科学概念与法律概念、大陆架制度的法律基础、适用 200 海里外大陆架划界规则的法律标准等。在简要梳理北极权益争端的分类之后，重点指出了《联合国海洋法公约》体系下有关大陆架划界法律规则适用于北极地区的特殊性，势将直触北极争端的症结核心。

3. 第二章和第三章将北极地区大陆架划界问题的具体内容分为 200 海里以内的北极大陆架划界和 200 海里以外的北极大陆架划界。第二章在阐释了国际司法判例确立的200海里以内的大陆架划界规则之后，系统介绍了北极国家之间的200海里以内大陆架划界现状，如俄罗斯与挪威、加拿大与丹麦(格陵兰)、美国与俄罗斯、丹麦(格陵兰)与挪威以及美国与加拿大之间的北极大陆架划界状况。本章最后归纳并展望了北极地区200海里以内大陆架划界所需考量的相关因素及其在未来的发展趋势。

4. 第三章全面论述了划定北极国家200海里外大陆架外部界限所需注意的法律问题。本章从介绍联合国大陆架界限委员会的相关职能与北极国家的200海里外大陆架划界申请案为起点切入，先后评述了2001年俄罗斯外大陆架划界申请案、2006年挪威外大陆架划界申请案、2014年丹麦(格陵兰)外大陆架划界申请案和2019年加拿大外大陆架划界申请案。通过上述划界案的介绍，本书进一步总结了影响北极国家外大陆架划界申请的主要法律障碍，如关于北极地区总体法律地位的持久争议、北极国家间200海里外大陆架相邻部分的划界困局、北冰洋中央区洋底地形属性的认定问题等。在此基础之上，本书大致估算了北极地区国际海底区域的可预期范围，同时依据在不同标准下所取得的国际海底区域预期范围，对国际海底区域制度及其在北极地区的适用前景进行了展望。

5. 第四章是有关北极地区大陆架划界问题的具体解决构想。本章指出，当前北极区域法治的发展方向对于北极国家而言是大体有利的，而数量最多的非北极国家将承担北极大陆架划界进展所带来的不利后果。本章的重点是接下来出自笔者个人原创的理论设计建议。笔者在此提出了四项具有一定可操作性的应然化构想建议，同时分别指明了上述构想建议在现实当中的困难，从而为第五章对中国提出的实然性建议做足铺垫。

6. 第五章是关于中国因应北极大陆架划界问题的对策建议。本章列举的中国应策分为由粗到细的三个不同层次：第一，提出中国北极对策的前提是准确定位中国在北极地区的角色身份，明晰中国在北极地区的主要权益内容，如资源能源利益、航道利益、环境安全利益、军事安全利益、科考研究利益等，以此来厘清并加强中国在北极地区展开相应行动的针对性和有效性，同时阐明中国对北极问题的基本原则立场。第二，为使中国在北极事务及其大陆架划界问题上更具有话语权，最有效的途径仍在于全面提升中国对北极事务的法律参与水平。北极科考实力的提升，是助推中国对北极事务的法律参与能力的事实前提。中国应依托北极理事会平台参与北极区域规范的创制构建，并加强国际法工具在中国应对北极问题中的实践适用。第三，进一步具体细化到北极地区大陆架划界的实践应对层面，中国需配套确立更加详细、可现实操作的总体策略。中国需在法理层面援引法律依据，实现对北极200海里外大陆架划界问题的法律介入，而在现实操作中，中国则需区分北极国家的不同情况，来实施相应的合作策略，同时强化非北极国家之间的立场呼应与利益协调。通过多种形式、多管齐下的软实力释放方式，最终在北极地区铺设出一条符合中国利益的软介入之路。

7. 最后，笔者在结论部分收束全书，指出北极地区大陆架划界问题的解决，在现实主义政治生态占据当前国际社会主流的整体形势面前不可一蹴而就，仍将在大国角逐的多边相互制衡状态中经历一个较为漫长的演进过程。北极地区大陆架划界的最终解决出路在于全球各利益主体共同参与的多元化治理，这一结论既符合冷战后全球治理的发展趋向，也有助于国际法在未来北极区域政治法律秩序建构中的功能发挥。21世纪世界格局变迁的特点决定了北极地区虽受制于大国博弈的现实角力，但国际法规范功能及全球化时代各方联动特征的加强决定了“牵一发而动全身”的北极大陆架划界争议不至于为少数北极国家所独力掌控，更不至于滑向翻版20世纪的区域“冷战”乃至“热战”战场。在已获参与北极事务“初步许可证”的有利条件下，中国宜依据国际法理和国际道义的基本原则顺势而为，在北极事务中积极进取，运用自身的“正能量”影响力引导北极地区大陆架划界问题朝向有利于中国、广大非北极国家以及国际社会共同体整体利益的方向良性发展，这也是时代赋予中国作为维护国际正义的世界大国身份的角色期待。

(三)研究方法

本书主要依循以下研究方法：

1. 文献分析法：通过收集国内外与北极大陆架划界问题有关的学术文献、法律政策文件文本及新闻资料进行系统分析，在此基础上展开下一步的深入研究。

2. 实证分析法：通过对国际法院、国际仲裁庭、国际海洋法庭的相关判例、裁决进行分析，以确定并验证本研究所作出的相关观点及结论。

3. 比较分析法：通过对比不同北极国家的相应大陆架划界主张、国内立法及政策的异同，以及200海里内大陆架划界与200海里外大陆架划界的联系与区别，以全面探究北极地区的大陆架划界法律问题。

4. 功能分析法：本书通过探讨《联合国海洋法公约》框架下的大陆架制度在北极地区的适用问题，来说明大陆架制度的概念、功能、具体适用标准及其在北极地区的适用效果，并全面检视相关制度的适用利弊与亟待调整完善之处。

5. 跨学科研究方法：除却本书所依托的国际法学科研究方法，本书拟借鉴国际关系学、经济学、海洋学、环境资源学等邻近学科的部分研究方法，对本研究主题进行系统深入的阐述。

6. 图表说明法：本书力图以大量较为精确的图表展示，来达到直观清晰说明作者论点的目的，并期待以此实现对本主题研究材料相关空白的填补。

第一章　国际法视角下的北极问题与其中的大陆架划界争端

北极地区的相关概况既是本书研讨所依托的基础背景，也是本书行文所必须予以首先阐述的客观前提。国际法范畴上的北极问题是旨在通过国际法的视角，对北极问题进行相应的梳理和讨论。本章将首先介绍北极地区与北极海域的相关概况，并界定其具体范围，此后将依据《联合国海洋法公约》及其他国际法律文件的相关规定，简述国际法上的大陆架制度及相关划界规则，进而阐释大陆架制度在北极地区适用的影响。

第一节　有关北极的若干概念及其范围界定

学术界在有关北极地区的概念及范围界定问题上，一直存有若干标准不尽相同的释义。作为地球上地理位置最靠北的地区，北极地区(Arctic Region)是一个包括北极点在内的、以北冰洋为中心区域并包括其广大周边地区在内的区域,[①] 涵盖了最北端的北极点、北冰洋及其附属海域和岛屿以及环绕其周围的欧亚大陆、北美大陆和格陵兰的北部边缘地带。[②] “北极”(the North Pole)在最狭义的定义上，其概念指的是地轴和所有经线的最北端，即北纬 90 度的北极点；而“北极地区”(Arctic Region)的覆盖范围更广，在人们通常意义的泛指中有几种类型不同的概念表述。下文将主要就此展开相应的探讨。

一、北极地区的概念及其范围界定

地理学上最普遍的定义是，北极地区是一个以北极点和北冰洋为中心，以

① 陆俊元:《北极地缘政治与中国应对》，时事出版社 2010 年版，第 1 页。

② 刘惠荣、杨凡:《北极生态保护法律问题研究》，知识产权出版社 2010 年版，第 1 页。

海域为其主要构成主体的北半球高纬度区域。① 北极地区的范围及其具体面积随着南部界限的不同定义而存有一定的差异。② 对于北极地区的具体范围和面积，不同学科采取了不同的研究角度和界定方法，正是这种不尽相同的确定北极地区南界的标准，使得北极地区的具体范围至今仍然存有小幅度的争议。确定北极地区南部边界的几种自然科学标准包括：(1)地理纬度上的北纬66°33′40″的北极圈线；(2)地理纬度上的北纬60度线；(3)物候学上的每年7月份陆地平均温度10°C和海洋平均温度5°C等温线；(4)植物种类上的泰加林带分布线(Taiga Forest Line)，等等。当然北极地区还有其他几类划分方法，用以适应不同领域和学科范畴下的北极问题研究。

目前被广泛用以界定北极地区和北极海域的边界范围的方法，主要是第一类"北极圈线划分法"和第三类"最热月陆海等温线划分法"这两种划分标准。第二类的"北纬60度线"划分法很少在北极问题研究中被采用，但划定南极北部界限的惯常方法则是"南纬60度线"；第四类"泰加林带分布线"划分法在范围划定上显得过于宽泛，依其标准计算得到的北极地区面积超过4000万平方公里。故符合人们的通俗性认知的仍然是"北极圈线划分法"，"最热月陆海等温线划分法"则在学术文献上被引用频次最多。按照前者的标准，北极地区的南界即北纬66°33′40″的北极圈线，按此标准计算，北极地区总面积约2100万平方公里，其中北极圈线内侧的陆地面积约800万平方公里，海洋面积1300万平方公里。③ 而按照后者的标准，北极地区的陆海最热月即每年的7月份，陆海等温线分别是陆地的月均温10°C线和海洋的月均温5°C线，这是北极地区最热月气温的最上限，按此标准圈出的北极地区总面积约为2700万平方公里。由于此时北极地区南部界限扩大，这种标准下所圈出的北极陆域面积更多，使此标准下的北极地区陆海面积比例接近4∶5，即此时的北极地区陆地

① David A. Colson, "The North Polar Region: Geopolitics and International Law of the Sea"；转引自傅崐成等编译：《弗吉尼亚大学海洋法论文三十年精选集(1977—2007)》，厦门大学出版社2010年版，第115~119页。

② Dubner Barry Hart, "On the Basis for Creation of New Method Defining International Jurisdiction in the Arctic Ocean", *Missouri Environmental Law & Policy Review*, Vol. 13, Issue 12 (2005), pp. 211-245.

③ John E. Noyes, "Judicial and Arbitral Proceedings and the Outer Limits of the Continental Shelf", *Vand. J. Transnat'l L.*, Vol. 42 (2009), pp. 1211-1264.

面积约为1200多万平方公里，海洋面积约为近1500万平方公里。①

图1-1　7月份10°等温线所界定的北极地区及北极海域的范围

① Timo Koivurova, "Governance of Protected Areas in the Arctic", *Utrecht Law Review*, Vol. 5 (June, 2009), pp. 44-60.

二、北极海域的概念及其范围界定

北极海域是指北极地区内的海洋部分，北极地区的主体形态是海洋，北冰洋占北极地区总面积的60%以上，其绝大部分水域都在北极圈以北。[①] 因此，北极问题的实质是海洋问题。北极海域(Arctic Ocean and Seas)的范围由北冰洋主体区域及其边缘的一系列陆缘海和陆间海构成，包括了主体部分的北冰洋及其附属海域。严格地讲，本书指称的“北极海域”包含了地理意义上的“北冰洋”整体概念，本书下文中分别提到的北冰洋的几个“附属海域”，如巴伦支海、波弗特海、东西伯利亚海等，在地理范畴上都是北冰洋的一部分，正如东中国海、南中国海是太平洋的一部分，地中海是大西洋的一部分一样。但由于北极海域的地理形态特征是北冰洋中心主体区域与其附属海域大多有岛屿、海峡等明确的地标界限，以及为达到概念严谨与论述便利的双重效果，本书拟以包容性更强的“北极海域”一词来指代地理学上的“北冰洋”概念整体，而本书中出现的“北冰洋”一词，将更多地用于指代不包含北冰洋附属子海域的“北冰洋主体区域”。这样以便在下文中，对北极海域(即地理学上的整个北冰洋)的总面积、北冰洋主体区域面积、北冰洋附属的各个子海域的面积与地质地貌特征予以分别介绍。当然上述语义上的界分并不是机械性的，本书对有关概念的使用是在力求表达严谨的同时尽可能地与上下文语境相契合。此为本书需要特别说明的一点。

北冰洋(the Arctic Ocean)在古希腊语中意指“正对大熊星座的海洋”，其面积在四大洋中最小，主体部分的面积仅为1226万~1300万平方公里，约占全球海洋面积的2.6%；囊括其附属边缘海后，北冰洋的总面积也不到1500万平方公里，仅为全球海洋面积的4.1%。[②] 由于北冰洋的面积相比其他三大洋而言显得过于狭小，且北冰洋被周边陆地封闭的程度，与其他三大洋的部分边缘海的封闭形态相比甚至有过之而无不及，因此也有观点认为，北冰洋无论是就面积还是就整体形态而言都与其他三大洋差异很大，而与边缘海的外部特征更加接近，称之为“北极海”似乎更为妥当。

北冰洋与其他三大洋的最显著的外部特征区别就是其“白色冰海”的物理外观。在北冰洋主体海域，有三分之二的区域被平均厚约3米的海冰常年封

---

① 北极问题研究编写组：《北极问题研究》，海洋出版社2011年版，第2页。

② Stephanie Holmes, “Breaking the Ice: Emerging Legal Issues in Arctic Sovereignty”, *Chi. J. Int'l L.*, Vol. 9, Issue 1 (2008-2009), pp. 323-351.

冻，位于北冰洋中央的固体永冻海冰已有300万年之久，而在北极地区的格陵兰岛，终年不化的冰盖的厚度可达7米以上。其余海面上则分布有自东向西漂流的冰山和浮冰。[①] 这些存在于北冰洋水域的固态和浮动海冰，使北冰洋的海水盐度很低，可供人类利用的淡水资源却非常丰富。只有在北冰洋洋底和南部边缘海域，海水的含盐量才稍高。

由于北冰洋的四周边缘存在大量星罗棋布的岛屿岬角，这些岛屿散碎分布于北冰洋的南部外缘，故其岛群北端构成了北冰洋中心区域与其南部附属子海域的天然分界线，其岛群南翼边沿则是北极海域整体与外部太平洋、大西洋海域之间的分界线。对北冰洋来说，狭窄的白令海峡是北冰洋与外围太平洋联通的唯一通道，在北美方向与大西洋之间的连通也需要经过加拿大北极群岛之间及其与格陵兰岛之间的若干岬角错落、形状狭长的海峡海湾，如喀拉海峡（Proliv Karskiye Vorota）、戴维斯海峡（Davis Strait）、丹麦海峡（Danmarksstrædet）、内尔斯海峡（Nares Strait）、哈德逊湾（Hudson Bay）、巴芬湾（Baffin Bay）、福克斯湾（Foxe Bay）、阿蒙森湾（Amundsen Gulf）、布西亚湾（Gulf of Boothia）、昂加瓦湾（Ungava Bay）等海湾，有“圣杯”誉称的“西北航道”即穿过这里。这些边缘海、海峡和海湾将是未来无冰的北极航运咽喉要道和通向三大洲的捷径。只有在欧洲方向，通过格陵兰—扬马延群岛—斯匹茨卑尔根群岛一线相互衔接的巴伦支海—挪威海形状较为宽敞，北大西洋暖流经此得以进入北极圈线以内，进而一直影响到纬度高达北纬70°的挪威高北地区以及北纬69°且与大西洋距离甚远的俄罗斯摩尔汉斯克一带。和北冰洋水域在其他方位上与其他大洋水域的分界线十分清晰明了不同，这部分海区的北极海域与北大西洋海域之间的界限要模糊得多。

北极海域的具体范围，同样因为其南界的模糊以及北冰洋附属海域的界定标准而存有一定的争议。在笔者看来，北极海域的范围界定标准并无单一的尺度，而是要根据各海区的综合条件来进行全面考察。这些条件既包含北极圈线的纬度限制，也须应用物候上的陆海等温线标准加以衡量，同时还须结合本书的研究主题与主旨，即本书所研究的乃是北极地带的海底大陆架划界问题，而不是非北极海域的大陆架划界问题。不惟如此，本书研究的重点突出体现在可能给国际社会整体利益带来长远影响的北极外大陆架划界问题，大陆架权利归一国独享的海区，即使划定外大陆架，也不会有多少争议，其给国际社会共同

① 刘惠荣、董跃：《海洋法视角下的北极法律问题研究》，中国政法大学出版社2012年版，第3页。

体利益带来的冲击也仍然是有限的。因此，本书主题所指的“北极地区大陆架划界问题”，实则包含了“北冰洋边缘的北极海域200海里以内大陆架划界问题”和“面向北冰洋主体区域的200海里外大陆架划界问题”这两层内容。如果某片海域的大陆架外部界限与总体走向未定、可能给全人类共同利益带来深远影响的北冰洋主体区域无涉，该片海域显然就不是符合本书研究主题所需的“北极海域”了。如果按照上述标准来审视有关海区即不难看出，诸如巴伦支海、东西伯利亚海、拉普捷夫海、波弗特海等海域之所以属于明确无界定困难的北极海域，就是因为在这些海域划定大陆架外部界限的方向是朝向北冰洋主体区域，从这些海域延伸出来的大陆架面积与划界之后的北极国际海底区域面积之间，完全是此消彼长的关系。而在大洋属性认定问题上存在争议的几个海域，如挪威海、拉布拉多海、白令海和哈德逊湾等，其海域法律权利的归属并不会对北冰洋海区的整体地位造成影响。因此本书所指的北极海域严格限定于北冰洋主体区域以及环绕其周边的南部边缘附属海域，相关附属海域按顺时针方向分别包括：巴伦支海(Barents Sea)、喀拉海(Kara Sea)、拉普捷夫海(Laptev Sea)、东西伯利亚海(East Siberian Sea)、楚科奇海(Chukchi Sea)、波弗特海(Beaufort Sea)、巴芬湾(Baffin Bay)和格陵兰海(Greenland Sea)。北极海域的概况详见表1-1。

这其中，大陆架构造发达、面积广阔是北极海域所共有的也是最重要的地质地貌形态特征，仅以最严格的科学标准来进行界定，大陆架的区域面积也至少占整个北极海域海底地形的三分之一，即不少于400万平方公里。但大陆架地质结构在北极不同地区的发育情况差异较大。在俄罗斯亚洲部分的西伯利亚以北，大陆架的延伸面积极为宽广，而在北美洲大陆以北，大陆架面积却相对有限，部分地区的大陆架宽度甚至极为狭窄，无法达到《公约》所规定的将大陆架外部界限延伸到200海里之外的自然条件。这将在下文中详加论述。需要说明的是，位于加拿大巴芬岛和丹麦海外自治领格陵兰之间的巴芬湾由于面积关系，不存在超过200海里外大陆架的划界问题。

表1-1 **北极海域概况(由笔者综合极地办数据等资料整理)**

海域名称	沿岸国家	面积(万 km^2)	平均/最大深度(m)	大陆架面积
白海	俄罗斯	9	61/350	全部海域
喀拉海	俄罗斯	88	118/620	全部海域

续表

海域名称	沿岸国家	面积（万 km^2）	平均/最大深度（m）	大陆架面积
哈德逊湾①	加拿大	123	100/274	全部海域
东西伯利亚海	俄罗斯	93.6	45/358	全部海域
巴伦支海②	挪威/俄罗斯	131.5	229/600	127 万 km^2
巴芬湾	丹麦/加拿大	68.9	861/2744	约 90%海域
拉普捷夫海	俄罗斯	67.2	519/3358	约 3/4 海域
楚科奇海	俄罗斯/美国	58.2	88/1256	约 2/3 海域
白令海③	俄罗斯/美国	230.4	1636/4773	131.33 万 km^2
波弗特海	美国/加拿大	47.6	1004/4683	12.8 万～18.57 万 km^2
拉布拉多海④	丹麦/加拿大	140	693/4316	约 1/4 海域
格陵兰海	丹麦/挪威/冰岛	120.5	1444/5527	约 1/5 海域
挪威海	挪威/冰岛	138.3	1742/4487	约 1/6 海域

三、北极国家与行政意义上的北极

按照最常用的“北极圈线划分法”，在北极圈内拥有领土的国家有 8 个，分别为美国、俄罗斯、加拿大、丹麦(格陵兰)、挪威、冰岛、瑞典和芬兰。因此这 8 个国家又被称为“北极国家”(Arctic States)或“北极八国”(Arctic Eight, A8)。其中，美国、俄罗斯、加拿大、丹麦(格陵兰)和挪威拥有直接面向北冰洋主体区域的海岸线，因此这五国又被视为北极国家群体中的“核心五国”，在北极问题特别是北极地区海洋问题上拥有比其他三个北极国家更大

① 哈德逊湾的海域归属存有一定争议，有些文献认为其属于北大西洋边缘海，因为其纬度相较其他北极海域明显偏低，而且其湾流向大西洋方向流动，但也有文献按 7 月份 10°等温线标准将其归入北冰洋海域，因为哈德逊湾温度比同纬度海域偏低不少，冰封期长达 8 个月之久。

② 其海域在范围和数据计算时均不包括白海。

③ 白令海在地理学上本属北太平洋边缘海，但如按 7 月份 10°等温线标准，白令海可归入北极海域。

④ 拉布拉多海在地理学上本属北大西洋边缘海，但如按 7 月份 10°C 等温线标准，拉布拉多海基本可归入北极海域。

的话语优势。当然作为小岛国的冰岛，其北部也拥有直接濒临北冰洋的海岸线，其东、西、南三面则为北大西洋水域环绕，但冰岛僻处一隅，无论是其地理位置、国力还是海洋划界主张，都很难对北冰洋主体区域的权属划分造成实质影响。此外冰岛为典型的位于洋脊之上的国家，目前综合得到的信息是冰岛地处海底洋脊而非深洋洋脊之上，然而即便如此，冰岛所处位置的地质构造属性，也会极大地削弱其在北极海区本就份额极微小的200海里外大陆架划界主张。因此在本书所关注的北极地区大陆架划界主题中，冰岛及在北极海域没有海岸线的瑞典、芬兰所起到的作用较为有限。

另一个有研究意义的是北极国家内部设置的具体北极行政区域。北极国家通过设置具体的北极行政区来管理北极地区的原住民，并在有关行政区内实施仅适用于北极地区的政策法令。目前8个北极国家已经划出了30个北极行政区，其中包括俄罗斯的13个行政区(含7个自治区、3个共和国和3个州)、加拿大的5个地区、挪威的3个郡和1个斯瓦尔巴德群岛协定区、丹麦2个海外自治领、瑞典和芬兰的各2个省、美国1个州以及冰岛全国，总面积约1650多万平方公里。

第二节　北极的重要价值及其区位特征

北极地区具有多重维度的重要区位价值。这种区位价值体现在北极地区区位价值的战略性。对于一国而言，战略利益(Strategic Interests)的价值在于全局、长期、根本和决定性意义。近年来北极地区所在的北寒带已成为全球升温幅度最大的地带，这就为人类有效挖掘利用北极地区的潜藏价值绘制了清晰的图景。在此背景下，北极地区突出的地理区位和开发潜力巨大的各类资源(见图1-2)，也就具有重要的战略价值。北极地区可惠益于人类的利益和价值是多重多元化的，具体而言可表现在诸多方面。

一、北极地区的航道利益

航道利益之于世界各国的重要意义体现于国际能源贸易对海上运输和海上通道的高度依赖性，这使海上航道成为维系有关国家战略安全的生命线。大约70%的石油和天然气需要通过海洋来进行运输。① 冰天雪地的北极原本不是船

① 杨泽伟主编：《中国海上能源通道安全的法律保障》，武汉大学出版社2011年版，第1页。

舶的适航地区，其航道利益的战略价值是随着北极气温的日渐升高而逐渐浮现于融解的北极冰面的。

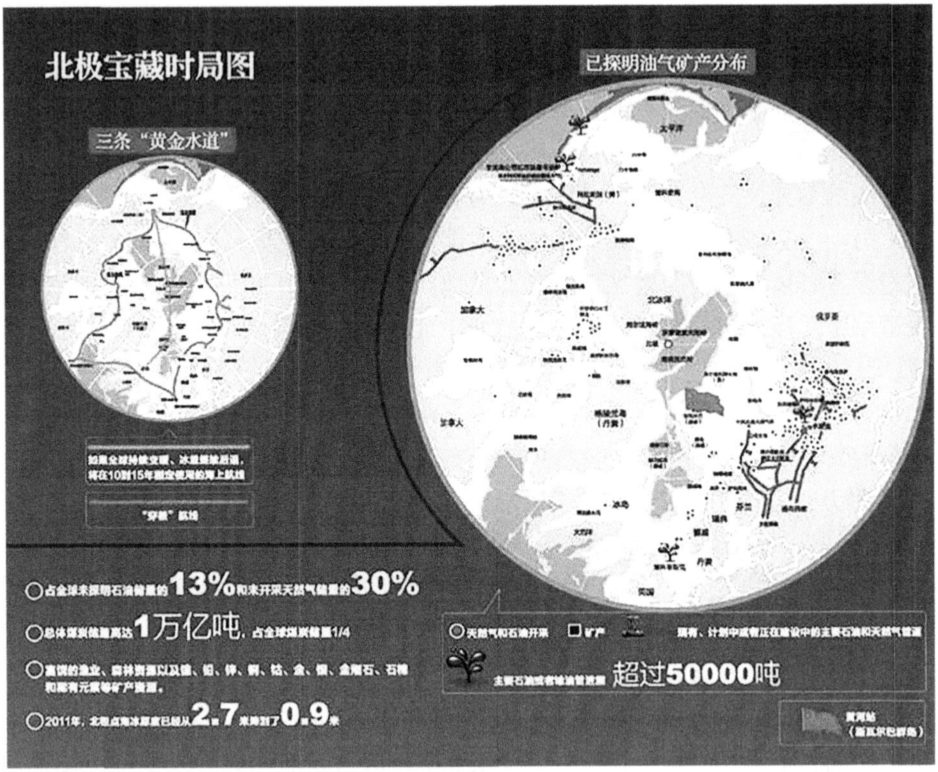

图 1-2　北极地区的航道利益与资源利益①

从地理区位来看，北极海域位于欧洲、亚洲和北美洲之间，是连接这三大洲之间的最短航路。北极航道的商业开发潜力巨大，被认为是具有高附加值的北极海洋经济高地之一。随着北极资源大规模开发的前景愈益明朗化，由北极极冰融化引发的世界运输航路的改变不仅将改变世界资源产地与贸易格局的版图，还将对各国的海上能源运输安全带来前所未有的剧变。这种剧变所造成的影响无疑是一柄“双刃剑”：

一方面，北极新航道的开辟及其在未来可能投入的大规模商业运营，有利

① 资料来源：张璐晶：《谁在瓜分北极?》，载《中国经济周刊》2012 年 2 月 20 日，第 30 页。

于营造一个比现有航道更为安全的海上航运线路，此外还可以为北半球国家之间的海上交通运输降低营运成本(世界大多数国家以及海上贸易较为发达的国家均集中于北半球)。通常情况下，从发达国家密集的北大西洋沿岸通往当今经济发展潜能最大的西北太平洋地区，现有的海运航线要么需要经过巴拿马运河，然后横渡广阔的太平洋，要么需要自苏伊士运河穿过整个印度洋，这两条航线不仅耗时长、易拥塞、海运成本高，而且所经之处都存有海盗猖獗、恐怖主义势力活动频繁的安全隐患。以马六甲海峡(the Strait of Malacca)的情形为例，其连接经济繁荣、进口石油需求巨大的东亚国家和中东波斯湾石油产地，一旦因海上灾难或安全问题而被封闭，全世界船队中大约50%的船舶将被迫绕道而行。① 因此航程短、全部经由发达国家海岸的北极航道一旦开通，对于世界航运版图的变迁以及新旧航线沿岸国家的国运兴衰的意味，都将是革命性的。这意味着未来的海上航运环境将更安全、更快捷，海上航运成本更低，北半球国家特别是欧美发达国家与世界新兴经济体之间的联系将更为紧密。因而有学者站在全球安全格局的角度对开辟北极航道的潜在影响给出了相当积极的诠释。英国伦敦国王学院讲师、东亚安全和海军问题专家阿莱西奥·帕塔拉诺(Alessio Patalano)认为，在北极地区开辟有效航线，有助于分流从印度洋到西太平洋的能源运输大动脉上的安全竞争压力，或可起到为"东亚火药桶"降温之效，至少北极将会是一个有潜力使当前国际安全局势发生重大扭转的地区。②

另一方面，北极航道通航可能性的大幅上升也将加剧目前世界航运格局以及国际经贸体系的失衡态势，北极航道一旦全面开通势必将从整体上重塑全球航运的贸易版图，一个全新的超强环北极经济圈似将呼之欲出。在现有的国际主航道(苏伊士运河、印度洋航线、马六甲海峡、太平洋航线、巴拿马运河、加勒比航线)上，汇集了大量国力有限、经济结构单一的发展中国家，不少发展中国家和南半球国家尚可从现有的国际航路分布格局中受益，但这些国家的国民经济结构也极端依赖现有的国际航道配置，北极航道的开通，很可能置为数众多的南方国家于无可奈何的被边缘化境地。欧洲和北美的发达国家则会是国际航道变迁的最大受益者，享有地理区位优势的北极国家将在与非北极国家

① 杨泽伟主编：《中国海上能源通道安全的法律保障》，武汉大学出版社2011年版，第27页。

② ［英］阿莱西奥·帕塔拉诺：《北极将为"东亚火药桶"降温》，载杨晓研编译：《世界报》，2011年3月2日，第002版。

的对话中占据更加优越的地位。

北极地区的海上航道主要包括蜿蜒穿过加拿大北极群岛的“西北航道”以及绕行俄罗斯西伯利亚北方海岸的“东北航道”(俄罗斯称其为“北方航线”)，如果北极海冰加速融化，甚至不排除在不远的将来，人类有能力开辟出直接穿过北极点、远离俄罗斯和加拿大严格控制的第三航线，即“中央航道”或“穿极航道”。① 目前可以投入现实使用的北极航道只有两条，即紧邻俄罗斯和加拿大北极海岸的“东北航道”和“西北航道”，处于设想状态的“北冰洋中央航道”短期内不具有开发利用的现实可能性。而比较现有的两条北极航道可以看出，较环绕西伯利亚漫长海岸线的“东北航道”而言，径行穿过加拿大北极群岛的“西北航道”航程更短，潜在的商业航运价值更高，一直有彰显其黄金水道地位的“圣杯”之誉。据悉，商船从欧洲到亚洲走“西北通道”比走巴拿马运河将缩短 2480 英里的路程。② 然而自 15 世纪人类地理大发现和新航路开辟以来，在连续几个世纪中，欧洲探险家们所梦想中的北极航道都一直因为海冰阻挡而未能开通，特别是西北航道上的海冰与潮汐情况更为复杂。18 世纪初的沙皇彼得一世也在临终时遗言，希望能“寻找到一条经过北极海通往中国和印度的道路”,③ 这一愿望直至本世纪北极航道的通航可行性明显提升之后才得以实现。2005 年夏季，俄罗斯周围的东北航道被开通，西北航道仍有密集的冰山阻塞；2007 年，西北航道打通，而东北航道则处于冰封状态。而到了 2008 年 8 月中下旬，美国宇航局拍摄的卫星照片显示，至少在 12.5 万年以来，西北航道和东北航道第一次在同年相继冰融通航，美国国家冰雪数据中心(NSIDC Scientific Data Search)的海冰专家将这些图像形容为“具有历史意义的重大事件”，这代表人类史上首次可绕过北极开展商业航行，由此引发了新一轮北极航道开发热潮。④ 2009 年 7 月，两艘德国货船完成对“东北航道”的全程穿越，航程比以往的苏伊士—印度洋航线足足缩短了 7400 公里。⑤

不过，因为气候变暖而开通的北极新航道以及北极商业潜力的大规模开发

① 王泽林：《北极航道法律地位研究》，上海交通大学出版社 2014 年版，第 3 页。

② 郭季：《“西北通道”姓“加”还是姓“美”？——北极争夺战愈演愈烈》，载《检察日报》2007 年 7 月 11 日，第 004 版。

③ 崔丕：《近代东北亚国际关系史研究》，东北师范大学出版社 1992 年版，第 53 页。

④ 刘江萍、管清蕾：《北极“黄金航道”起争端，航运可行性尚在研究》，载环球网：http://world.huanqiu.com/roll/2008-11/285924.html，2008 年 11 月 18 日。

⑤ 《都市快报》记者组综合报导：《全球变暖化出黄金水道，德国货船闯过北冰洋》，载《都市快报》2009 年 9 月 13 日。

显然是以北极传统生态发生根本性改变为前提的，相关国家在急切地寻找有利于己的北极权利依据时，也不能不考虑北极环境剧变所带来的不可承受之重。虽然北极自然环境改变无疑带来了不少新的发展机遇，如北极渔业发展、航道的利用和油气资源的开发等，但北极的生态环境恶化所导致的后果也不容忽视，例如海冰融化使得北极熊等生物生存的陆地面积减少，增加了海港及附近居民遭受不可预测的风暴的几率，冻土融化直接威胁到当地基础设施安全和居民生活等。同时北极的污染也会波及世界其他地区。①

二、北极地区的资源开发利益

尽管在国家层次上，全球政治背景下因北极地区环境变化而带来经济领域的安全化议题，显然不仅仅限于北极地区的资源。② 但对丰厚资源利益回报的追逐，显然是各国逐鹿北极背后最为直接的动力所在。

在当今的世界，广阔的海洋正是潜力巨大、最能满足人类社会当前发展需要的资源宝库，海洋科学技术的发展，使浅海之下的大陆架与大洋深海及其洋底海床的丰饶资源逐渐进入人类的视线。在北极海域的宽阔大陆架上，富藏有种类丰富的各类可再生和不可再生的宝贵资源，其中油气资源在大陆架上的分布相当集中，开发前景极为广阔可观。据保守估计，美国能源信息署(EIA)最新调查数据显示，全球未开发的常规石油储量有13%在北极，天然气储量则有30%在北极。随着钻探技术的进步，加上易开采油气资源变少，北极地区在各大油气公司的开发名单上越来越靠前。③ 例如普拉德霍湾(Prudhoe Bay)附近的北极北坡(Arctic North Slope)——北冰洋的波弗特海(Beaufort Sea)的一个海湾，就已经成为美国最重要的石油产区。④ 北极冰川下还沉睡着储量丰富、门类齐全的有色金属、稀有金属等战略矿产。⑤ 除此之外，受寒暖洋流交

① 陈君怡：《中加专家聚会研讨共话推进北极科研》，载《中国海洋报》2015年3月31日。

② 王传兴：《北极地区安全维度变化与北极地区议题安全化》，载《国际安全研究》2013年第3期，第109页。

③ 李慧：《2015：北极油气开发或将梦碎》，载《中国石化报环球周刊》2015年3月6日。

④ [美]索尔·伯纳德·科恩：《地缘政治学：国际关系的地理学》(第二版)，严春松译，上海社会科学院出版社2011年版，第104页。

⑤ 徐崇利：《国际公共产品理论与国际法原理》，载刘志云主编：《国际关系与国际法学刊》(第二卷)，厦门大学出版社2012年版，第41页。

汇的影响，北极边缘海域是渔业资源富集区，形成了好几个世界著名的大型渔场，如拉布拉多渔场、北海渔场、挪威海渔场、巴伦支海渔场、白令海渔场等。海洋生物资源相当丰富多样，有北极熊、海象、海豹、鲸、鲱、鳕等，渔业可捕量巨大。

因此，如何合理地开发利用这些资源，已经日益成为世界各国普遍关注的议题，因其将或直接或间接地关系到相关国家的经济安全。美国观察家、哥伦比亚大学教授罗伯特·莱格沃尔德（Robert Legvold）将北极的能源开发问题放在与欧洲导弹防御系统对话、国际货币基金组织、欧安组织和联合国改革、大规模毁灭性武器及其载体扩散、国际恐怖主义和贩毒、与伊斯兰极端主义斗争相并列的突出位置，指出上述问题将可能削弱和中断现有的国际安全协同合作，并且存在引发新一轮冷战的可能。虽然这种新形式的冷战不会覆盖整个全球体系，但仍然有极大的破坏性，并会对国际体系所有的重要方面有影响。①

另外，由于在北极地区从事资源钻探与开发工作需要投入大量的物质、资金与技术投入，前期成本高、综合风险大，许多公司在北极的油气项目进展都不顺利，唱衰北极油气开发的声音也此起彼伏。② 其中西方国家自身的钻探计划大多受到技术性难题、环保及监管等法律与政策障碍以及持续下行探底的国际油价等综合因素的多重打击，削减后的开支暂时无力延续前期的北极油气开发项目；俄罗斯在北极地区开发油气资源的动力虽更强烈，但其面临的政治性麻烦也不小：由于2014年俄罗斯兼并克里米亚以及乌东危机的发生，西方国家启动了对俄制裁，俄罗斯与西方石油公司合作开发北极资源的计划也被迫推迟。相对而言，身为目前世界石油龙头老大的荷兰皇家壳牌集团（Royal Dutch/Shell Group of Companies）尽管也受当前北极油气资源开发前景看衰的冲击，但仍保持着进军北极的热情和目前北极油气开发的纪录，“北极油气的开发梦或许将全靠壳牌独自支撑”。③ 由此可见，虽然潜在的预期前景利益极大，但当前的北极资源开发仍然面临着各种现实困难。当然，大多数障碍和困难只是暂时性的，不会无限期地束缚住人类开发北极资源的脚步，而且正是因为北极地区的丰厚资源利益在短期内不具备现实开发的各项条件，因此围绕北极的资源

---

① 知远、北风：《俄媒质疑中国核政策：在危险时或主动使用核武》，载环球网：http：//mil. news. sina. com. cn/2014-07-23/1653791760. html，2014 年 7 月 23 日。

② 李慧：《2015：北极油气开发或将梦碎》，载《中国石化报环球周刊》2015 年 3 月 6 日。

③ 李慧：《2015：北极油气开发或将梦碎》，载《中国石化报环球周刊》2015 年 3 月 6 日。

之争才能长期存续并成为各项北极争议背后的实质问题。

三、北极的军事利用利益

人类在北极地区的军事活动早在中世纪就已开始。中世纪时期，维京海盗横行于北欧海域。维京海盗首先登陆冰岛，公元982年，“红胡子”埃里克(Eric the Red)发现了格陵兰。1733—1743年，俄国发动了大规模北极军事探险远征，完成了从西伯利亚北部直至勘察加半岛的海岸线测绘，并发现了白令海峡。公元19世纪，英国完成了加拿大北极地区的殖民征服，俄国则跨过白令海峡控制了阿拉斯加，此后俄国于1867年将阿拉斯加转让给美国。1902年，美英因为阿拉斯加与加拿大的划界问题发生争执，美军在阿拉斯加大规模集结，世界两大强国险些在北极圈内爆发军事冲突，最终英国向美国让步。“二战”时北极地区安宁不再，战火直接燃至北极圈，盟军与德军在此地区展开了反复较量和争夺。1940年德国首先以闪电战征服挪威，英法联军曾退往挪威北部地区坚持抵抗，德军随后借道北挪威向芬兰调运军事物资，完成了入侵苏联的军事部署。为防御纳粹德国的可能入侵，美国将其庞大的军事防御线向东推进，美军进驻冰岛和格陵兰，盟军在格陵兰海域击沉了德国最大战列舰“俾斯麦号”，并通过北极航道向苏联运送大量军事物资。冷战开始后，北极地区成为美苏对峙的最前线，美国在20世纪60年代曾多次派遣海军船只潜行至被苏联视为“内海域”的北极海域，美苏还在各自的北极海岸设置了大量潜艇基地与导弹基地。冷战结束后，美国与加拿大关于西北航道法律地位的争执加剧，加拿大自上届的哈珀政府上任以来，大规模提升了对其北方领土的关注力度，扩充其在北极地区的军事存在，并多次举行军事演习。美国也多次派遣潜艇、军事测量船在北极进行科研实验和作战训练，还在阿拉斯加部署了反导系统。俄罗斯一直高度重视其在北极地区的军事力量部署，拥有在北极地区实力首屈一指的北方舰队，并拟在2015年建成首支北极地区摩托化特战步兵旅以捍卫本国利益。① 由此可见，在漂浮的极冰背后，有关国家间的“冷战”和“暗战”从未消失和停止，反而随着冷战后北极争端的复杂化和显性化而愈演愈烈。

从军事利用的角度来看，北极地区常常暴风雪肆虐、乌云翻滚、冰层密集，可以屏蔽潜艇信号，阻挡包括海洋监视卫星在内的所有传感器对冰层的动

① 刘恺：《俄拟在2015年建首支北极特战旅捍卫本国利益》，载新华网：http：//mil. huanqiu. com/world/2012-02/2460588. html，2012年2月22日。

态追踪与监视，以便潜艇携带核武器进行活动。因此从军事学观点来看，遍布浮冰、目前难以完全通航的北极海域，反倒是潜艇消声隐蔽航行的最佳场所，也是最安全、最理想的导弹发射阵地和飞机待机要地，是北半球军事强国以导弹互相攻击对方可选择的最短路径。①美国在阿拉斯加中部的格里利堡(Fort Greely)建立了陆基截击导弹的指挥中心和试验中心，南阿拉斯加的科迪亚克岛(Kodiak Islands)是布置反弹道导弹防御系统的另一个中心。②

四、北极的生态环境利益

南北极是全球气候系统演化的控制塔。特别是对于世界国家和人口分布而言，大部分国家及其居民都分布在北半球，北极地区的气候变化会对这些国家的物候与农业经济环境造成直接和深远的影响。

北极涛动(Arctic Oscillation，AO)是北极寒冷气体蓄积和释放反复循环的一种气候现象，是冬半年北半球中高纬度地区大气环流尺度最大、最重要的模态。③北极涛动对亚洲尤其是中国的天气气候系统影响显著。冬季频繁大规模入侵中国的寒潮，主要就是从北极上空的冷高压气团中生成的。

近几年北极气候变化趋势加快，北极成为全球变暖特征最为突出的地区，北极海冰正以前所未有的速度消融，而极冰消退又削弱了北极冰盖对太阳光的反射能力，冰层下的浮游植物开始爆发式增长，这反过来又进一步加剧了北极地区的气候变暖速率。来自俄罗斯的诺贝尔和平奖获得者、世界最为知名的气候变化问题专家奥列格·安尼西莫夫(Oleg Anisimov)说，北极地区正在经历的气候变化极为快速而强烈，该地区的温度上升速率比地球其他地区快将近4倍，北极的海冰已经处于有记录以来的最低水平，有证据表明过去十年中北极海冰已经减少了13.7%。这意味着到本世纪中期，北极很可能将完全成为开阔的海洋，只有北极点附近漂浮着零星的冰山。④

北极气候环境的上述变迁趋势对现有北极区域生态系统造成的影响是灾难

---

① 刘惠荣、董跃：《海洋法视角下的北极法律问题研究》，中国政法大学出版社2012年版，第9页。

② [美]索尔·伯纳德·科恩：《地缘政治学：国际关系的地理学》(第二版)，严春松译，上海社会科学院出版社2011年版，第104页。

③ 雷杨娜、孙娴：《中国冬季气温变化与北极涛动关系研究》，载《中国气象学会2012年年会论文集》，第112页。

④ 任天：《气温上升加快：40年内北极海冰恐完全消失》，载新浪网：http://tech.sina.com.cn/d/n/2015-03-03/doc-ichmifpx9225442.shtml，2015年3月3日。

性的。海水温度的上升与浮冰的加速融化打破了北极生态系统的脆弱平衡，由于原有栖息地的生态景观发生剧变，该地区的不少生物物种陷于濒危境地，即便是作为北极地区特色生物象征的北极熊也不例外。2007年英国《每日邮报》刊登了由加拿大环境学家拍摄的“北极熊为浮冰所困进退两难”的照片，可谓是全球变暖悲剧性象征中最为典型的一幅画面。安尼西莫夫教授还指出，北极变暖使西伯利亚地区的永久冻土层发生融化，导致不稳定的气体被释放出来甚至发生爆炸，致使地面下陷并出现了巨大的洞穴。由于俄罗斯几乎三分之二的土地面积都位于永久冻土带，永久冻土的融化可能给基础设施(包括城市建筑物和地下管道)带来潜在的危险，这一情形已经在西伯利亚的一些地区出现，一些房屋出现倒塌，当地的基础设施正面临越来越大的毁坏风险。①

北极各种形式的冰也是科考的重要对象，记载了地球环境演变的各种信息特征。北极冰川在地球大冰河时期与间冰期的进退变化，不仅直接造就了北冰洋沿岸漫长的侵蚀型地表形态海岸线，而且改变了地球生物物种的生存环境并影响了生物物种的进化过程。格陵兰冰盖还是世界上仅次于南极的最大冰川淡水储藏库，如果能在不损害环境的前提下得到充分、科学的利用，足以解除大部分国家所面临的淡水资源危机。倘若格陵兰冰川全部融化，世界海平面将上升7米，大面积的滨海居住带和经济发达地区将陷于灭顶之灾。所以无论是从淡水资源的开发利用角度还是从维护气候环境、抑制全球变暖的角度来说，妥善呵护与科学利用好北极冰盖显然具有重大的现实意义。

五、北极地区形势发展的全球化时代背景

全球化所带来的显著变化就是全球政治、经济乃至文化正经历着前所未有的一体化和碎片化的同步发展，这使人类社会发展的重心，正从以往民族国家政府统治的单一内容，逐步迈向区域治理和全球治理。不少学者认为，全球治理从本质上来说，是国家权力结构不足以应对全球新问题情况下的一种选择，国际社会要通过一些具有约束力的国际规则来寻找全球解决办法。② 全球化带来的上述变革与挑战不仅是这个时代的重要特征之一，也将传统治理视野之外

---

① 任天：《气温上升加快：40年内北极海冰恐完全消失》，载新浪网：http：//tech. sina. com. cn/d/n/2015-03-03/doc-ichmifpx9225442. shtml，2015年3月3日。

② 邱国兵：《金融危机背景下的全球治理：挑战与机遇》，载《长白学刊》2009年第5期。另参见何亚非：《对全球治理的一些思考——从二十国集团峰会谈起》，载王缉思主编：《中国国际战略评论2013年卷》，世界知识出版社2013年版，第2~3页。

的某些区域纳入进来，并为这些区域带来了“后发先至”式地推进新时代治理理念与治理规则的实践契机。

在全球化的条件下，各国经济、政治、安全等领域的利益日趋交叉渗透，各种形式的双边或多边国际合作于是逐步成为各国维护和拓展国家利益的重要途径。近年来，各种类型的机制化、制度化国际经济、政治和安全合作在全球范围内展开，并推进了各地区的区域一体化和合作制度化进程。究其动因，正是相关国家为维护和拓展其自身或共同及交叉利益的需要。而且随着生产力的发展，国家社会全球化趋势的加强，民族国家的围城意识正在走向终结，民族国家利益从国内走向国际，在当代，国家利益的拓展也已成为国家社会的普遍现象。更何况，一国，特别是大国的国家利益边疆远远逾越出其国家领土的固有界限，也正是全球化时代到来的另一面影响。

正是在此背景下，随着北极冰融的加速，北极地区的战略地位和潜力已受到世界的广泛关注，各国争相将其利益边界向北极延伸。近年来北极地区所发生的广泛而深刻的演变，错综复杂的各类法律争议和利益冲突正日益浮出水面。北极问题在现今的日趋白热化，即包含了诸多层面的争端与博弈。国际政治博弈的各主要参与方均加强了在北极的战略经营力度，围绕北极地区的大国竞逐亦已随之升温。与此同时，也为各国在北极区域制度的构建进程中提供了新的合作空间。北极地区也不例外地被卷入了全球化秩序变革的时代背景中。美国北极问题和全球治理研究专家奥莱·阳指出，“自冷战结束后，北极从旧地缘政治的边陲上升为全球治理的中心，它的地位变迁，充分展示了全球化对世界政治和治理版图重塑的重要意义效果”。①

尽管自2016年来，国际局势在很大程度上出现了所谓的“逆全球化”的特点，全球化趋势在最早引领全球化浪潮的西方世界出现了明显的停滞甚至倒退。过往推动全球化最有力的美国，在特朗普政府上台后，已在第一时间脱离了TPP协议谈判，之后又相继宣布退出《巴黎协定》、联合国教科文组织等国际多边合作平台，欧盟则面临着英国退欧、难民潮和欧盟成员国国内极右翼势力抬头等诸多治理难题。但全球化趋势终究反映了深植于经济一体化需求基础之上的客观发展规律，就长远的历史视角来看，它的持续性不会因所谓的“逆全球化现象”而终止。而且，在北极事务和北极治理议题上，由全球化驱动的区域一体化态势依然强劲，即使是在政策取向上转向偏保守主义和孤立主义色

① Oran R. Young, “The Arctic Council at Twenty: How to Remain Effective in a Rapidly Changing Environment”, *UC Irvine Law Review*, Vol. 6, No. 1(2016), pp. 99-119.

彩的美国，在北极问题上也继续支持并扩展现有的多边合作框架。而对于渴求借助外力谋求更快发展的北极地区地方政府而言，无论是阿拉斯加，还是格陵兰等，搭乘全球化和区域一体化的“顺风车”意愿都更加强烈。因此，具有典型全球化时代特征的北极事务并未受到“逆全球化现象”的显著影响，相反还为全球化进程暂时受挫的其他地区提供了最新的示范参照。

综据以上时代背景，变迁中的北极秩序实际上是一个随着具体国家实践不断发展的动态演绎过程。北极地区自然环境和政治状态的重大变化，既为世人带来了无可估量的发展前景，也同时给域内外国家提出了前所未有的安全与治理挑战。北极国家是北极事务的主要参与者，但中国也有充分的国际法依据参与北极地区的各项实践，并从中享有具体的权利和承担具体的义务责任。因此中国参与北极事务实践，对于北极区域治理秩序的完善以及中国北极权益的保护而言实属必要。而对北极事务的内容研究和中国参与其中的策略分析，也实为同等重要、相互促进的一体两面。在全球化时代人类命运共同体化的时代大势面前，北极事务的外溢性以及各国利益交互的深度依存的现实需要，已然决定北极地区法律与治理秩序的良性发展越来越离不开中国的积极参与，而中国维护和拓展自身的北极权益也需借助与北极事务相关的一系列制度框架和运作机制。而且更具有现实意义的是，随着北极事务在具体实践层面的不断完善，北极地区形势的发展将日渐超越北极区域权利被排他分割的旧局面，在全球化时代潮流的助推下逐渐转为北极权益集体共享的多赢格局。这将更进一步有利于在不同层次的北极事务参与方和攸关方之间实现彼此协调与合作，同时为中国北极权益的维护和拓展提供更加优化的模式路径。

由此综上言之，随着时代的发展，国际全球化的形势已进入了一个崭新的发展阶段，即随着国际政治力量的对比变化，原来引领全球化发展势头的美国等西方发达国家开始出现对全球化发展大势的逆反心态。虽然在更长远的历史螺旋性发展规律面前，已有的全球化浪潮并不会终止，全球治理体系变革仍将继续持续，美国等西方国家的保守主义政策更多是一种阶段性的反动。但全球化发展的新形势以及中国国力迅速上升所带来的国家利益延伸，已然要求中国抓住历史机遇，以新的引领者姿态发挥自身在全球治理进程中的“压舱石”作用，为全球治理模式在当前的新一轮深化变革做出积极贡献。同时，中国也需要在极地、深海、太空、网络这四大“战略新疆域”治理高地范围内积极进取、布局谋势，着力推动现有国际规则和治理体系的制度性改革，从而在全球治理体系变革中争取更加主动的地位和更多的话语权。与此同时，北极形势发展变迁的客观态势也充分显示出，所谓的“逆全球化”、“反全球化”现象并未对北极地区的区域治理和国际合作产生消极影响，北极依然是当前全球治理模式运转效果最为良好、推动区域治理合作的样本地区。在此背景下，《中国北极政策》白皮书的出台及时回应了这一形势变化，体现了中国高度关注北极治理高地的战略导向和责任担当，以及积极谋求北极治理合作共赢、借此为抓手与各方协力构建人类命运共同体建设范本的"大政策、大思路和大格局"。

第三节 《联合国海洋法公约》框架下的大陆架制度及其在北极的适用效果

1982年的《联合国海洋法公约》(*United Nations Convention on the Law of the Sea*, UNCLOS, 以下简称《公约》)是处理各种现代海上活动所引起的国际问题的有效法律基础。1982年12月6日在牙买加蒙特罗湾召开的联合国第三次海洋法大会开门会议上所做的主席声明中，对《公约》作了高度的评价，指出《公约》是"国际社会共同努力所取得的标志性成就"。① 国际法院日本籍法官、国际海洋法专家小田滋(Shigeru Oda)也称赞"1982年12月14日在牙买加开放签字的《公约》是国际法史上的里程碑事件"。② 在《公约》框架的规制下，大陆架的法律制度有了重大发展，从而极大地改变了世界海洋管辖权版图。

一、大陆架的概念、发展过程及其法理基础

大陆架(Continental Shelf, CS)原本是一个严格意义上的地质地理术语，指的是从大陆沿岸逐渐地向外自然延伸直到大陆坡度平缓的海底区域，它通常是指环绕大陆周围坡度极小的平缓海底和浅海地带，平均坡度为0°07′，平均宽度为75公里，世界上大陆架的总面积为2710万平方公里，占地球总面积的5.3%。③ 作为自然形态的大陆架，其延伸的宽度参差不齐，例如西伯利亚北

① Eero J. Manner, "Settlement of Sea-Boundary Delimitation Disputes According to the Provisions of the 1982 Law of the Sea Convention", in Jerzy Makarezyk, ed., *Essays in International Law in Honour of Judge Manfred Lachs*, The Hague: Martinus Nijhoff Publishers, 1984, p. 638.

② Shigeru Oda, "Some Reflections on the Dispute Settlement Clauses in the United Nations Convention on the Law of the Sea", in Jerzy Makarezyk, ed., *Essays in International Law in Honour of Judge Manfred Lachs*, The Hague: Martinus Nijhoff Publishers, 1984, p. 645.

③ 梁西主编、曾令良修订主编：《国际法》(第三版)，武汉大学出版社2011年版，第162页。

冰洋沿岸、白令海和西太平洋地区的大陆架面积很大，可以一直绵亘数百至上千公里，而美洲不少地区的海岸附近则直接缺少大陆架的地质构造单元。与地球地貌学意义上的大陆架范畴相比，法律上的大陆架概念则必须确定一个清晰的外部界限划定标准，从而严格界定法律意义上的大陆架宽度范围，而不论这种界定标准是否会导致大陆架在自然形态和法律属性上的背离。法律上的大陆架概念还必须在一定程度上跨越科技手段的限制，因为利用现代技术对大陆外缘的划界依然不尽清晰，即使有些大陆边可利用现代地球物理学技术准确绘制出陆海边缘，但更多大陆边的陆坡脚极难确定。① 这是因为大陆架划界在法律含义上需要具有形成法律效果的确定性，大陆架的法律制度赋予了沿海国在其大陆架上行使主权权利的合法性，从而有利于其勘探和开发附着于其陆架之上的海床和底土自然资源。因此"在国际法上，法律上的大陆架意味着其适用范围和条件并不仅由地理上的自然事实所决定，还需依据法律规则而确定"②，必须人为划定以一个合理明晰的大陆架界限判断标准。因此大陆架外部界限的确定具有科学与法律上的双重属性。

对沿海大陆架提出法律权利声索的主张最早可以追溯到 1916 年。当年已有西班牙和阿根廷的学者提出了相关权利的粗略内容，同年沙俄认为西伯利亚以北的一些岛屿属于俄国大陆的连续，这一主张在 1924 年为苏联政府所重申。③ 但在当时，上述与后来大陆架概念很相似的理论和政策主张并未引起普遍关注，直到 1945 年 9 月 28 日，美国发布的《杜鲁门公告》(*Truman Proclamation*)成为现代国家海洋边界管辖权扩大的整体标志，④ 这表明大陆架的法律概念已开始正式进入国际社会的视野。美国在《杜鲁门公告》中主张，美国对邻近其海岸的大陆架海床底土上的自然资源享有管辖权与控制权。不

① Olav Eldholm and Filippos Tsikalas, "The Scientific Characteristics of Continental Shelf", 转引自傅崐成等编译：《弗吉尼亚大学海洋法论文三十年精选集(1977—2007)》，厦门大学出版社 2010 年版，第 1220~1228 页。

② *Case concerning Delimitation of the Continental Shelf(the United Kingdom vs. France)*, Judgment of 30 June 1977, para. 191.

③ 梁西主编、曾令良修订主编：《国际法》(第三版)，武汉大学出版社 2011 年版，第 163 页。

④ Eero J. Manner, "Settlement of Sea-Boundary Delimitation Disputes According to the Provisions of the 1982 Law of the Sea Convention", in Jerzy Makarezyk, ed., *Essays in International Law in Honour of Judge Manfred Lachs*, The Hague: Martinus Nijhoff Publishers, 1984, p. 626.

过，《杜鲁门公告》并未提出界定美国在大陆架上的法律权利的具体距离标准，也未使用“主权”(Sovereignty)这一措辞。[①]《杜鲁门公告》在颁布之初的性质属于美国一国的国内法律文件，并不当然具备约束其他国际成员的国际法的效力。但由于《杜鲁门公告》扩大了美国的海洋管辖权，这不可避免会对其他国家的海洋权利造成连带影响，继而引发各国的海洋实践大调整，从而为一项全新的习惯国际法的形成铺设了前提。后经大多数国家所制定的相类似形式的国内法在实践中的交互作用，关于大陆架的法律制度进而逐渐演化为国际习惯法的一部分，并经由1958年的《大陆架公约》(*Convention on the Continental Shelf*, 1958)和1982年《联合国海洋法公约》(*The United Nations Convention on the Law of the Sea*, UNCLOS, 1982)上升为条约法意义上的国际法律制度，这也是宽大陆架国家和窄大陆架国家激烈博弈的结果。

根据《公约》第76条第1款，大陆架意指“沿海国的大陆架包括其领海以外依其陆地领土的全部自然延伸，扩展到大陆边外缘的海底区域的海床和底土”。根据《公约》第77条的规定，沿海国对大陆架并不享有完全的主权，而仅拥有类似于专属经济区情形的功能性权利和管辖权。[②] 与之前有关大陆架的国际法律文件相比，《公约》在其第六部分完善了对大陆架的定义，并且对大陆架的宽度提出了重要的限定标准，确定了划定大陆架外部界限，包括其最大界限即200海里外大陆架的外部界限的认定标准和划界规则。有关国家对北极海域的大面积外大陆架权利划分主张也出自于此。

“外大陆架”(Outer Continental Shelf, OCS)是“超过200海里大陆架”(the Continental Shelf beyond 200 Nautical Miles)一词的简称，结合该条第4款的规定可知，200海里外大陆架应为沿海国陆地领土自然延伸超出从该国领海基线量起到200海里距离以内的区域的海底陆架部分。《公约》是形成200海里外大陆架划界规则的最主要法理基础。这里需要澄清的是，“外大陆架”在法律上并非一个独立的概念，只是学界为了行文方便所采取的约定俗成的通称。纵观整部《公约》也无“外大陆架”的提法。因为“200海里外大陆架”与“200海里以内大陆架”在地质构造上并非相互分离的，200海里以外的大陆架的法律地

① 黄瑶、廖雪霞：《国际法院海洋划界的新实践——2014年秘鲁诉智利案评析》，载《国际法研究》2014年第1期，第30页。

② Tomas H. Heidar, “The Legal Issues of Delimitation on the Continental Shelf”；转引自傅崐成等编译：《弗吉尼亚大学海洋法论文三十年精选集(1977—2007)》，厦门大学出版社2010年版，第1207~1219页。

位实质上由于《公约》的规定而具有一定的特殊性。《公约》提供了一套相异于“200 海里以内大陆架”的“200 海里外大陆架划界规则”(包括实体规则和程序规则)，沿海国对位于其上的非生物资源拥有开发的优先权，与此同时，对其非生物资源的开发，沿海国还须根据《公约》第 82 条缴纳费用或实物，200 海里以外大陆架的上覆水域和上空则属于公海地位。

200 海里外大陆架划界规则以《公约》的相关规定为其直接法律基础和渊源，而不像国际海洋法理论体系下的领海、公海等传统概念那样，是在长期概念演绎和实践总结的基础上形成和演进的。即使是像专属经济区、200 海里内的一般大陆架这样较为“时新”的概念，在被正式赋予具有普遍性意义的条约法形式之前，也经历了从十几年到几十年不等的国际习惯法形成过程。这也是其与 200 海里以内的大陆架制度的法理基础的最大不同之处。从《公约》在对内架和外架的制度内容设置中，也可以看出两者之间的显著差异：沿海国对 200 海里以内的大陆架之上的矿产资源、其他非生物资源以及属于定居种的生物资源拥有排他性质的专属管辖权(由于专属经济区制度的建立，沿海国实际上对 200 海里以内的海洋游动生物资源也拥有排他性质的主权性权利，因此可以认为沿海国对 200 海里以内的一切海洋资源均拥有主权性权利)，沿海国对超过 200 海里的外大陆架之上的非游动性资源只具有优先开发权，并不能完全限制其他国家对这部分区域的资源开发，而且沿海国需要将此项开发收入中的一部分以费用或实物的形式缴纳给国际海底管理局。

关于《公约》所规范的大陆架制度的法理基础，还需注意的一点是，大陆架的法权来源具有独立性，即沿海国陆地领土的自然延伸是独立存在的客观事实，沿海国对大陆架拥有以勘探开发自然资源为目的的主权性权利。因此严格地讲，大陆架制度是一项确权性的而不是设权性的法律制度，沿海国对大陆架所享有的权利是一种主权性权利，这种权利本身并不是《联合国海洋法公约》的创造或赠与，《公约》第 77 条第 3 款规定“沿海国对大陆架的权利并不取决于有效或象征的占领或任何明文公告”。但《公约》可以为这种权利的行使附加一些必要的限制，尤其是限定这种权利的行使边界。沿海国大陆架的外部界限，“不应扩展到《公约》第 76 条第 4~6 款所规定的界限以外”，即沿海国的大陆架权利边界受到外大陆架最远距离的限制，而且对于超过 200 海里的外大陆架外部界限，只有履行固定的申请程序，建立在委员会建议基础上的大陆架外部界限才是最终的和确定的。《公约》作出上述规定是考虑到 200 海里外大陆架划界规则在其诞生之前，缺少其他形式的国际法渊源的铺垫和积累，当其以具有普遍适用效力的《公约》规定的形式直接适用到国际海洋划界的实践当中，就使得世界海权地图面临有史以来最大规模的重新划定与调整，从而催生出世界范围内前所未有的“蓝色圈地运动”。各国不惜为此投入大量人力物力展开海底地质地貌的测绘调查，以为其蓝色圈地主张寻找有利证据并力求在未来的海洋资源争夺战中占据先机，这都是在传统海洋法理论和实务中所未曾出现过的全新问题。因此对于200海里外大陆架外部界限的划定，《公约》设置了一套比之于200海里以内大陆架划界要复杂得多的制度安排，力图保证一国200海里外大陆架法权的正式确立，能以相对最为允正和审慎的方式实现。

二、200海里外大陆架划界规则的适用标准

作为一项法律确权与测绘技术的混合体，200海里外大陆架划界规则在适用上也有很多限制性条件，并不是所有沿海国家都可以“理所当然”地划定200海里外大陆架，只有拥有特殊地理条件，即邻接着非常宽广的浅海大陆架地质构造的海区，且其在同一海区内的陆地领土自然延伸不受他国领土自然延伸阻断的国家，才能依据《公约》第76条第8款的规定，以划界申请案的形式向联合国大陆架界限委员会(United Nations Commission on the Limits of the Continental Shelf, UNCLCS)提交外大陆架划界申请。该委员会由地质学、地球物理学和水文学方面的科学家组成，虽然它只负责对沿海国提出的关于扩展到200海里以外的大陆架外部界限的资料和其他材料进行技术层面上的审议，但根据《公约》第76条第8款，解释和适用《公约》是委员会的一项重要职能，1999年5月启用的《联合国大陆架界限委员会科学与技术指南》(*Scientific and Technical Guidelines of the Commission on the Limits of the Continental Shelf*, CLCS/11)进一步强化了委员会对《公约》尤其是第76条进行详细解释的职能。除了按照《公约》第76条和1980年8月29日第三次联合国海洋法会议所通过的谅解声明，为沿海国在划定大陆架界限时提供建议以外，委员会还可经有关沿海国请求，在编制相关资料时，提供科学和技术咨询意见①。由此可见，大陆架界限委员会虽然并不主持划界，而只是从技术层面确定大陆架的外部界限，委员会对划界案的审理在性质上来说，也不具有类似于国际法院或国际海洋法法庭那样的裁决争端的功能，但委员会对有关事项的决定和建议，又将在相当程度上产生法律上的权威性和拘束力。有关国家应根据委员会的建议，对其大陆坡脚定点或划界方法加以补充或修正，从而确定具有约束力的大陆架最后界限。

① Annex Ⅱ to GA Resolution A/55/10 of 20 October 2000.

划定200海里外大陆架界限的首要前提是沿海国的大陆边从其领海基线量起超过200海里。根据这一条件即可首先排除所有窄大陆架国家，即使有的窄大陆架国家邻接面积广阔的海域，且没有其他国家的陆地领土自然延伸的阻隔。如上文提到的秘鲁、智利以及美国的加州部分，均直面宽广的太平洋，但因其岸外海底地形缺失足够宽阔的大陆架构造单元，故无法在其所邻接的东太平洋海区申请划定200海里外大陆架；也不是所有宽大陆架海区都能作为一国200海里外大陆架法权申请的标的，还要考虑申请国陆地的自然延伸不被共架国领土的自然延伸所阻断。例如白令海有世界上面积最大的大陆架,① 但俄罗斯陆地领土在此的自然延伸却为美国的阿拉斯加和阿留申群岛所阻隔。即使是符合条件的宽大陆架国家，也须经过大陆架界限委员会严格的审议程序，才可实现其所声索的200海里外大陆架权利主张。

所有向大陆架界限委员会递交的200海里外大陆架划界申请均须明确依循《公约》第76条第4～6款所规定的“两类四项”划界标准，即两项“公式线”(Formula Lines)和两项“限制线”(Constraint Lines)。“公式线”用于确定大陆架的外缘，“限制线”是限制沿海国对延伸大陆架的过度主张，两者结合以确定沿海国延伸陆架的外部界限。

《公约》第76条第4款确定了200海里外大陆架划界的两项“公式线”。其一被称为“爱尔兰公式”(the Irish Formula)，又称“沉积厚度公式”，规定作为200海里外大陆架外部界限的“每一定点上的沉积岩厚度至少应为至大陆坡脚最短距离的1%”。用此种公式划定的界线又称为Gardiner线；其二又称之为“海德伯格公式”(the Hedberg Formula)，又称“距离公式”，即“每一定点相距大陆坡脚外不超过60海里”。确定“大陆坡脚”的位置是适用上述两项标准的共同前提，故《公约》对“大陆坡脚”做了定义，即大陆坡脚是“无相反证明外的大陆坡底坡度变动最大之点”，这是大陆架外部界限划定所需的起始海底要素。

《公约》第76条第5款则是申请200海里外大陆架划界所不得违背的两项“限制线”，即各国200海里外大陆架法权延展的边界不得突破“从领海基线量起350海里”或“2500米等深线外100海里”的距离限制。《公约》的具体规定是，“在大陆边从测算领海宽度的基线量起超过200海里的任何情形下，沿海

① Vladimir Jares, “The Continental Shelf beyond 200 Nautical Miles: The Work of the Commission on the Limits of the Continental Shelf and the Arctic”, *Vanderbilt Journal of Transnational Law*, Vol. 42(2009), pp. 1265-1305.

国大陆架不应超过从测算领海宽度的基线量起350海里，或不应超过连接2500公尺深度各点的2500公尺等深线100海里”。

在适用上述两款200海里外大陆架划界标准时，虽然“限制线”往往更吸引社会舆论的注意力，但“公式线”必须先于“限制线”而适用。因为“公式线”的作用是寻找200海里外大陆架在海床上的外部界限定点，这是沿海国递交划界申请所必须满足的首要前提；在根据“公式线”初步确定了200海里外大陆架外部界限的定点之后，再由“限制线”对其加以限制和修正。如果按照“公式线”所确定的定点没有超出“350海里”或“2500米等深线+100海里”的“限制线”，则直接按“公式线”划定200海里外大陆架界限，不再考虑“限制线”，这也是“公式线”适用优先性的体现；只有当按“公式线”所划定的200海里外大陆架界限部分或全部溢出了“限制线”的限制，才可根据“限制线”调整“公式线”中的溢出部分。两项“公式线”在适用上具有任择性，两项“限制线”亦然。这种任择性赋予外大陆架划界申请国以极大的自由选择空间，申请国在选择其外大陆架外部界限的主张范围时，既有视实际情况自行决定选用何种“公式线”及“限制线”的自由，亦可视实际情况决定在外大陆架外部界限的主张上，是否需在外部界限的不同部分采取兼用不同“公式线”及不同“限制线”的方法。因此在实践中，各国通常都会为将本国的利益主张最大化而选择兼用不同的“公式线”及不同的“限制线”，以达到对己最为有利的结果。

实践中，200海里外大陆架划界申请国所通用的办法是：分别按两项“公式线”，划出各自标准下可得的200海里外大陆架最大面积，再取两者的并集，即是200海里外大陆架界限的“公式线范围”；然后分别按两项“限制线”划出各自可得的最大限制范围，也取两者的并集，此即为“限制线范围”；再将“公式线范围”与“限制线范围”相比较，前者中未超出后者的部分，直接采划定前者所需的各自定点，前者中超出后者的部分，采划定后者所需的各自定点，将撷取的上述定点以经纬度坐标标出并以长度各不超过60海里的若干直线相连接，就可划定200海里外大陆架的最终界限。在实际操作中，申请国甚至往往是从最大限度利用规则的角度来反向运用外大陆架划界规则，即先“咬定”限制线范围，然后再按照限制线的范围来设法根据“公式线”寻找相应的地质沉积物证据，并运用“公式线”来修正根据“限制线”所得到的自身利益最大化主张。

《公约》还进一步区分了三种特殊形态的海底构造深洋洋底(Deep Ocean Floor)及其洋脊(Oceanic Ridge)、海底洋脊(Submarine Ridge)和海底高地(Submarine Elevation)所须依循的200海里外大陆架划界规则。实际上，这三种海底构造在形态上都属于同一种地貌，即在自然形态上都是位于大陆架之上的洋脊，但《公约》也按距领海基线200海里的距离标准，对在其之内和在其之外的大陆架做了不同的制度安排：沿海国在200海里内，对海床和底土所享有的主权权利可以包括深洋底和任何大洋洋脊以及延伸到200海里区域内的洋脊部分。但在200海里以外的洋脊部分，《公约》第76条将其分为深洋洋脊、海底洋脊和海底高地3种情况予以区别对待。

(1)根据《公约》第76条第3款的规定，沿海国的大陆边外缘不能扩展到深洋洋底、深洋洋脊及其底土，由于划定200海里外大陆架的前提是大陆边外缘必须距领海基线200海里以外，因此位于深洋洋底及其洋脊之上(或近岸海域海底形态为深洋洋底和洋脊)的国家，最多只能根据该条第1款关于“从领海基线到大陆边外缘的距离不到200海里的则扩展到200海里的距离”的规定，在其上划出一部分200海里以内的一般大陆架，而不能在其上申请划定200海里外大陆架。

(2)而在海底洋脊之上是可以划出200海里外大陆架界限的，只是根据《公约》第76条第6款的规定，“在海底洋脊上的大陆架外部界限不应超过从测算领海宽度的基线量起350海里”。因此位于海底洋脊之上的外大陆架划界一般均需采取“350海里”的距离标准，而不适用“2500米等深线+100海里”的标准。比如像冰岛这样正好位于海底洋脊之上的国家，即使其没入水中的陆地领土按照“2500米等深线+100海里”标准可能延伸到非常远的距离，其200海里外大陆架界限也绝不能超出350海里的距离之外。①

(3)但《公约》第76条第6款又规定了关于“海底高地”情形的但书：“作为大陆边自然构成部分的海台、海隆、海峰、暗滩和坡尖等海底高地例外。”由于海台、海隆、海峰、暗滩和坡尖等海底高地是构成沿海国陆地领土自然延伸的大陆边的自然组成部分，故而不受“350海里”标准的严格限制，在这种情况下，沿海国200海里外大陆架的最终界限有可能推进至350海里以外。由此可见，倘若某一面积较大的海域有大量海底高地分布的话，这对于该海域沿岸国家的200海里外大陆架划界申请而言显然是极其有利的，而北极海域恰恰属于上述情形。

---

① 薛桂芳、王冠钰：《澳大利亚外大陆架划界初探》，载《中国海洋大学学报》(社会科学版)2009年第6期，第23~26页。

三、大陆架制度在北极的争议性适用效果

在制度结构层面上，北极区域治理更多集中于适用范围与拘束力皆有限的软法，涉及北极地区整体法律秩序的制度安排则极为欠缺，以致该地区区域法制的制度保障功能不足。尽管国际法的碎片化、不成体系性和非自足性特征体现于国际法效力范围内的诸多领域，大量国际制度规范和伦理规范自冷战结束以来也随着变迁中的国际体系而处于不断重构和演进的状态，“世界正走向惯常性的混乱状态，但这种变化发生在新的全球层次上，在各国更深刻、更全面的相互依存的情况下发生的。旧的国际治理机制——联合国、国际货币基金组织、欧盟、北约以及八国集团——正在式微。新的机制——二十国集团或正在形成的地区治理结构——还没有完全发挥效用”。① 但毫无疑问的是，北极地区地理空间的封闭性、有限性与北极潜藏资源能源的稀缺性、北极战略价值的重要性之间的反差，无疑放大了法律制度缺位与失序之于北极地区的消极后果，从而加剧和复杂化了北极纷争。巨大的利益诱惑与有效法律机制缺失的双重局面，驱动着北极国家竞相逐鹿北极，围绕北极的“寒地热战”也因此日益升温。

（一）大陆架划界制度在北极适用的特殊性

与其他海域以及海洋划界相比，北极的大陆架划界存在明显的特殊性，直接触及北极问题的核心。

首先，在上述头绪纷繁的法律争议问题中，北极地区的法律权属具有最根本重要的地位，也是所有北极问题的国际法研究者所需思量的终极问题。然而，对于该问题却无直接解决的路径和办法。

其次，在各项具体层面的北极争议问题中，北极地区的领土主权以及航道通行权争议都只是局域性的，对北极的整体法律地位问题并无影响。目前仍实质存在的北极领土争议仅限于加拿大与丹麦对于汉斯岛（Hans Island）的主权归属之争。有关国家在北极地区的角逐行为主要体现为非领土性和非主权性权利的性质。

再者，北极地区的生态保护与区域治理属于应对北极气候变化的重要法律

① ［俄］谢尔盖·卡拉加诺夫：《当代世界的军事力量：俄罗斯的机遇和难题》，赵明昊译，载王缉思主编：《中国国际战略评论 2013 年卷》，世界知识出版社 2013 年版，第 316 页。

规制举措，符合北极国家的共同利益，因此直接催生了关注北极事务的区域性政府间国际论坛——北极理事会(Arctic Council)，这在一定程度上将有助于推动北极问题的综合解决，并构建一个面向未来的“北极合作国际法”框架。但单靠倡导环保共识的理念并不能完全逾越北极区域性国际合作已然面临的现实障碍，无强制约束力的软法性国际合作机制恐难突破“低度政治”(Low Politics)的固有瓶颈。各国就北极环境问题展开国际合作的同时均需为本国谋取利益，北极国家还以环保的名义，在其实际管辖或声索权利的北极区域强制推行一系列国内法性质的单行法、特别法和政策指令，以此来维护和强化其在北极的权利主张。这些举措进一步加剧了有关国家在北极地区“自行其是”的现实状态，从而削弱了以环保为中心的北极区域法制的积极作用。所以说，单从国际环境法和国际组织法的角度入手解决北极问题，依然会陷入与率先界定北极国际法地位的做法相类似的难以为继的困境，某种“更为现实”的利益因素应在着手解决北极具体问题时被首先考虑和充分顾及。

相比之下，海洋是北极地区的主要形态，由于北极国家在北极地区所领有的陆地主权在国际法上几无争议，因此丰厚的北极海洋权益就成了各国竞相追逐的中心。关于《联合国海洋法公约》在北极海域的适用问题，虽然国际法学界向有应在两极地区排除适用《公约》的观点，① 例如可以从《公约》第234条有关“冰封区域”的规定中寻找排除《公约》第76条在北极适用的可能性，但从《公约》文本的字面意思上看，第234条虽强调海洋中的“冰封区域”应得到相对特殊的安排：“冰封区域”是沿海国在其专属经济区内唯一可以采取国内标准的区域，且只从属于“适当顾及航行”的唯一限制，② 由此可见，《公约》设置该条的意图主要是出于航行安全和生态保护的考虑，而且能从该条规定中扩大利益的主要是各冰封区域的沿岸国，而不是国际社会。目前因援用“冰封区域”的规定而受益的恰恰是北极国家，由于全球变暖效应的影响，部分极地水域在足以进行季节性商业通航的同时正好符合《公约》对于“冰封区域”的规定，紧邻加拿大海岸的西北航道正是上述情形中的范例。何况，《公约》第234条有关“适当顾及航行”的内容本身也是颇有不足的。如与航行相关的标准、程序等事项均无具体的规定，仅以要求通过该区域的外国船舶遵守“普遍接受的

① Jill Grob, “Antarctic's Frozen Territorial Claims: A Meltdown Proposal”, *Boston College International and Comparative Law Review*, Vol. 30 (2007), pp. 121-125.

② 张湘兰、叶泉：《论沿海国对其专属经济区内船舶污染的立法管辖权》，载《当代法学》2013年第3期，第148页。

国际规则和标准”一言以蔽之，这显有失之过宽之嫌。而第 234 条的规定另一方面又有适用范围过窄之处，因为其仅适用于在专属经济区内适用。由此综合以上所述，《公约》全书并无一处提及北极或两极海域应被赋予与一般海域不尽相同的法律地位，这就表明北极海域亦在《公约》的“当然”规制之下。而不同性质的海洋权益诉求在北极问题中的重要性又有所区别。北极航道如全面开通将具有极高的商业和战略价值，但目前主要的两条北极航道均紧邻俄罗斯和加拿大海岸，因此航道问题对于北极海域的整体法律定位影响不大。

与前文对北极海域重要战略利益的分类相对应，北极地区的海洋法律问题也可以相应分为北极航线的通航权法律问题、北极海域的海洋划界法律问题、北极海域的专属经济区及剩余权利利用问题、北极冰封区域的生态保护法律问题，等等。这其中，北极海域的海洋划界问题又包括北极海域的领海、专属经济区、大陆架以及 200 海里外大陆架的划界问题。其中领海、专属经济区界限的划定均须严格依循固定的标准，划界难度较低。但在北极海域划定大陆架的边界，特别是申请划定超过 200 海里的外大陆架界限，则伴随有极大的争议性和非确定性。这也是现阶段北极问题中争议面最大、最难解决的问题，其实质是北极的总体法律地位与北极外大陆架资源开发的利益分享问题。北极外大陆架划界所涉及的国际海洋法制度主要包括《联合国海洋法公约》框架中的大陆架制度以及其中有关外大陆架部分的特殊划界规则，与此关联的还有与外大陆架划界规则适用效果截然相反的国际海底区域法律制度。当然，北极地区的大陆架划界法律问题的主体部分为海洋法问题，但并不仅限于海洋法问题。由于北极国家的相互间大陆架边界的划定必须依据北极地区的现有划界双边条约，北极国家也非常重视以北极理事会为平台，统筹及协调各国在北极地区的活动步调，并确保其在北极理事会中对于非北极国家的优先地位。因此国际法视角下的北极大陆架划界问题，既包括了国际海洋法问题，也与国际条约法、国际组织法以及国际法的其他子部门法有所交叉。

所以说，北极问题的实质在于海洋，北极海洋问题的实质，则是北极大陆架特别是外大陆架界限的划定。该问题故而毋庸置疑是北极诸多争端中的核心，也是北极区域法制建构视野下最为现实的选择路径，它的演进趋势将为北极问题的整体走向以及综合解决途径指明方向。

（二）200 海里外大陆架划界规则引入北极地区的争议性后果

正是由于北极地区的主体形态是海洋，仅北冰洋就占北极地区总面积的 60%以上。更何况北极海域在概念范畴上比狭义的北冰洋范围更广，涵盖了北极地区内的所有海洋部分，包括了主体部分的北冰洋及其附属边缘海域。因此从理论上来说，《公约》及其外大陆架划界规则当然可以适用于北极地区。而鉴于北极海域环境的封闭性与北极海床大陆架形态分布广泛等地理特点，再考虑到外大陆架划界规则在相关适用标准上的模糊性等特征，这些都无疑极大地加剧了北极国家利用，甚至是滥用外大陆架划界规则为其自身“渔利”的风险。可以说，北极国家通过外大陆架划界来最大幅度地拓展其大陆架管辖范围并圈占北极地区的国际公域，已拥有非常有利的各类主客观条件。据此亦不难看出，北极地区的外大陆架划界进程具有高度的战略意义以及法律和政治的双重属性。从长远上看，其外溢效果会对整个北极地区的未来发展前景以及人类命运共同体的构建产生极为深远的影响。

因此，当委员会的外大陆架划界审议机制从其首次投入实践运作起，其工作指向就是并非海洋常见形态的北极海域，这使委员会原有的工作目标不可避免地出现了若干偏离，同时也就难以抵制其他因素在其审议进程中的渗入。俄罗斯于 2001 年递交给委员会的首起外大陆架划界案即挑战了人们对海洋法观念及外大陆架划界功能的一些常态认知。虽然符合人们惯常认知的观念在法律论证上不一定确切无误，有可能在某些细节环节上被惯常认知观念的反对者和挑战者抓住纰漏和把柄，但如果一项法律制度和法律规则严重违背人们惯常而朴素的认知，则这项法律制度及规则的正当性未免是有疑问的，至少有可能致使在该项法律制度的实践中发生适用上的走形。① 在北极外大陆架划界案进入委员会的审议范围后，委员会的处理实效不得不面临以下几层常识性逻辑的挑战：

第一层，北冰洋虽可在地理常识上被归入海洋的范畴，但人们能够日常接触并利用的海洋形态，在大部分情况下应当不包含北冰洋，或者至少不包含北冰洋中尚因冰封而不能被利用的部分。根据以上实用性质的语境，北冰洋在大部分情况下无法与太平洋、大西洋和印度洋相提并论，甚至在实用语境中不能与普通的边缘海等量齐观，而是应当和南极组成“两极”、“极地”的地理概念集合。

第二层，可以为人们生产生活提供常态化利用产能，如能够提供渔业、航运等各类基本海洋用途的海洋海区，因为存在大量各类形式的海洋权利，为了避免权利之间的纠纷和冲突，保证海洋的正常利用和有序管理，因而具有各自

① [美]埃德加·博登海默：《法理学：法律哲学与法律方法》，邓正来译，中国政法大学出版社 2004 年版，第 511 页。

海洋边界的迫切需要①。在这种认识意象中，太平洋、大西洋和印度洋的海区才有划分海洋边界的现实价值。而无论是否划界，当前北冰洋难被大规模开发利用的状况，在短期内不会改变。

第三层，如将北极归入"极地"的概念范畴，并采取与其他地区相区别的做法，以完善对北极地区的共有保护、生态本位的管理机制，似能更符合北极地区的现实需要。

第四层，如若依上述所论推之，则大陆架界限委员会作为审议各缔约国外大陆架划界申请的专业机构，也不应对可能涉及全人类重大利益关切的事项做出具有法律性质和终极效力的裁决意见。

以上具有层次递进的认知描述符合世人的惯常认识意象，但由于《公约》等国际立法性文件并未对北极和北冰洋的法律属性做出明确规定，因此国际立法上的空白使得上述大体符合人们朴素公理心和惯常认知意象的观念并没有明确的法律依据，因此在现实中很容易被技术规则的有心利用者所击败。也正是如此，提交委员会审议的第一份外大陆架划界申请案才得以在颠覆人们惯常认知的同时，在《公约》相关规则的解释和适用层面引发巨大的冲击效果。这紧接着又使得以下争议在委员会审议各国划界申请案之始即浮出水面：

第一，关于北冰洋海区在法律规则设置上是否享有与其他海区"同等待遇"的观念争议。从人们对海洋常态化利用的角度来看，北冰洋暂时还达不到其他三大洋的"正常"海洋标准，世界上绝大多数各类海洋问题都出现在其他三大洋，具有迫切海洋划界需要的海区也是其他三大洋的海区。委员会对外大陆架划界申请案的审议，也恰为解决在海洋宽大陆架上的资源利用界限的目的而设。而北冰洋海区即使划界成功，有关各方也很难在北极海域立即开展大规模常态化的海洋经营，更遑论投入之后的产出效果评估，是可以收到预期的对北极大陆架资源开发利用的丰厚回报，还是因为开发北极资源引致大规模生态灾难的得不偿失的消极后果。再包括现有科技勘探手段能否保证在北极的资源开发足以克服现有的自然气候障碍等争议，这些问题都处

① 虽然这种表述类似于私法范畴下的表述，但放在平权体制下的国际社会语境之中，用来描述国与国之间的边界划定问题也大体是成立的。因为国家只有在其本国主权范围内才拥有真正的公法权力，而国际公法机制视野下的国际关系，实质是一种渗透了国家公权力色彩的私法关系。在国际公法的机制下，国与国之间的法律地位、国家之间发生各种联系所需的各种形式的条约协定、国家责任等内容无不带有私法观念的影子。转引自章成、顾兴斌：《国家主权的概念建构与行使实效经纬：张力下的发展与创新》，载《南昌大学学报》(人文社科版)2014年第2期，第102~107页。

于完全不确定兼具高度风险的状态。因此亦可反证，当前北冰洋海区似无划界的紧迫性和必要性。但由俄罗斯提交的这史上第一份划界案，却恰恰是针对非通常人们所能实际利用的海域。在北极海区的外大陆架划界，除具有高度政治意味的“圈地宣示”之外，目前暂时没有开发利用该区域大陆架资源的迫切需要和可行技术条件。

第二，关于外大陆架划界规则在北极海区适用后所导致的国际海底区域“严重缩水”的比例争议。如果外大陆架划界规则只是在其他三大洋的海区适用，即使由外大陆架划界所导致的“蓝色海洋圈地运动”会导致各国海权边界的重新调整以及大面积海底区域大陆架权利归属的重新分割，但可以肯定的是，以其他三大洋的浩瀚面积以及大洋中心区域地质构造和海水深度，外大陆架划界规则的适用，也基本只是导致其他三大洋各自边缘浅海的大部分海床以及小部分大洋海床被各国分占，其他三大洋“洋阔水深”的中央地带无疑可以保持相当多比例的国际海底区域，在总面积对比上依然是国际海底区域部分的面积占优；而倘若在面积狭小封闭、深度极浅的北冰洋硬性适用《公约》的外大陆架划界规则，则必然导致北冰洋海底区域被几个周边北极国家整体分割的重大后果，由此带来前文所述的一系列地缘政治和法律秩序的重大变迁。人们对南北极特殊地位的整体意象将被颠覆和推翻。关于极地和北极问题的各类的国际宣言虽大多仅具软法地位和道义劝勉性质，但在北冰洋几乎所有的大陆架被整体瓜分完毕后，上述国际宣言中的大部分也将丧失其形式上的存在意义，而将更多地被那些内容类似、但已由各北极国家单方颁布执行的国内法规及政策所取而代之，为数众多的域外非北极国家是否还能对北极事务保持最低形式的发言权和话语权，将一概取决于少数北极国家是否还有施舍的意愿。因此俄罗斯的北极划界案本身，已经实质性地偏离了原本宜适用于正常形态海域外大陆架的技术性划界方法，而把问题的关键环节带入到了具有高度政治敏感性的北极地区的整体法律地位上。

综上所述，北极问题的产生与持续趋热，凸显了国际公共资源的使用与管理冲突。由于受技术条件的限制，当前北极问题主要反映了国际公共资源的管理冲突。在相对狭小的北极地区，由于北极地区的主体部分是海洋，因此海洋法处于北极地区国际性法律制度的中心地位，但这也由此放大了北极问题所面临的公地困境。面积有限的北冰洋却有非常宽广的大陆架面积，水深不足 200 米的浅海大陆架面积约 440 万平方公里，超过北冰洋总面积的 1/3；水深超过 3000 米的深水区面积仅占 15%（其中水深在 4000 米以上的区域只占2.17%)，[①] 这对于积极打算“圈海”的北极国家而言自然是颇为有利。尽管外大陆架划界规则在北极海域的适用将极大地侵蚀国际海底区域，但由于北极问题是现有国际法体系中的一个主要空白区域，因此北极国家利用《公约》规定大面积瓜分北极海域的行动看似难以阻止。由此可见，在这片面积不大且形状近于全封闭的水域，北极国家外大陆架的面积大小，与属于国际海底区域的“国际公域”部分完全是此消彼长的关系，有关国家对于北极海域外大陆架的“虎视眈眈”不可避免将直接挑战国际社会的共同利益。而各国在北极问题上的利益分歧也造成了其各自的管理策略冲突。尤其是主要北极国家已经对北极提出了排他性主张，这也进一步导致了北极资源实质利用和管理上的困难。

四、北极地区大陆架划界争议的法律定性

就北极地区的大陆架划界问题而言，根据《公约》的规则设置，北极地区200海里以内大陆架和200海里以外大陆架所适用的具体划界法律规则是有显著差异的，尽管在自然科学属性上，两者并无区别。因此，两者属于不同性质的法律问题，适用内容迥异的划界方法。前者在性质上一般属于海上双边划界纠纷，只对存在大陆架划界争议的北极国家发生影响。而后者既在提交外大陆架划界申请案的北极国家与联合国大陆架界限委员会之间产生双向的事实关系，也包括了北极国家之间的外大陆架相邻部分划界争议，其涵盖的内容更为复杂，问题解决的难度也相当巨大。

对比北极地区200海里以内和200海里以外的大陆架划界实践及其相关争议情况可知，北极地区200海里以内的大陆架划界争议主要体现为北冰洋沿岸国之间的相邻部分海洋划界，并且这部分内容如今已逐渐被并入到统一划分专属经济区和200海里以内大陆架的单一海洋划界之中。加拿大和丹麦先后缔结的1973年《大陆架划界协定》和2012年《海洋划界协定》就反映了这一划界问题在表现形式上的演化变迁。而北极地区200海里以外的大陆架划界争议则表现在外大陆架外部界限的划定问题，该部分内容不能被目前的单一海洋划界所涵盖，并且在划界规则和管理规定上适用截然不同的法律制度。就北极问题的解决顺序而言，北极地区外大陆架划界问题的解决必须以该地区200海里以内的大陆架划界争议的解决为其基本前提，目前北极各国也基本完成了这一前置

① Betsy B. Baker, “Law, Science, and the Continental Shelf: the Russian Federation and the Promise of Arctic Cooperation”, *Am. J. Int'l L. Rev*, Vol. 25 (2010), pp. 250-281.

步骤。

再从法律争议的内容上看，北极地区大陆架划界争议中最主要的部分是超过200海里的外大陆架划界争议，而外大陆架划界争议中的最大法律障碍又体现在北冰洋中央区洋底地形属性，尤其是罗蒙诺索夫海岭的属性认定问题上。正如前文所述，这涉及《公约》第76条第3款的适用问题，同时也会对北极地区的外大陆架划界全局造成深远影响。

第二章　北极国家间 200 海里以内大陆架划界的国际法问题

本章开始正式进入北极国家之间的大陆架划界问题。北极地区 200 海里内大陆架划界问题的解决主要根据《公约》的有关规定和国际司法机构在实践中所确立的划界方法，并最终以有关国家缔结划界协定的形式体现出来。北极地区沿海国大陆架边界线的划定，则要解决两大难题。一是相邻国家间大陆架主张重叠和领土争议问题；二是洋脊属性问题。目前在北冰洋存在的争议海域主要是加拿大和美国围绕波弗特海海区的争议，双方的争议范围不仅包括 200 海里以内的大陆架主张重叠，也延伸到 200 海里以外的大陆架部分。洋脊属性则直接关系到大陆架外部界限划定所运用的“限制线”的选择，对大陆架范围有很重要的影响。同时大陆架外部界限作为国际海底区域的边界，洋脊问题同样决定着国际海底区域的位置和范围大小。如果将罗蒙诺索夫海岭（Lomonosov Ridge）、阿尔法—门捷列夫海岭（Alpha-Mendeleev Ridge）和楚克奇海冠都作为大陆架的自然延伸，国际海底区域将缩小至两块极小的区域。

北极海域的大陆架划界法律问题可以根据《公约》规定的不同分为 200 海里以内的大陆架划界法律问题和 200 海里以外的大陆架划界法律问题。两类大陆架划界法律问题受不同的法律规则的调整，虽然两者在自然科学属性上并无区别。北极国家间 200 海里以内的大陆架划界法律问题由《公约》第 83 条予以规范：“海岸相向国或相邻国家间大陆架的界限，应在国际法院规约（the Statute of the ICJ）第 38 条所指国际法的基础上以协议划定，以便得到公平解决。”由此可以看出《公约》第 83 条所规定的国与国之间的大陆架划界主要是指 200 海里以内的大陆架划界，主要依靠当事国之间的划界协定解决，并不涉及 200 海里以外的大陆架外部界限的划定。

第一节　北极国家相互间的 200 海里以内大陆架划界现状

根据《公约》第 83 条第 1 款和第 2 款的规定，“海岸相向国或相邻国家间大陆架的界限，应在国际法院规约第38条所指国际法的基础上以协议划定，以便得到公平解决。有关国家如在合理期间内未能达成任何协议，应诉诸第十五部分所规定的程序”。① 因此缔结划界条约和协定是解决200海里以内的大陆架划界问题的主要途径，如果划界协定无法达成，则应诉诸《公约》第十五部分所规定的争端解决措施及其相应程序，包括国际司法裁判的方式。由于《公约》正式将200海里专属经济区(Exclusive Economic Zone, EEZ)从制度上正式确立下来，并且《公约》第76条第1款特别规定了“沿海国的大陆架……如果从测算领海宽度的基线量起到大陆边的外缘的距离不到200海里，则扩展到200海里的距离”，② 在200海里距离范围内取消了自然延伸原则对沿海国(窄架国)大陆架权利边界的限制，因此200海里以内的大陆架划界问题在其空间维度和划界方法上与200海里专属经济区的划界问题趋于一致。尽管两者的内容及其权利基础有着很大的不同，但两者划界所需确定的“权利主张重叠区域”在很多情况下是相同的(当然也有例外存在)，所以有关国家的现实实践通常是在200海里范围内进行大陆架和专属经济区的单一海洋划界。

上述实践可以具体区分为三种不同的情形：第一，在两个沿海国海岸相邻的情形下，只要在200海里范围内，理论上都可以进行同一大陆架和专属经济区的单一划界；第二，如果两国海岸相向且不超过200海里，也可径行进行同时包含大陆架和专属经济区的单一划界，中越之间的北部湾划界即属此例；第三，如果两国海岸相向且海岸距离在200~400海里，两国之间的海洋划界情形则相对复杂，是否可以划设大陆架和专属经济区的单一边界主要受到划界海区的大陆架构造的影响。③ 这又可以再往下一层细分为三种情况：(1)如果两相向沿海国在大陆架地质构造上是共架国，双方的大陆架和专属经济区“权利主张重叠区域”虽然不完全重合(大陆架部分的权利主张区域更大，包含200海里外大陆架部分)，但双方的等距离中间线重合，因此可以进行单一划界，而且仅需将双方的海岸地理因素作为海洋划界的主要考虑事项即可，中韩之间的黄海划界即属于此种情况；(2)如果两相向沿海国不共架，但位于双方之间

---

① United Nations Convention on the Law of the Sea of 10 December 1982 (1833 United Nations Treaty Series (UNTS) 396), Art. 83.

② United Nations Convention on the Law of the Sea of 10 December 1982 (1833 United Nations Treaty Series (UNTS) 396), Art. 76.

③ 黄伟：《单一海洋划界的法律问题研究》，社会科学文献出版社2011年版，第59页。

的海槽海沟等海底地质断裂带过宽，从而使得双方的大陆架自然延伸均达不到200海里的距离，则此时由于《公约》第76条第1款关于“窄架国大陆架边界拓展至200海里距离”在法理上的拟制作用，在这种情况下双方将被视为是“拟制共架国”，因此有关海洋划界情形等同于上一种情况，即双方属于海岸相向且海岸距离在200~400海里之间的大陆架共架国，也可以进行海洋单一划界；(3)与上一种情况相反，如果两相向沿海国不共架，且位于双方之间的海槽海沟等海底地质断裂带宽度有限，从而使其中一国的大陆架自然延伸距离超过200海里，另一国的自然延伸则不足200海里的距离，这种情况下双方的大陆架和专属经济区“权利主张重叠区域”以及双方之间的等距离中间线均不会重合，则此种情况不适于进行单一海洋划界，而需将两国间的大陆架边界和专属经济区边界予以分开划定，中日之间的东海划界、澳大利亚和东帝汶之间的帝汶海划界均属于这种情况。

由此可见，200海里以内的大陆架划界问题主要存在于海岸相邻国家之间以及距离不超过400海里的海岸相向国家之间，而距离超过400海里的海岸相向国家之间不存在200海里以内的大陆架划界问题。由于200海里专属经济区在《公约》中的制度设置，现如今200海里以内的大陆架划界问题通常都是与专属经济区划界问题一并操作，进而逐渐形成了用一条不间断的边界线来统一划分沿海国之间大陆架和专属经济区的单一海洋划界实践。通过上文有关沿海国之间不同划界情形的叙述，可以看出大部分200海里以内的大陆架划界问题都适合与专属经济区划界问题一并操作以进行单一划界，但不适宜于进行单一划界的特殊情形也是存在的。这种情形虽然为数不多，但其意义十分重要，说明单一海洋划界并非处理200海里以内的大陆架划界问题所必须采用的强制划界方式。

再结合当前北极地区的具体情形可知，目前北极国家之间已在相关北极海域先后划定了多条200海里以内的大陆架边界线，其中绝大部分边界线是以单一划界的方式加以划定的，因此有关国家在北极海域划定的海洋边界既包括了200海里以内的大陆架界限，也确定了相互之间在北极海域的各自专属经济区(通常以“渔区”或“海洋生态保护区”的名义)。除了一些不活跃的争议因素，目前仍实质存在于北极国家之间的200海里以内大陆架(以及专属经济区等其他类型海区)划界纠纷为数很少，这从北极国家之间相互缔结的海洋划界协定之中就可以看出来。本节将按国别和有关划界协定，分别对北极国家之间的200海里以内大陆架划界现状予以评述。

一、俄罗斯与挪威之间的北极大陆架划界状况

俄罗斯与挪威在北极地区的200海里以内大陆架划界问题存在于巴伦支海海区。两国在科拉半岛(Kola Peninsula)的陆地边界很短，但双方在与之相邻的巴伦支海海区却存在面积不小的海洋划界争议，争议面积达到17.5万平方公里，占巴伦支海全部海区面积的11.8%。虽然巴伦支海在历史上就是两国共同活动的传统渔业区，但具有政治法律色彩的巴伦支海划界问题谈判启动于冷战开始之际。1947年俄(苏)挪两国在巴伦支海的双方联合委员会首次进行了海洋划界磋商，在当时东西方冷战形势日趋严峻以及挪威随后加入北约的形势下，苏联和挪威的对立局面开始加剧，苏联北方舰队陆续在巴伦支海查扣了一些挪威渔船，两国的武装对峙局面也有升级的迹象。在此情况之下，双方加速了巴伦支海的海洋划界谈判进程。1957年2月15日，两国就直接邻接两国陆地边界的瓦朗格尔峡湾(Varangerfjord)达成了《苏挪瓦朗格尔峡湾海洋划界协定》(*Agreement between the Royal Norwegian Government and the Government of the Union of the Soviet Socialist Republic concerning the Sea Frontier between Norway and the USSR in the Varangerfjord*, 1957)，双方以等距离中间线的划界方法划定了从涅梅茨基海角(Cape Nemetsky)到开伯吉斯海角(Cape Kibergnes)之间的水域。[①] 瓦朗格尔峡湾是整个巴伦支海海区南缘的一小部分，因为当时国际法仍然采取的是“领海之外即公海”的理论通说，因此两国在瓦朗格尔峡湾划定的仅是双方的领海边界。但在1958年《大陆架公约》(*Convention on the Continental Shelf*, 1958)通过之后，世界各沿海国扩大其海洋管辖范围的做法有了正式的国际法依据，苏挪两国也都不例外地适应这一趋势，相继于1963年和1968年颁布了相关国内法令，对各自在巴伦支海的海洋边界进行拓展。但巴伦支海的总面积只有140.5万平方公里，刨去已确定处于两国各自主权管辖之下的内水和领海，以及在距离上相当接近于前者的部分，可供苏挪两国大幅拓展各自大陆架外部边界的巴伦支海中央地带的宽度面积有限，因此两国的大陆架权利主张发生了重叠。苏联依据其一贯主张的“扇形原则”，主张以一直延伸至北极点的经度子午线来划定两国在巴伦支海的边界，挪威则坚持按等距离中间线划界。

---

① Agreement between the Royal Norwegian Government and the Government of the Union of the Soviet Socialist Republic concerning the Sea Frontier between Norway and the USSR in the Varangerfjord, 1957, Art. 2.

自两国1967年开始协商以来，双方的立场主张相去甚远，不易调和，而且牵涉到作为整个谈判环节的焦点区域——位于两国主张重叠区中央的巴伦支海南部海区的丰富油气与渔业资源的归属问题，这使得巴伦支海大陆架划界问题在四十余年的时间内曾长期陷于“马拉松式”的僵局阶段。但苏联和挪威双方仍然在巴伦支海的渔业管理方面保持了传统合作并签署了系列渔业协定，以缓和局势，促进作为渔业资源富集区的巴伦支海的渔业生产的发展。在两国签署的系列渔业协定中，1978年的《苏挪巴伦支海毗邻海区渔业临时适用协定》(*The Interim Practical Agreement between the Royal Norwegian Government and the Government of the Union of the Soviet Socialist Republic for Fishing in an Adjoining Area in the Barents Sea*, 1978)比较重要，这一协定在两国权利主张重叠区域建立了被称为“灰色地带”(Grey Zone)的临时渔业区。在“灰色地带”内，两国都享有对己方渔船的属人管辖权，并有权查扣没有渔业许可证的船只，因此该协定又被称为“灰色地带协定”(Grey Zone Agreement)。1978年的《苏挪巴伦支海毗邻海区渔业临时适用协定》此后采取了一年一续延的形式，实际上已将双方的临时渔业区及其相关合作模式在制度框架上固定了下来，但在2010年《俄挪巴伦支海和北冰洋海洋划界与合作协定》正式签署之前，两国均强调1978年的《苏挪巴伦支海毗邻海区渔业临时适用协定》不影响双方在巴伦支海大陆架划界谈判中的立场。由此可见的是，巴伦支海大陆架划界谈判的障碍并不影响俄(苏)挪两国在渔区生产与管理等属于专属经济区内容方面的合作，而大陆架划界与专属经济区划界的法律权利基础的不同，又反过来延缓了在专属经济区事项上进展较为顺利的双方最终解决巴伦支海划界争议的进程。这也符合当前国际海洋划界在大多数情况下所反映出的通常现象，即牵涉到海底油气资源等大陆架矿藏归属的大陆架划界问题，其谈判难度远高于以渔业性问题为主要内容的专属经济区划界谈判。

实际上，苏挪双方到1991年时，已完成了巴伦支海约四分之三海域的大陆架划界谈判，但位于俄方扇形线主张与挪方等距离中间线主张之间的重叠区域——也就是作为“灰色地带”主体部分的巴伦支海南部海区的大陆架划界谈判十分复杂。此后经过15年左右的艰难谈判，2007年7月11日，两国终于达成了《俄挪瓦朗格尔峡湾海洋划界协定》(*Agreement between the Kingdom of Norway and the Russian Federation on the Maritime Delimitation in the Varangerfjord Area*, 2007)，对1957年的《苏挪瓦朗格尔峡湾海洋划界协定》进行了修改，将1957年的原协定边界线向北延伸并穿过巴伦支海南部双方权利主张重叠区域的起点位置，确定了两国海洋边界的新定点(附录地图3中的定点1)。这一修改幅度虽不大，但已预示着两国在矛盾最大的巴伦支海南部争议海区划界问题上即将实现历史性的突破。2007 年两国达成的《俄挪瓦朗格尔峡湾海洋划界协定》标志着俄挪两国在巴伦支海大陆架划界问题上从对立僵持走向相互合作，双方不仅重新确认了两国在 1957 年确定的瓦朗格尔峡湾领海边界，还通过向北延伸该边界的形式划分了一小块专属经济区和大陆架，从而为巴伦支海 200 海里以内大陆架划界工作的整体解决奠定了基础。

2010 年 9 月 15 日，两国最终完成了《俄挪巴伦支海和北冰洋海洋划界与合作协定》(*Treaty between the Kingdom of Norway and the Russian Federation concerning Maritime Delimitation and Cooperation in the Barents Sea and the Arctic Ocean*, 2010)的签署工作，实现了对延续长达四十余年、包含多重类型海洋划界争端的巴伦支海事务的一揽子解决，该协定于次年 7 月 7 日正式生效。2010 年巴伦支海划界协定在继承 2007 年修订后的《俄挪瓦朗格尔峡湾海洋划界协定》所确立的新定点的基础上，完善了 2007 年协定所安排的后续划界任务，在整个巴伦支海海区划出了位置和相连边界线走向均更加精确的划界定点(附录地图 3 中的定点 2~5)，同时又进一步划出了两国在北纬 80°以北的北冰洋中央海区的划界定点(附录地图 3 中的定点 7、8)。根据这份划界协定，俄罗斯和挪威两国完成了从巴伦支海到北冰洋中央区部分的完整划界，但位于两国 2010 年巴伦支海边界线西侧的“斯瓦尔巴德协定区”的法律地位及相关海洋边界的性质问题仍有继续讨论的空间。与此同时，2010 年《俄挪巴伦支海和北冰洋海洋划界与合作协定》取消了 1978 年的《苏挪巴伦支海毗邻海区渔业临时适用协定》所设置的临时渔业区“灰色地带”，两国依据 2010 年划界协定大体平分了原“灰色地带”的相关部分，因此两国在原“灰色地带”对本国渔船的属人管辖权，至此为双方在 2010 年边界线两侧各自部分的属地管辖权所取代。但 2010 年《俄挪巴伦支海和北冰洋海洋划界与合作协定》在总体上仍然有利于俄罗斯，该协定保证了在巴伦支海海区海岸线偏于凹陷状的俄罗斯获得巴伦支海“争议飞地”的大部分，同时在 2010 年边界线靠挪威一侧设立了一个“特别区”(the Special Area)，使俄罗斯在这块距己方领海基线超过 200 海里、法律地位为挪威专属经济区的特别区域内同样享有专属经济区性质的权利和待遇。

二、加拿大与丹麦(格陵兰)之间的北极大陆架划界状况

加拿大的北极地区与丹麦的海外自治领格陵兰隔海相望。双方的相向海岸线曲折漫长，南北绵亘 1000 多公里。在南部的戴维斯海峡到拉布拉多海一带的位置，两国相向海岸的间距较宽，但都没有超过 400 海里，而在北部巴芬湾

和内尔斯海峡(含史密斯海峡)一侧，甚至不足200海里。因此加丹之间的海洋划界问题问题，大部分属于本节前言中已提到过的海岸间距在200~400海里的相向划界问题，且无证据显示两国不是位于同一大陆架之上的共架国，小部分则属于200海里以内的相向划界问题，上述情形均有助于双方采取单一海洋划界的处理方式。因此200海里以内的大陆架划界问题并不是两国在北极地区的争议重点。两国在北极区域关注的重点，是位于内尔斯海峡(Nares Strait)中心线上的无人小岛汉斯岛(Hans Island)的领土主权归属问题，以及涉及北冰洋中央区大片区域的200海里外大陆架划界问题。

总的来说，加拿大和丹麦两国在北极地区的双边关系相对微妙。两国既同属西方阵营和北约盟国，又在北极地区存在着一系列不同类型且互相关联的难解纠纷，以至于近十年间两国在该地区频频动用军事力量来相互"叫阵"；但在北极地区的200海里外大陆架划界议题上，两国在总体立场相互牵制的同时，亦需寻找共同的地质科学证据来抱团对抗北冰洋另一侧的俄罗斯。因此北极问题在今后相当长一段时期内仍是牵动两国神经的敏感议题，但在该地区200海里以内的大陆架划界问题部分，双方很早就达成了相关划界协定。

1973年12月17日，两国根据1958年《大陆架公约》的相关划界规则缔结了《加丹(格陵兰)大陆架划界协定》(*Agreement between the Government of Canada and the Government of the Kingdom of Denmark Relating to the Delimitation of the Continental Shelf Between Greenland and Canada*, 1973)，按照等距离中间线的划界方法划定了两国从内尔斯海峡到巴芬湾和戴维斯海峡的大陆架边界，此协定于次年生效。1973年《加丹(格陵兰)大陆架划界协定》在内容上分为两部分：在戴维斯海峡和巴芬湾的大陆架划界，以及双方在内尔斯海峡的大陆架划界。在戴维斯海峡和巴芬湾的大陆架划界部分，双方详细确定了从61°00′0″N，57°13′1″W到75°00′0″N，73°16′3″W之间的113个划界定点；在内尔斯海峡的大陆架划界部分，双方确定了从76°41′4″N，75°00′0″W到82°13′0″N，60°00′0″W之间的14个划界定点，① 但在这一部分的大陆架划界中，由于争议小岛汉斯岛的存在，该部分的大陆架边界线被分割成不相连的两段。即便如此，1973年《加丹(格陵兰)大陆架划界协定》仍具有积极意义，这是自1958年《大陆架公约》赋予各沿海国以扩张其海洋管辖权边界的合法依据以来，在北极地区出

① Agreement between the Government of Canada and the Government of the Kingdom of Denmark Relating to the Delimitation of the Continental Shelf Between Greenland and Canada, 1973, Art. 2.

现的第一份大陆架双边划界协定。这份划界协定虽未解决汉斯岛的主权归属问题，也没有划定北纬82°13′以北的北冰洋林肯海(Lincoln Sea)海域边界(自1970年起，两国在林肯海的划界问题上产生了面积约200平方公里的划界争议)，但该协定实现了对长达1450公里的加丹大陆架边界的完整划分，并结合岛屿、海岸线长度等特殊地理因素对双方的等距离中间线做了适当调整，上述具体做法直至今日依然对相关划界实践有着重要的启示意义。该协定第3条和第5条对可能发现的跨界资源的开采事项做了规定，确定了协商一致合作开发的基本原则。当然在现实中，上述条款尚未得到诉诸实践的机会。① 该协定第4条还预见到了两国的协定边界可能因科技和人们认识的进步而需要进一步调整的问题。

在1973年大陆架划界协定缔结近40年之后，2012年11月28日，加拿大外长约翰·贝尔德(John Baird)和丹麦外交大臣维利·瑟芬达尔(Villy Søvndal)重新签署了一份《加丹海洋划界协定》，以取代1973年的《加丹(格陵兰)大陆架划界协定》。2012年的《加丹海洋划界协定》是在新的时代条件下对两国在北极地区的相关海洋边界的重新安排与扩充，也可将其视为1973年旧协定在当前大背景下的现代化。新的海洋划界协定相比1973年旧协定有以下几个方面的进步：

第一，新的海洋划界协定利用技术的进步更精确地界定了两国海上边界线，解决了1973年旧协定所存在的技术性缺失，如水文测量图及两国海岸各段低潮线精确划定的缺憾，依此微调了两国现有的海洋边界坐标。

第二，新的海洋划界协定结合1982年《公约》的相关内容和时代的发展，更新了1973年旧协定所规定的单一大陆架划界内容，在总体继承1973年协定边界的前提下，将1973年边界线的单一大陆架划界内涵发展为与专属经济区制度相兼容的单一海洋划界。

第三，新的海洋划界协定对1973年旧协定做了一项重要补充，在1973年协定边界线的基础上进一步划出了两国在隶属于北冰洋主体区域的林肯海范围内的海洋边界。这是两国自2010年起就林肯海划界问题展开磋商后所取得的一项重大成果，减少了两国北极关系中的不确定因素，有助于妥善解决双方在林肯海的捕鱼权及矿产开采权争议。两国仍然是以等距离中间线的划界方法完成了对林肯海的边界划分，并将双方新划定的林肯海边界线与1973年旧协定

① Donat Pharand, *Polar Regions and the Development of International Law*, Cambridge: Cambridge University Press, 1996, p. 182.

线连成一体。

第四，新的海洋划界协定同时增加了两国在未来北极科考，以及北冰洋200海里外大陆架划界申请中相互合作的内容。

第五，两国在1973年旧协定第2条中，明确了划界所需的等距离中间线是按双方沿岸直线基线起算这一前置技术性条件，而在此后的海洋划界理论中，直线基线的选取与适用问题曾引发了诸多争议，但由于现行国际法并无与之相关的明确法律文本指导，因此在领海基线的适用标准与划定方法问题上，确定划定领海基线的相关做法是否具有国际法上的约束力，还需考察关于该事项的具体国家实践是否具有形成国际习惯的可能。而在加丹两国2012年签署的新的海洋划界协定中，双方继承了1973年旧协定所采取的直线基线起算标准，两国对于对方的直线基线在实践上予以相互承认。这点不仅对于以直线基线在其北极群岛区域圈出大面积内水的加拿大而言是一项重大利好，同时也对世界其他海区的海洋划界提供了相应的参照借鉴。作为大陆国家的加拿大，以直线基线划定北极群岛领海基线，并得到对方国家的承认，而且是作为划界的起始线，这就为大陆国家对其群岛划定直线基线提供了先例，值得深入研究。① 这或将在事实上有力反驳所谓"大陆国家不能在其离岸群岛划定直线基线"的某类观点。

尽管2012年《加丹海洋划界协定》并未解决汉斯岛的主权归属争议，但毋庸置疑的是，2012年的新划界协定为两国划定了一条总长度近2000公里的单一海洋边界，这在海上边界长度方面是相当少见的，足以显示两国海洋划界协定对于稳定地区局势的示范效应。丹麦外交大臣维利·瑟芬达尔(Villy Søvndal)表示，新的海洋划界协定是促进北极国家密切合作的重要步骤，北极国家需要落实2008年《伊鲁丽萨特宣言》(*Ilulissat Declaration*, 2008)的精神，来为之后北极国家各自的200海里外大陆架划界工作铺平道路。加拿大高级官员亦表示新划界协定的达成为北极地区演示了值得期待的健康、安全与繁荣愿景。②

三、美国与俄罗斯之间的北极大陆架划界状况

美国与俄罗斯之间有关北极地区的200海里以内大陆架划界问题发生在美

① 贾宇：《从林肯海划界看北极的"和与争"——关于加拿大和丹麦/格陵兰海域划界的思考》，载《中国海洋报》2013年2月20日，第004版。

② Canada and Kingdom of Denmark Reach Tentative Agreement on Lincoln Sea Boundary, November 28, 2012. Available at http://www.international.gc.ca/media/aff/news-communiques/2012/11/28a.aspx?lang=eng.

国阿拉斯加州与俄罗斯西伯利亚大陆之间，需要进行200海里以内大陆架划界的海域是白令海峡两侧的白令海和楚科奇海。现在阿拉斯加已是美国面积最大的州，占美国国土总面积的近五分之一。但从历史上来看，面积达170多万平方公里的阿拉斯加曾有80多年的时间一直为俄国所有。1784年沙俄越过白令海峡开拓阿拉斯加，到19世纪初，俄属阿拉斯加南部边境甚至一度逼近旧金山，而此时美国尚未完成从大西洋沿岸的“建国十三州”到太平洋沿岸的扩张，与北极的距离更是相隔甚远。但到了19世纪60年代，国力在克里米亚战争中受到严重削弱的沙俄开始收缩其过长的安全战线，而经历了南北战争的美国开始以一个内部统一、对外强势的新兴大国面貌出现在世界舞台。出于对自身实力的估计以及在与英国霸权竞争中“扶美抑英”的均势策略盘算，沙俄主动向美国出售阿拉斯加。俄裔美国历史学家亚历山大·塔尔萨伊杰解释了其中的缘由：“俄美公司的失败使俄国无力保卫阿拉斯加抵御外来攻击，出于对主要敌手英国可能占领阿拉斯加的恐惧，如果俄国无力保住阿拉斯加，它宁愿看到阿拉斯加落到当时似乎是友好的美国人手里；俄国不仅希望加强俄美关系，也希望以此来助长英美角逐，以利于俄国在亚洲的扩张。”①1867年3月30日，俄美签署《割让俄国北美领地的条约》(*Treaty concerning the Cession of Russian Possessions in North America*, 1867)，美国以720万美金的花费购得了阿拉斯加，这笔生意在当时的美国国内不被看好，被称为“西沃德的蠢举”(Seward's Folly)，② 但阿拉斯加的战略及经济价值很快得到显现。美国不仅借由阿拉斯加购地而成为一个纵跨于北纬35°~70°庞大版图的大国，也由此获得了成长为世界强国和参与北极地区事务的关键通行证。正如美国政治地理学家、纽约市立大学名誉教授索尔·伯纳德·科恩(Saul Bernard Cohen)所指出的，“阿拉斯加为美国提供了一个军事据点，它长达1000多英里的海岸线俯瞰着北冰洋，这里提供的防御设施监视着北太平洋，全球变暖也为美国作为邻接北极的国家参与瓜分北极地区提供了一个地缘政治机会”。③

根据1867年《割让俄国北美领地的条约》第1条的相关规定，美国获得阿

① [美]乔治·亚历山大·伦森编：《俄国向东方的扩张》，杨诗浩译，商务印书馆1978年版，第97页；转引自张文木：《全球视野中的中国国家安全战略》(中卷上)，山东人民出版社2010年版，第50页。

② 此语用以讽刺当时力主购买阿拉斯加的美国国务卿威廉·亨利·西沃德(William Henry Seward)——笔者注。

③ [美]索尔·伯纳德·科恩：《地缘政治学：国际关系的地理学》(第二版)，严春松译，上海社会科学院出版社2011年版，第104页。

拉斯加后，美俄两国的海上分界线走向是：从位于白令海峡处的北纬65°30′定点开始，沿着位于小代奥米德岛(Krusenstern Islands，Ignalook)和大代奥米德岛(Ratmanoff Island，Noonarbook)之间的子午中间线，向北“无限延伸”(Without Limitation)至“冰冻海洋”，再从同一定点开始，向西南方向穿过白令海峡和白令海，按照西经172°的子午线，在圣劳伦斯岛(St. Lawrence Island)西北部到楚科奇角(Cape Choukotski)的东南部之间划出一条中间线。该中间线在西南方的交界处位于北太平洋的阿图岛(Attou Island)和科曼多斯基群岛(Kormandorski Couplet)的铜岛(Copper Island)之间，从而将整个阿留申群岛(the Aleutian Islands)纳入阿拉斯加的管辖范围。①

由上可以看出，俄国向美国割让的阿拉斯加地区，其具体范围并不仅局限于北美大陆部分的领土，同时也囊括了阿拉斯加附近为数众多的岛屿和群岛，因此美俄就阿拉斯加的主权交易，并不单单需要确定阿拉斯加的陆上边界，同样还需对阿拉斯加周边海域的边界进行相应划分。1867年《割让俄国北美领地的条约》对阿拉斯加与俄国本土之间的海上边界线作了较为清晰的规定，但受限于当时的时代条件，1867年条约并没有进一步对两国的海洋边界进行更为清晰细致的界分，尤其是双方在白令海的划界并没有附上详细的地理坐标。因此后来的苏联学者认为，1867年条约在白令海域的划界模糊不清，有理由认为当时的俄美双方并无明确的海洋划界意识，也没必要对于海洋范围进行划界，故1867年协定的内容没有划出也不可能真正划出俄美在白令海和楚科奇海的具体海洋管辖区。② 而美国方面的研究人士多半认为1867年条约已基本划定了两国在白令海和楚科奇海的海洋边界，现实中所需要做的工作仅是以1867年协定线为基础，根据当代科技手段对1867年协定线进行些许补正和微调而已。上述两类认知对1867年条约的海洋划界部分的理解分歧，也为后来美俄(苏)在北极海区的划界争议埋下了伏笔。

随着苏联时期俄国国力渐强，美苏两国逐渐成为竞争全球霸权的对手，双方均针对对方进行了一系列海上武力展示和海洋情报刺探活动，这使得两国间的海洋划界谈判更无法在心平气和的条件下进行。直到1977年，美苏两国才开始就楚科奇海和白令海海域的海洋划界问题进行实质性的谈判。在双边划界

① Treaty Concerning the Cession of Russian Possessions in North America，1867，Art. 1.

② 安芳：《俄(苏)美在白令海地区海洋划界问题及其发展趋势》，黑龙江大学2014年硕士学位论文，第13页。

矛盾最为突出的白令海域，由于此前美国已于1867年通过《阿拉斯加割让协定》取得了被视为是阿拉斯加附属区域的阿留申群岛的主权，而后者的海岸线形状、地理位置等客观条件都使美国在白令海区划界问题上占据了绝对优势，苏联对此颇为不满，要求在生物资源丰富的白令海渔区以中间线的划界原则取得补偿，而美国则坚持按照1867年协定线的走向划界。双方立场针锋相对，美苏权利主张重叠区域的面积达到1.5万平方公里。此外在白令海区还存在一块面积约为17.5万平方公里、被两国200海里管辖区域包围的200海里外大陆架"飞地"。后来的俄罗斯在2001年提交给联合国大陆架界限委员会审议的外大陆架划界案中，对这块区域提出了外大陆架声索诉求。

在白令海划界的后期谈判过程中，苏联国力的衰退削弱了其在美苏划界谈判中的地位，苏联最终向美国让步，放弃了对白令海争议区域的诉求。苏联的决定除了与其在美苏争霸中渐感力不从心有直接的关系，也表明其慎重考虑到1867年条约本身即将苏(俄)方置于地理不利国地位的客观事实。在美国绝不可能在各类资源丰富的白令海区做出让步而该海区的自然地理条件又于己不利的情况下，放弃在白令海划界问题上同美国的僵持，转而退保面向北冰洋中央区域、战略价值高于经济价值的楚科奇海，巩固己方的"扇形原则"立场和北极利益，也就成了苏联在美苏划界谈判后期的主要策略方针。况且在1867年协定中，关于楚科奇海区的划界有更精确的地理坐标标示，双方达成一致的可能性更高。在这种情况下，美苏两国的海洋划界谈判进程加快，美国亦在楚科奇海区做了一定的让步，放弃了在该海区的几处争议岛屿，而在面积更大的白令海海区，美苏双方则同意按7∶3的比例进行海域划界分配。1990年6月1日，时任美国国务卿詹姆斯·贝克(James Addison Baker)和苏联外长爱德华·谢瓦尔德纳泽(Eduard Shevardnadze)在上述共识的基础上共同签署了《美苏海洋划界协定》(*Agreement between the United States of America and the Union of Soviet Socialist Republics on the Maritime Boundary*, 1990)，为长达13年的两国海洋划界谈判画上了句号，随后双方又签署了关于《美苏海洋划界协定》的《执行协定》(*Executive Agreement*)。因此在俄罗斯国内，又有人将1990年协定所确定的边界线称为"谢瓦尔德纳泽线"(Shevardnadze Line)。"谢瓦尔德纳泽线"总长约为1600海里，在2012年加丹两国的海洋新边界出炉之前，"谢瓦尔德纳泽线"被认为是国际上最长的一条海洋边界线。

1990年《美苏海洋划界协定》划定的两国海洋边界与1867年条约相比，两者的长度走向和形状特征基本一致，只是前者进一步完善了两国在白令海西南部的划界，精确了该海区的划界定点，并为后者添加了符合时代发展的相关内容，更加细化了两国在白令海区的互惠合作机制。正如有学者所指出的，“1990年协定的最大特点是旧约新用，其实质是利用1867年条约边界线于新目的”。[①] 根据1990年《美苏海洋划界协定》第2条的规定，两国的海洋边界以65°30′N、168°58′37″W的坐标为起点，“沿着168°58′37″W这一划分两国边界的子午中间线，向北穿过白令海峡和楚科奇海直抵北冰洋，一直到达国际法所允许的程度”，这一表述既与1867年条约的基本框架保持一致，也符合现代国际海洋法的相应规定；同时从该定点出发，沿着本协定附件所确定的86个定点，一直向西南方向延伸到50°58′39″N、167°00′00″E的坐标位置。[②] 根据该协定第3条的规定，美苏两国在距己方领海基线不足200海里、距对方领海基线超过200海里的己方专属经济区内，各划出一块“特别区”，使对方能在此区域内充分行使“等同于己方专属经济区性质的权利”，以作为相互间的对等互惠安排。美国在苏联专属经济区内享有该类权利的区域被称为“东特别区”（Eastern Special Area），反之苏联享有同样权利的区域则被称为“西特别区”（Western Special Area）。[③] 由于1990年协定基本是沿着距美国领海基线250海里、距苏联领海基线150海里的定点位置划界，因此在该协定第3条有关超过200海里距离的“特别区”互惠安排中，如附录中的地图6所示，苏联所得的特别区份额相较美国更大。

1990年《美苏海洋划界协定》签署后，美国国务卿贝克在协定附件所附的《致苏联外长谢瓦尔德纳泽先生的信》中与对方约定，即使美苏两国最高立法机关还未决定对该协定的批准，两国政府仍应自1990年6月15日起即遵守该协定的规定，以待协定的最终批准生效。[④] 1991年9月16日，美国参议院完成了对该协定的批准工作，但苏联最高苏维埃认为该协定所划定的“谢瓦尔德纳泽线”损害了国家和人民的利益，使苏美两国在白令海区域获得的专属经济区和大陆架利益严重失衡（美国获得了面积约为54.6万平方公里的白令海争议区，苏联仅得到了面积约0.46万平方公里的份额，两者相差110多倍）。谢瓦

---

① 匡增军：《俄美海洋划界争端：法律适用与政治前景》，载《国外社会科学》2012年第2期，第85页。

② Agreement between the United States of America and the Union of Soviet Socialist Republics on the Maritime Boundary, 1990, Art. 2 and Annex.

③ Agreement between the United States of America and the Union of Soviet Socialist Republics on the Maritime Boundary, 1990, Art. 3.

④ Agreement between the United States of America and the Union of Soviet Socialist Republics on the Maritime Boundary, 1990, Annex.

尔德纳泽在国内压力下被迫辞职。此后苏联解体，俄罗斯国家联邦杜马1997年在审议《美苏海洋划界协定》之后宣布拒绝批准该协定。但从实践情况来看，1990年《美苏海洋划界协定》基本得到了遵守，俄罗斯并无跨越"谢瓦尔德纳泽线"的实质举动，在2001年俄罗斯向联合国大陆架界限委员会提交的200海里外大陆架划界申请案中，其提供的俄罗斯大陆架最东端边界线也与1990年协定线完全吻合。由此可以认为，1990年《美苏海洋划界协定》虽未正式生效，美俄两国间在白令海和楚科奇海的海洋划界争议仍然存在，但现阶段这一争议并非北极国家间200海里以内海洋划界问题中的活跃部分。

四、丹麦(格陵兰)与挪威之间的北极大陆架划界状况

丹麦的海外自治领格陵兰与挪威之间存在的海洋划界包括两部分：其一为格陵兰与挪威扬马延群岛之间的划界问题，其二为格陵兰与挪威斯瓦尔巴德群岛之间的划界问题。

扬马延群岛是一组面积仅为377平方公里、无人定居、主权属于挪威但远离挪威本土的小型群岛，隔着格陵兰海与格陵兰东海岸相望。双方之间一直存在渔区和大陆架的划界争议。1988年8月16日，丹麦向国际法院起诉，要求以一条单一边界划分格陵兰与扬马延群岛之间的格陵兰海区。丹麦主张以格陵兰东海岸的领海基线为起算点，直接划出200海里宽度并归其管辖的专属经济区和大陆架，其理由是扬马延群岛面积太小且无定居人口，属于《公约》第121条第3款规定的没有资格取得专属经济区和大陆架的岩礁；挪威则认为，当时《公约》还未正式生效，但双方都是1958年《大陆架公约》的缔约国。按照1958年《大陆架公约》第6条第1款的规定，"同一大陆架邻接两个以上海岸相向国家之领土时，其分属各该国部分之界线由有关各国以协议定之。倘无协议，除因情形特殊应另定界线外，以每一点均与测算每一国领海宽度之基线上最近各点距离相等之中央线为界线"，[1] 因此挪威要求以等距离中间线的方法进行划界。

国际法院于1993年做出判决。在判决意见中，国际法院未全盘接受任何一方的观点，而是认为扬马延群岛既享有一定的专属经济区及大陆架划界权利，但又不能按照挪威的观点，在双方海岸线长度悬殊的情况下执行机械性的等距离中间线划界操作。国际法院在判决意见中指出，双方海岸线长度悬殊的事实构成了在等距离中间线划界操作中所必须进行相应调整的"特殊情况"

---

① Convention on the Continental Shelf, 1958, Art. 6.

(Special Circumstance)，因此这个案例中的海洋边界走向应有利于丹麦。因此国际法院于 1993 年 6 月以 14：1 的法官投票结果，判决在丹麦和挪威的各自划界主张的界线之间进行折中划界。国际法院最后在判决意见中划出的单一海洋边界线使丹麦的原划界主张线后退了 60 多海里，但仍比挪威的原划界主张多取得了约一半的重叠区域。在重叠区最南部的渔业资源富集区，出于使双方公平获取毛鳞鱼资源的考虑，国际法院在这一部分以中间线做了面积等分处理。1993 年丹挪(格陵兰/扬马延)划界案的案情及划界结果虽较为简单，但有两点值得注意之处：其一是扬马延群岛最后获得了一定份额的专属经济区和大陆架，这从侧面证明了与扬马延群岛面积和情况相似的岛屿，在法律定性上仍是“岛屿”而非“岩礁”，这对其他海域的海洋划界工作也具有一定的引导借鉴意义；其二是国际法院在判决意见中忽略了格陵兰岛和扬马延群岛的不同社会经济情况，其意图是排除与海洋划界关联性不大的考虑因素，促进海洋划界朝更加纯粹的技术化方向发展，这在实质上也确保了扬马延群岛能在综合条件远逊于格陵兰岛的情况下，仍能获得一定比例的海洋划界权利和主权性权利管辖区域。

为执行国际法院所做的最终判决，1995 年 12 月 18 日，丹挪两国缔结了《丹挪大陆架与渔业区划界协定(格陵兰/扬马延)》(*Agreement on the Continental Shelf and Fishery Between Greenland and JanMayen*，1995)。两国根据国际法院对该海区海洋边界走向的判决，在该协定第 1 条中由东北向西南进一步明确划定了从 74°21′46. 9″N、5°00′27. 7″W 到 69°54′34. 4″N、13°37′46. 4″W 的 4 个划界定点。[①] 根据该协定第 3 条的规定，格陵兰与扬马延群岛之间的大陆架和渔场以同一条单一边界来加以划定。[②] 该协定第 2 条则是对两国在跨界矿业及渔业资源开发利用问题上相互合作的原则规定。

2006 年 2 月 20 日，丹麦与挪威两国就格陵兰和斯瓦尔巴德群岛之间的海洋划界问题达成了《丹挪大陆架与渔业区划界协定(格陵兰/斯瓦尔巴德)》(Agreement on the Continental Shelf and Fishery Between Greenland and Svalbard, 2006)。该协定包含 4 个条款。第 1 条由北向南划定了从 83°43′05. 93″N、

---

① Agreement on the Continental Shelf and Fishery Between Greenland and JanMayen, 1995, Art. 1.

② Agreement on the Continental Shelf and Fishery Between Greenland and JanMayen, 1995, Art. 3. Also can See Donat Pharand, *Polar Regions and the Development of International Law*, Cambridge: Cambridge University Press, 1996, p. 181.

7°59′18.30″E到76°54′50.42″N、2°47′22.98″E的12个划界定点，并依据双方的领海基线，规定按“等距离中间线”的划界方法，对位于格陵兰和斯瓦尔巴德群岛之间的海域进行单一海洋划界。① 协定第2条规定了跨界资源的合作开发事项，第3条和第4条未涉及双方划界的实质内容。从协定内容本身来看，其规定的事项比较简单，属于海岸相向共架国以单一海洋边界划定双方大陆架与专属经济区界限的又一普通事例。但这项协定有可能会对斯瓦尔巴德群岛区域未来的海洋划界工作带来间接的影响。2006年《丹挪大陆架与渔业区划界协定(格陵兰/斯瓦尔巴德)》实则从侧面印证了斯瓦尔巴德群岛可以进行大陆架和专属经济区的海洋划界，不过这一问题仍有待于未来《斯瓦尔巴德公约》在内容上的进一步明确。

五、美国与加拿大之间的波弗特海划界纠纷

美国和加拿大虽然是关系紧密的盟国，但双方在北极地区存在立场迥异的多重性质矛盾。20世纪初，美加两国曾在北极地区发生过激烈的领土主权争执，双方对阿拉斯加南部的“柄形狭长地带”的主权归属各执一词。1902年，美军开进南阿拉斯加摆出战争姿态，加拿大的宗主国英国为了维持英美关系而做出让步，使加拿大最终被迫同意将南阿拉斯加的“柄形狭长地带”让与美国。经过这次事件后的加拿大受到了强烈刺激，进而走上了自主维护并强化自身北极权益的道路。而作为北极领土争夺战的大赢家美国，在先后从俄国和加拿大手里得到阿拉斯加和南阿拉斯加“柄状带”之后，其在北极地区事务上的作用开始逐渐显现出来，它在北美洲北极地区的领土要求得到了满足，巩固了自己在北极地区的地位，占领了优良的海港和海岸线。② 此后，美加两国在北极地区的争议转向波弗特海划界及西北航道法律地位问题，其中前者成为北极地区现有为数不多的200海里以内海洋划界实质性争议，并且两国在该海区的划界纠纷持续时间最长。

美加两国在波弗特海的划界争议起源于1825年《英俄有关各自美洲西北海岸领地边界和太平洋航行协定》(*Great Britain and Russia*, *Convention between Great Britain and Russia concerning Limits of Their Respective Possessions on the*

① Agreement on the Continental Shelf and Fishery Between Greenland and Svalbard, 2006, Art. 1.

② 胡德坤、邓肖亭:《20世纪初期北极地区领土争端及其解决》,载《武汉大学学报》(人文科学版)2011年第1期,第88页。

North-West Coast of America and the Navigation of the Pacific Ocean, 1825)。这一协定划分了两国在俄属阿拉斯加和英属加拿大之间的陆地边界。该协定第III条规定，两国沿着141°W的子午线划分双方在美洲大陆西北的边界，并一直向北延伸到“冰冻的海洋”(Frozen Ocean)。[①] 美国和加拿大在继承英俄西北划界协定后，对该条“向北延伸到冰冻的海洋”的含义理解产生了争议。加拿大坚持认为，1825年协定已经明确划定了双方在波弗特海这一北极海区的边界线，两国的海上边界即141°W子午线；但美国不承认1825年协定对波弗特海的划界效力，认为该协定缺少精确的地标信息以确定双方在波弗特海的具体划界范围。因此美国认为1825年协定仅能确定双方的陆地边界，而在波弗特海部分的海洋划界则需再议。

在具体划界原则和划界方法采用问题上，加拿大坚持以1825年协定所既定的141°W子午线来划界，这一主张实际是可以将双方边界一直延伸到北极点的扇形线变体；美国则要求以符合国际法通行规则的相邻国家等距离中间线方法划界。由于美加两国在波弗特海是海岸相邻国家，双方的权利主张重叠区域既包括了200海里以内的海域划界，也延伸到200海里以外的外大陆架划界，重叠区域呈一个楔形形状，面积超过7000平方公里。美国人通过对该海区划界的“桌面研究”(Desktop Study)认为，以等距离中间线方法划界，边界线将在超过领海基线200海里的外大陆架部分明显向加拿大一侧偏移，从而使美国获得更大的海域海床份额。而这一区域恰恰是波弗特海中的油气资源富集区，因此双方在此问题上始终僵持不下。

1988年两国政府签署了《美加北极合作协定》(*Agreement between the Government of the United States of America and the Government of Canada on Arctic Cooperation*, 1988)，协定强调，两国间的北极争议不会影响到双方的“天然盟友、伙伴加邻居”的亲密关系。但这份仅有5个条文的协定除了政治色彩的宣示之外，并未就两国的北极纠纷给出实质性的解决办法。对于两国间持续存在的北极航道及波弗特海划界争议，该协定也仅仅提到了双方在北极航道上的原则性合作意向，而丝毫没有提及波弗特海的划界纠纷问题，反而在第4条中反向强调了该协定“不影响双方在波弗特海的各自海洋划界立场以及双方在其他

① Great Britain and Russia, Convention between Great Britain and Russia concerning Limits of their Respective Possessions on the North-West Coast of America and the Navigation of the Pacific Ocean, 1825, Art. III.

海区各自针对第三方的海洋划界立场”。[①] 由此可见，美加两国围绕波弗特海的海洋划界纠纷，乃是两国关系中一项比西北航道问题更为复杂难解的障碍。虽然两国在该海区属于相邻国家的地理条件，波弗特海又是一个形状开阔的“无岛海”，理论上两国完成200海里以内的海洋划界工作并不困难，但考虑到争议海区的油气资源利益、波弗特海海底较复杂的地质地貌形态以及该划界纠纷与该海区200海里外大陆架划界问题的连带关系，可以预见，这一纠纷在短期内并无良好的彻底解决路径。

第二节 国际司法判例对北极国家大陆架划界的影响与启示

北极，可谓是区域国际法制建构有待完善的“处女地”。在没有像南极那样确立一套专门性的法律制度的北极地区，各种不同类型的法律争议同时并存又相互影响，这便进一步加剧了北极国家对该地区的重视和争夺。其实有关国家在北极问题上的对立与纷争由来已久，但以2007年俄罗斯“插旗行动”为界点，由此兴起的新一轮“北极圈地运动”却与以往有重大差别。首先，争夺的对象不再局限于北极地区孤立的岛屿陆地，而是延展到北极国家海岸线200海里以外甚至直到北极点下的广阔海域及其下属海床底土。北极国家所诉求的不再仅限于陆地性主权，而是试图对整个北极海域及其海底区域实现有利于己的权利瓜分与支配。其次，该区域的法律权利诉争犬牙交错。不仅是陆地主权与海洋权利相互交织，而且是数个北极国家对同一海底区域竞相提出各自的权利主张，因而使北极角逐变得更为多样化和复杂化。最后，与过往主权国家通过先占宣示或双边协调等传统国际法律行为方式来实现其对有关争议地区的法律确权相比，北极海域海底权利范围的确定，不仅仅取决于有关主权国家的行为特别是单方面行为，而是要在很大程度上接受《公约》所建立的第三方机制(即大陆架界限委员会)的制约。[②]

从更深层的理论意义上说，北极地区的大陆架划界问题走向也标示着北极治理模式的发展方向。北极治理是西方理论界根据北极问题的复杂性和多样性所提出来的一个尚在讨论和构建中的区域性治理系统体系，近年来随着北极问

① Agreement between the Government of the United States of America and the Government of Canada on Arctic Cooperation, 1988, Art. 4.

② 余民才:《国际法的当代实践》，中国人民大学出版社2011年版，第124页。

题研究的日益“显学化”而逐渐体现于北极国家的法律与政策实践之中，其在本质上属于全球治理的一部分，也是国际法与全球治理理念得以丰富完善的全新生长点。与全球治理一样，北极治理强调在参与主体和治理层次上的多元化，虽然北极大陆架划界问题具有典型的硬法属性和主权维度，但北极大陆架划界的直接目的之一即是开发北极地区丰富的海底区域资源，因此在北极大陆架划界议题上，不同类型的参与方之间仍需保持必要的对话与合作。尽管北极地区大陆架划界问题与形成中的北极治理之间显示出一定的张力，但其相互影响的表现恰恰也反映出了北极法律与政治秩序不断变动的现实，北极区域各国在博弈中合作的事实，正是当代国际法由“共存国际法”走向“合作国际法”的发展大趋势的真实写照。

200海里以内的北极大陆架划界问题是本章的研讨对象。对于200海里以内的大陆架划界规则，《公约》规定得较为简单，实践中主要是遵循国际司法机构所确立的相关海洋划界原则和划界方法。当然各国对于具体划界方法的立场不同，立场相同或近似的划界当事国也可能会对同一划界规则的适用存在不同理解。地理因素、地质地貌因素和社会经济因素等都是可能影响北极地区200海里以内大陆架划界效果的有关“特殊情况”。但随着国际司法机构在近30年内对相关划界原则、规则和方法的反复阐释、演绎与归纳总结，地质地貌因素和社会经济因素在200海里以内大陆架划界及其他类型海洋划界中的作用越来越低，海洋划界正日益朝着单一化、技术化和平面化的方向发展。这集中表现在：第一，200海里以内大陆架划界与专属经济区划界日趋同一化，单一海洋划界成为海洋划界中的最常态；第二，与单一自然延伸标准的划界规则在200海里以内的海洋划界实践中的式微相同步，需要耗费大量人力物力进行测绘调查的海床底土地质形态在200海里以内的海洋划界中的作用日趋减弱，与海洋划界本身关联度不高的社会经济因素也是如此，但沿海国海岸表面地理因素的重要差别仍将是构成调整等距离中间线的主要“特殊情况”。1993年的丹挪(格陵兰/扬马延)划界案已证实了200海里以内海洋划界问题在当前的上述发展趋势。这一发展趋势在世界各地不同区域、不同情况的海洋划界实践中均有体现。自然地，这也会引起国际法学界对于公平原则的内容及其在海洋划界中的地位、等距离/特殊情况划界方法的性质和地位、两者间的关系等问题的讨论，不同学者对于公平原则以及等距离/特殊情况划界方法究竟属于习惯法规则、一般法律原则还是更下位次的一般法律规则，长期存在不同意见。国际法院等国际司法机构在其裁判意见中，已将公平原则视作是指导海洋划界的国际习惯法。① 一些学者亦持此论。但也有伊恩·布朗利(Ian Brownlie)等国际法名家主张公平原则属于补充具体规则内容缺失的一般法律原则。② 对于等距离/特殊情况划界方法的有关讨论也仍在持续。不过从目前来看，比较明显的趋势是，在200海里以内的一般海洋划界情况下，等距离/特殊情况划界方法与公平原则趋于融合，正确适用等距离/特殊情况的划界方法在专属经济区及单一海洋划界中一般都会产生公平的结果。③ 国际法院在2001年的卡塔尔诉巴林案中更进一步加强了两者之间的融合趋势。④

一、国际司法判例在大陆架划界实践中的重要作用

自2007年8月俄罗斯上演"北冰洋底插旗"行动以来，有关各国的"北极争夺战"已日益升温，北极地区又恰恰是法律机制多元化、碎片化、无序化和不成体系性特征比较突出的地方，放眼整个北极地区，1973年的《保护北极熊及其栖息地协定》是目前唯一可以明确适用于整个北极区域的国际条约，而1920年的《斯瓦尔巴德公约》则是目前唯一专门规制北极特定地区并充分配套有高度政治体制来保障其行使实效的国际公约，反观针对北极地区制度安排的整体区域性国际公约却始终难产。因此通过理论上的探讨，如能对北极地区大陆架划界问题的解决有所助益，不仅有助于完善《联合国海洋法公约》框架下的大陆架制度适用实效，且恰能为北极地区注入一种可持续的、规范化的秩序性因素，因此北极问题的解决尤其需要倚重国际法的制度力量，也有赖于国际法相关理论的发展与创新。特别是根据大陆架划界实践中所表现出来的科学性与法律性交汇的特点，北极地区大陆架划界争议的最终解决，将不能不带有大陆架界限委员会审议和国际司法机构裁判双重影响的深刻烙印。因为《公约》第76条第10款这一兜底性条款强调的是，《公约》所确立的大陆架法律制度关注的是大陆架外部界限的技术划定，而非从实体上直接解决相邻国家间的权

---

① *Case concerning the Continental Shelf* (*Greenland/Jan Mayen*), Judgment, ICJ Reports 1993, para. 113.

② Ian Brownlie, etc., *Principles of Public International Law*, 3rd Edition, Oxford: Clarendon Press, 1979, pp. 28-29.

③ *Case concerning the Continental Shelf* (*Greenland/Jan Mayen*), Judgment, ICJ Reports 1993, para. 56.

④ 高健军：《国际海洋划界论——有关等距离/特殊情况规则的研究》，北京大学出版社2005年版，第132页。

利归属。① 除非出现《联合国大陆架界限委员会程序规则》附件一第5款所规定的情形，即经所有争端当事国均事先同意，大陆架界限委员会才可进行审议。即便如此，委员会的建议或咨询意见也不能起到直接确定争端当事国大陆架界限走向的作用，最终的划界结果依然需要经过相关国家的相互谈判和磋商。故此，《公约》第83条第1款作出补充性说明，规定海岸相向国或相邻国家之间的大陆架划界原则，应在“国际法院规约第38条所指国际法的基础上以协议划定，以便得到公平解决”。

由此观之，国际司法和仲裁机构的相关裁判亦可作为争端当事国之间大陆架划界的补助方法。事实上，以国际法院为首的国际司法机构，已在具体实践中积累有丰富的处理争议地区权利归属的划界实务经验，并为此提供了最权威和系统性的法律解释，因此国家间大陆架界限的划定深受国际司法裁判的影响，虽然国际司法机构仅有权裁判200海里以内的大陆架划界案例，但国际法院等司法机构对大陆架划界实践所须充分考量的相关因素的论证，也足可为北极海域的200海里外大陆架划界工作资作借鉴。

二、国际司法判例确立的大陆架划界原则和规则

国际司法机构在其相关判例中确立的200海里以内的大陆架划界规则，在该类型大陆架划界争端的解决过程中占有突出地位。前文已然论及，200海里以内的大陆架划界工作主要体现为当事国间缔结双边划界协定，尽管划定大陆架界限的直接法律基础是《联合国海洋法公约》，《公约》规定各沿海国不论邻接海区海底地质条件如何，原则上均有权将其大陆架拓展至200海里的距离。但在实际情形中，两个沿海国之所以需要签署划界协定多半是因为双方各自的200海里边界诉求不可能同时得到满足。《公约》第15条也对此作了明确的规定，“如果两国海岸彼此相向或相邻，两国中任何一国在彼此没有相反协议的情形下，均无权将其领海伸延至一条其每一点都同测算两国中每一国领海宽度的基线上最近各点距离相等的中间线以外。但如因历史性所有权或其他特殊情况而有必要按照与上述规定不同的方法划定两国领海的界限，则不适用上述规定”。② 由此可知，划定200海里以内大陆架边界的主要方法是按等距离中间

① S. N. Nandan and S. Rosenne, et al., *United Nations Convention on the Law of the Sea 1982: A Commentary*, Vol. Two, The Hague: Martinus Nijhoff Publishers, 1993, p. 883.

② United Nations Convention on the Law of the Sea of 10 December 1982 (1833 United Nations Treaty Series (UNTS) 396), Art. 15.

线的划界方法，其直接法律依据来自于《公约》。但在实践中，有关争议海区的划界谈判，其具体情况千差万别，争议双方很难达成一致意见，因此国际司法机构的相关判决及其在判例中所确立的划界标准与方法，在200海里以内的大陆架划界实践中具有重要的参照价值。近二十年间国际法院实则处理过不少代表性判例，完善了对影响200海里以内大陆架划界的有关因素的分析。而在超过200海里的外大陆架划界部分，一般说来并非国际司法机构的裁决范围，有关国家可以直接根据《公约》第76条及其附件二以及《联合国大陆架界限委员会程序规则》的相关规定，即可向委员会申请划定超过200海里的外大陆架外部界限。不过鉴于外大陆架划界标准的相对模糊性，倘若有关国家均按有利于己的条款解读方式递交外大陆架划界申请，其主张必然有相互重叠交叉的地方，而大陆架界限委员会并不处理争议海域的外大陆架划界问题，因此上述区域的外大陆架划界问题最终仍将在参照国际司法和仲裁机构的相关裁判的基础上予以解决。事实上，国家间所有类型的大陆架界限的划定，皆深受国际司法裁判的影响，虽然国际司法机构仅有权裁判200海里以内的大陆架划界案例，但国际法院等司法机构对大陆架划界实践所须充分考量的相关因素的论证，亦可为相关海区的外大陆架划界工作提供参考。

（一）公平原则

公平原则（Equitable Principle）在海洋划界领域的适用最早见于1969年的北海大陆架划界案。早在1958年第一次联合国海洋法大会期间，各国曾就是否需要将公平原则作为大陆架划界工作所需遵循的基本原则的问题进行过讨论，但没能取得成果。1969年的北海大陆架划界案第一次明确了公平原则在大陆架划界过程中的基础地位。国际法院在判决中对公平原则的归纳要点是：第一，有关各国有义务通过协商达成大陆架划界协定，大陆架划界工作的最后完成需要通过协定的形式予以体现。第二，有关各国有义务考虑到所有有关情况，并适用公平原则，如符合这一原则，亦可采用等距离的划界方法，但如有其他方法存在，亦可予以平行采用。所有具体的划界方法可以单独采用，也可以混合使用。第三，任何国家的大陆架必须是该国陆地领土的自然延伸部分，并且不应侵占另一国家陆地领土的自然延伸。[①] 但国际法院从未给公平原则下

① 陈德恭：《现代国际海洋法》，中国社会科学出版社2009年版，第217页。

过定义，只是在个案中列举了一些构成公平原则的要素。①

国际法院在北海大陆架案中对公平原则的有关阐述，使公平原则首次被用作国际法院的判案依据及被引入到国际海洋划界的具体实践之中(因为根据有关学者的考证，“1969年之前关于公平原则的国家实践是相当不充分的”②)，并成为第三次联合国海洋法大会有关大陆架及其划界原则的协商基础。③ 有学者认为，“当国际法院在北海大陆架案中拒绝了等距离/特殊情况规则的习惯法性质之后，1969年案件似乎就不可避免地出现了法律规则缺乏的情况。为了完成自己的使命，国际法院便求助于在《杜鲁门公告》中没有任何实际含义的公平原则，并赋予其崇高的地位”。④ 因此国际法院感觉在其后的判例中有必要进一步明确公平原则的内涵。

在1982年的突尼斯/利比亚案中，国际法院在判决意见中将公平原则作为划界规则的核心和根本出发点：“运用公平原则的结果必然是公平的。这一术语被广泛地应用，但它并不是完全令人满意的，因为它用公平一词来说明应取得的结果和为达到此结果而运用的手段。但是，结果才是最重要的。原则必须从属于目标。某一原则的公平性必须根据它是否有助于达到公平结果来估价，并不是每一个原则本身都是公平的；它可以通过解决的公平性来获得这一属性。”⑤国际法院在1982年的突尼斯/利比亚案的判决意见中将公平原则置于确定自然延伸的考虑之上，从而使公平原则脱离了自然延伸原则的表面制约，进而使之成为国际法院用以填补划界法律空缺的独立规则。⑥

从20世纪80年代以来国际法院在相关判例中的表述有关来看，国际法院对公平原则的把握尺度并不拘泥于具体的法律条文或既有的司法先例，而是将公平原则作为审理海洋划界案例的最高级指导原则。这表明公平原则不仅具有

---

① Ian Brownlie, *The Rule of Law in International Affairs: International Law at the 50th Anniversary of the United Nations*, The Hague: Martinus Nijhoff Publishers, 1998, p. 164.

② 高健军：《国际海洋划界论——有关等距离/特殊情况规则的研究》，北京大学出版社2005年版，第85页。

③ 陈德恭：《现代国际海洋法》，中国社会科学出版社2009年版，第217页。

④ 高健军：《国际海洋划界论——有关等距离/特殊情况规则的研究》，北京大学出版社2005年版，第88~89页。

⑤ *Case concerning the Continental Shelf (Tunisia/Libyan Arab Jamahiriya)*, Judgment, ICJ Reports 1982, para. 70.

⑥ 高健军：《国际海洋划界论——有关等距离/特殊情况规则的研究》，北京大学出版社2005年版，第91页。

处理海洋划界问题的法律规则功能，更重要之处在于它是兼具理念指导功能的法律原则。作为处理海洋划界问题的法律规则是局部的、具体的、技术性的，而法律原则则是统领问题处理全局的、概括性的和理念指导性的；作为处理具体问题和事项的法律规则，其内容必须是具体、完全确定及无任何歧义的，而作为理念指导功能的公平原则侧重于对海洋划界案例的总体指导与判断，即划界的过程应当是公平的，公平的结果则是必须得到满足的。而与必须达到的公平结果相比，公平原则并不要求其自身的内容具有完全的确定性，也未规定公平原则在海洋划界过程中的适用顺序以及是否需要强制适用。因此公平原则追求的并非等同于规则内容的明确规范和确定程序，而是追求结果公平与个案正义。公平原则的上述理念表述类似于“具体问题具体分析”，在两个情境完全不同的划界案例中，公平原则并不要求适用同一内容的划界规则或划界方法，所要求的只是达到同一划界结果——即公平的结果。“因为在特定案件中，什么是合理的、公平的，取决于该案件的特殊情况。”①因此结果公平是检验和评价划界案例是否遵循公平原则的终极标准。“与公平结果相比，划界中没有必定公平的原则和应当适用的方法，对原则和方法的选择取决于它们能否恰当地达到公平结果这一唯一的标准。在国际法院看来，公平结果不仅仅是划界规则中最为重要的部分，可以毫不夸张地说，在某种意义上简直就是划界规则的全部。”②但公平原则本身作为国际海洋法划界制度规范的一部分，也不可能完全脱离法律层次的严谨性特征而片面强调其在适用上的“灵活性”，如果公平原则在适用过程中没有得到任何可以确定的法律依据的支持，那这种所谓的灵活性将与主观臆断毫无差别。因此自 1982 年的突尼斯/利比亚案之后，国际法院又在接下来的几个海洋划界判例中分别阐发过公平原则的相关内涵和适用标准，以便为其注入相应的确定性要素。根据中国学者高健军的总结，国际法院在关于公平原则的划界实践过程中，逐步为其确立了以下几层“基本规范”：结果公平、考虑一切有关情况、适用公平原则、不存在任何强制性的划界方法。③

---

① *Case concerning the Continental Shelf* (*Tunisia/Libyan Arab Jamahiriya*), Judgment, ICJ Reports 1982, para. 72.

② 高健军：《国际海洋划界论——有关等距离/特殊情况规则的研究》，北京大学出版社 2005 年版，第 95 页。

③ 高健军：《国际海洋划界论——有关等距离/特殊情况规则的研究》，北京大学出版社 2005 年版，第 95~102 页。

(二)等距离/特殊情况划界原则

等距离划界法作为一类划界原则或划界规则，其在海洋划界领域的实践相对更早。早期的海洋划界多采取严格的中间线或等距离划界方法，与后来在理论上逐步完善的等距离/特殊情况划界方法还不完全一致。1958年的《大陆架公约》就曾将等距离中间线原则作为海洋划界必须首选的划界原则。然而在北海大陆架划界案中，国际法院指出，等距离划界方法是一种非常便捷的划界方法，但不足以成为习惯国际法的一部分。在诸多划界情形中，并没有单一的划界方法。① 与等距离划界方法相对立的是完全以沿海国所在海区的海床地质延伸状况来决定划界走向的自然延伸原则，1969年国际法院在北海大陆架案中一度将其视为沿海国对大陆架的唯一权利基础。但国际法院在北海大陆架案中的判决意见在当时就引起了不少批评和争议。在随后召开的联合国第三次海洋法大会上，支持自然延伸原则的国家与支持等距离中间线原则的国家发生了激烈对峙。为了调和两大国家集团的矛盾，在前期寻求一致的努力失败的情况下，大会在1978年成立了一个特别谈判小组亦即第七谈判小组(Negotiating Group，NG7)，为划界标准问题及其他相关问题寻求共识。② NG7在汇总了关于划界的诸多方案与可行性计算公式之后，对于大陆架和专属经济区的划界问题形成了包含以下四层要素的建议：

(1)划界需达成协议方才有效；

(2)须基于公平原则；

(3)须基于等距离性；

(4)考虑所有与划界相关或特殊的情形。

然而，除了第一层要素被普遍接受之外，剩下三层要素都多少存在争议。NG7最终未能向大会提交任何关于划界公式的文本草案，因为没有一种划界

① Eero J. Manner, "Settlement of Sea-Boundary Delimitation Disputes According to the Provisions of the 1982 Law of the Sea Convention", in Jerzy Makarezyk, ed., *Essays in International Law in Honour of Judge Manfred Lachs*, The Hague: Martinus Nijhoff Publishers, 1984, p.630.

② Eero J. Manner, "Settlement of Sea-Boundary Delimitation Disputes According to the Provisions of the 1982 Law of the Sea Convention", in Jerzy Makarezyk, ed., *Essays in International Law in Honour of Judge Manfred Lachs*, The Hague: Martinus Nijhoff Publishers, 1984, p.631.

意见得到普遍性的认同与支持。① 于是大会主席在 1980 年提交了反映他个人意见的最后报告，其相关表述是，“相邻或相向国家的专属经济区/大陆架的划界须依照国际法达成协议。这种划界协议需遵循公平原则，运用中间线或等距离方法，并考虑所有与之相关的因素”。这就是等距离中间线/特殊情况划界方法在国际立法会议上主要蓝本。

1980 年大会主席的报告受到了支持公平原则的国家的强烈反对，它们认为该报告过于偏向“中间线及等距离线”，而中间线集团国家则乐意在主席报告的基础上推进海洋划界谈判。经过长期僵局之后，大会最终达成的共识是删除“中间线或等距离线”以及“公平原则”、“相关情况”的表述，取而代之的表述是“划界应达到公平的结果”。最终的表述为“相邻或相向国家间的专属经济区/大陆架的划界须依照国际法达成协议，以达到公平的结果”。

通过对国际法院的上述判例意见以及《联合国海洋法公约》创制过程中的争议话题的总结回顾，我们可以看到相邻和相向国家的海洋划界问题可谓是联合国第三次海洋法大会上最艰难的“核心议题”之一。在《联合国海洋法公约》文本通过之后，等距离中间线/特殊情况划界方法和自然延伸划界方法似乎一道都居于公平原则的位次之下，属于为落实公平原则的“结果公平”的目标所能视情况采取的一种具体划界方法。但在事实上，国际法院在此后的判例实践中已趋向于限制自然延伸原则在大陆架划界中的作用，而划界成本更低的等距离中间线/特殊情况划界法在实践中得到采纳的次数更多，虽然此后的国际海洋划界也不乏前者的实践。从目前国际海洋划界的发展趋势来看，等距离中间线/特殊情况规则与公平原则有日渐融合之势，国际法院在 20 世纪 90 年代之后的海洋划界判例中已越来越倾向于以适用公平原则的名义，在当事国争议海区首先按等距离中间线的标准确立一条临时线，然后再根据是否有特殊情况加以调整，这种实践做法已使两者之间的差异日渐缩小。

---

① Eero J. Manner, “Settlement of Sea-Boundary Delimitation Disputes According to the Provisions of the 1982 Law of the Sea Convention”, in Jerzy Makarezyk, ed., *Essays in International Law in Honour of Judge Manfred Lachs*, The Hague: Martinus Nijhoff Publishers, 1984, p. 632.

第三章　划定北极国家 200 海里外大陆架外部界限的国际法问题

北极地区的大陆架划界问题具有重大的规范建构意义。在北极海域，已经高度开发的渔业资源主要归《联合国海洋法公约》中的专属经济区制度调整，而对于潜在开发价值更大的北极海底区域内的各类资源矿藏，根据《公约》的规定，沿海国对 200 海里以内大陆架上的资源具有专属权，对 200 海里以外的大陆架之上的资源具有优先权，而不属于大陆架范围的国际海底区域的资源则归全人类共同所有，因此，北极海域的大陆架面积大小，与北极国际海底区域的面积大小是此消彼长的关系，北极海域的大陆架划界问题将直接决定这些丰厚资源的权属。所以说，在北极地区，北极区域的法制建构将直接取决于该地区的大陆架划界走向，后者对前者的建构与形塑具有深远影响。而《公约》规定的大陆架制度尤其是外大陆架划界划界规则之所以成为北极争端中的核心问题，就在于北极地区大陆架的自然地理形态特征的特殊性，特别是和北极海域的海水深度以及海底地质地貌有很大的关系。上述自然情况与《公约》无区别的大陆架划界规则相结合，结果为环北极国家公开扩张其利益诉求、进而“圈占”北极提供了法律路径上的可行性。所以说，《公约》关于大陆架划界规则不加区分的规定是北极国家扩张其北极诉求的最重要法律依据，北极大陆架划界的特殊性，使大陆架国际法律制度在北极地区的适用不可避免地充满了争议。这使关于 200 海里外大陆架划界问题在北极各类争端中扮演了绝对突出的角色。《公约》体系下有关大陆架划界法律规则在北极地区不加阻碍地直接适用，势将直触北极争端的症结核心，对北极地区的地缘政治形势和整体法律地位带来全局性的影响。

为此，北极地区 200 海里外大陆架外部界限的划定问题是本章也是本书全书的论述重点所在。2007 年 8 月俄罗斯的“北冰洋底插旗行动”使多年来未曾引人注目的北极“冰下暗战”趋于显性化，北极利益各方之间的矛盾与争端迅速激化。为此，北冰洋沿岸周边国家竞相提出有关主张。到了 2008 年，英国杜伦大学国际边界研究中心就据此绘制出反映各国新诉求的“北极地区的海事管辖和边界”示意图(如图3-1所示)。结合第一章对北极权益争端的不同类型的梳理,本章将通过北极地区200海里外大陆架划界申请案的实证研究,说明外大陆架划界问题是影响北极区域法律秩序发展方向的中心议题,盖因北极地区的自然条件和现实状况具有特殊性。200海里外大陆架外部界限的划定与200海里以内大陆架划界的最重要区别,就是《公约》在外大陆架划界环节设置了联合国大陆架界限委员会这一专业技术机构,向委员会提交外大陆架划界申请是沿海国扩张其大陆架权利边界的必经程序。因此本章以评述2001年俄罗斯、2006年挪威、2014年丹麦(格陵兰)和2019年加拿大这四个直接涉及北冰洋中央海区的外大陆架划界申请案为视角切入,对有关北极国家划界案的成败得失及其相关法律问题进行分析。影响北极国家外大陆架划界申请的法律障碍并不少,但诸如关于北极地区总体法律地位的持久争议、北极国家领海基线

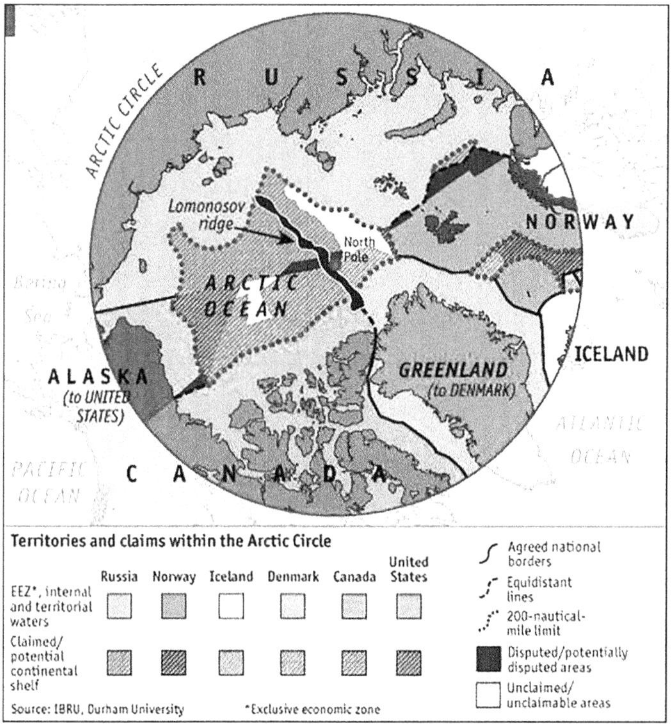

图3-1 英国杜伦大学国际边界研究中心绘制的“北极地区的海事管辖和边界”示意图①

① 资料来源于英国杜伦大学国际边界研究中心:http://www.dur.ac.uk/ibru/resources/arctic/.

走向的规范程度等问题并不会从实质上阻碍北极国家扩展其大陆架权利边界的步伐，最根本的障碍仍在于对北冰洋中央区洋底地形属性的技术认定困难，此外北极国家间 200 海里外大陆架相邻部分的划界困局也会影响北极地区大陆架划界问题的最终解决。而北极地区国际海底区域的具体范围则取决于北极地区 200 海里外大陆架外部界限的最终划定。

第一节　北极国家的 200 海里外大陆架划界申请案

如本章前言所述，北极地区的 200 海里外大陆架划界问题，已成为近年来北极问题中最具代表性的法律问题，其对于北极地区的资源权属分配乃至该区域的制度安排均具有重大的规范建构意义，同时也还是当前北极问题最尖锐矛盾的集中地带。必须承认，这一问题对于北极圈外国家权益影响极大，受到了各国的普遍关注。① 在北极地区，由于与 200 海里以内大陆架区域相比，200 海里以外的大陆架区域，特别是距离北冰洋沿岸 300～500 海里的北冰洋海底，相关油气资源蕴藏更为丰富，这就使得北极国家对北冰洋 200 海里外大陆架的争夺变得异常激烈。在俄罗斯引燃“北冰洋底插旗事件”之后，200 海里外大陆架划界之争遂成各北极国家的争夺焦点。各方均希望将其外大陆架的外部界限尽量向北冰洋底中央区域延伸，这显示出围绕北极海洋划界及 200 海里外大陆架划界的各国争议，在本质上仍然是资源之争。即便是一直未加入《联合国海洋法公约》的美国，事实上也依托阿拉斯加主张其外大陆架的最大范围可以延展 600 多海里（远超《公约》第 76 条第 5 款所规定的“350 海里”范围的一般限制标准），一直延伸到北极点的范围。

1982 年《联合国海洋法公约》是北极国家申请超过 200 海里外大陆架的实体法律基础。《公约》还与《联合国大陆架界限委员会科学与技术指南》《联合国大陆架界限委员会程序规则》一道，为有关国家的申请主张提供了相应的程序性规则。目前，北极国家中已经提交 200 海里外大陆架划界申请案的有俄罗斯、挪威、丹麦、加拿大和冰岛五国。俄罗斯是最早提交北极海域外大陆架划界申请案的国家，挪威的北极海域外大陆架划界主张则最先获得了委员会的认可。丹麦和加拿大的北极划界案申请属于北极国家在外大陆架划界问题上的最新动作，但截至目前并未进入到大陆架界限委员会的正式审议程序，当前仍然

① 刘惠荣、董跃、侯一家：《保障我国北极考察及相关权益法律途径初探》，载《中国海洋大学学报》（社会科学版）2010 年第 6 期，第 2 页。

处于“排队挂号”状态。由于美国非《公约》缔约国，因此现阶段暂时不能向委员会申请阿拉斯加部分的外大陆架划界，但美国在此问题上同样做了相当充分的准备，近几届美国政府对于批准《公约》一事也是尤为重视。而位于北极海域边缘的冰岛对北极有一定的外大陆架划界诉求，但其主张对北冰洋的主体区域基本不产生影响。

由此可见，北极海域200海里外大陆架的划界内容牵涉到各方的复杂角力，在此本书将就目前已有的四个北极地区200海里外大陆架划界申请案加以简要评述。笔者拟以《联合国海洋法公约》的相关规定为主要依据，针对北极国家200海里外大陆架划界申请案的有关具体实例、有关法律问题及法律障碍以及适用不同外大陆架划界标准所可能造成的对未来北极海域国际海底区域范围的确定的不同后果，展开专门的论述，并提出相应的个人见解。

一、2001年和2015年俄罗斯外大陆架划界申请案

俄罗斯是大陆架面积最大的世界海洋大国之一，在北极海域沿岸国中拥有最为漫长的海岸线，也是最早重视北极区域并最早对北极提出主权要求的国家。俄罗斯对北极的有关主张最早可以上溯至16世纪。俄罗斯在北极地区得天独厚的海岸地理条件和邻接大陆架的地质构造条件，使俄罗斯在北极国家的竞争中占据了最显著的天然地利。此外，随着北极航线全线开通的可能性预期的不断加大，俄罗斯在环北极国家中地理优势也愈发突出。①

因此，北极地区对俄罗斯而言，其重要性不言而喻。目前俄罗斯大约11%的国内生产总值及22%的全国出口均来自北极地区。俄联邦自然资源部的官方数据认为，俄罗斯的大陆架约占世界大洋大陆架面积的21%，约为620万平方公里，其中蕴藏有丰富油气资源的部分约390万平方公里，而位于北极海域的部分则多达300万平方公里。俄罗斯联邦中央政府于2001年12月21日率先向大陆架界限委员会提交了200海里外大陆架划界案。② 这既是自1994年《联合国海洋法公约》生效以来，大陆架界限委员会收到的第一份200海里外大陆架划界申请，也是第一份涉及北极海域200海里外大陆架外部界限划定

① 李振福、李漪、黄蕴青、姚丽丽：《海运航线战略对国家海洋建设的影响》，载《大连海事大学学报》(社会科学版)2014年第6期，第3页。

② See SPLOS/INF/20.

的申请案。①

俄罗斯的200海里外大陆架划界申请案的声索范围庞大完整，囊括了包含北冰洋中央区域、巴伦支海、白令海和鄂霍次克海（Okhotsk Sea）共四个海区在内的大片海底区域，总面积约为158万平方公里，其中前两块海区属于北极海域的地理范围。至于俄划界案涉及的白令海部分，虽然前文已经述及，白令海按照陆海等温线标准应当划归于北极海域的范畴，但根据第一章的笔者个人观点，白令海不属于本书研究主题所需的北极海域范围。且俄罗斯邻接的白令海西半部大陆架受海底地形条件的限制而面积有限，在俄罗斯提交的划界案中，白令海部分的外大陆架划界申请范围不仅是最小的，而且与俄罗斯在北冰洋中央区和巴伦支海的划界诉请范围相比要狭小得多。整个俄罗斯外大陆架划界案中具有全局意义的部分无疑是俄针对北极海域的部分，相反俄在白令海部分的外大陆架划界申请则对俄划界案的全局影响微乎其微。因此本书所研究的俄罗斯北极部分外大陆架划界主张只包括其在北冰洋主体区域和巴伦支海部分的内容。

俄罗斯北极部分的划界主张多达120万平方公里，既占了俄整个划界案的绝大部分，也几乎占了北冰洋海底实际面积的一半。② 俄北极部分的外大陆架划界方案中，位于北冰洋中央区的划界方案又是重中之重。这块海底区域的面积相当于法国、德国和意大利国土面积的总和，据推测拥有100亿吨的石油、天然气储量以及银、铜、金刚石、锌等矿物质，其价值约合至少2万亿美元。

俄在北冰洋中央区的划界方案涉及的海域界限，东西横跨的经度达112°之多，从东经80°的北极点附近一直延伸至西经168°58′37″的1990年美苏所签订但苏联及后来的俄罗斯一直未批准的《白令海及楚科奇海边界协议》的“谢瓦尔德纳泽线”上；南北界限则覆盖了从北纬70°直到北纬90°北极点之间的北冰洋中央海床。由于俄罗斯是采用扇形线来延伸其200海里外大陆架的东西两翼，使其整个北冰洋中央区的划界方案呈扇形状，很难不被外界视为是俄利用《公约》以及外大陆架申请制度的来“包装”其旧有的“扇形原则”，难免给人一种“新瓶装旧酒”的嫌疑。不过结合俄罗斯在更早的沙俄和苏联时期对北极问题的表态来看，俄罗斯选择加入《联合国海洋法公约》并按照《公约》的规定在

① 匡增军：《俄罗斯的外大陆架政策评析》，载《俄罗斯东欧中亚研究》2011年第2期，第73~79页。

② 李连祺：《俄罗斯北极政策新框架的法律分析》，载《太平洋学报》2012年第6期，第29~36页。

北极海域划出了内水、领海和200海里专属经济区及大陆架，其有关表现在一定程度上已是对其更早提出的北极主张的否定与撤回。因为在历史上，俄罗斯一向视靠近其本国、总面积达北极整体一半以上的部分为其本国“领土”，在国家安全战略上视北极为其“后花园”和“他国禁区”，尤其忌讳域外国家对北极的染指。特别是在苏联时期，俄曾长期坚持、现在也未完全放弃径行分割北极的“扇形原则说”，而“扇形理论”本质上是一种领土主权取得假说，这在国际法上是不能得到支持的。虽然加拿大是最早提出“扇形理论”的国家，但在实践中最早以法令形式明确划定本国在北极地区的具体“领土范围”，意图将其单方声明范围下的所有已知及未知的陆地、岛屿、极冰、海域、海床底土全部归为己有的行动，依然是由1926年的苏联首开先河。俄罗斯和加拿大之所以对“扇形理论”主张最有力，自然是缘于这两国能依据该理论获利最多。相对于20世纪中期以前加拿大对北极地区只有“扇形理论”的主张而几无实际行动(在“二战”结束前，加拿大非但没有向北冰洋大规模扩张的实际能力，就连对其本国北方领土的管控也相对松弛)，早在现代海洋法上的大陆架制度形成之前，俄罗斯在北极地区即已开始践行有关“扇形原则”的理论，在北极圈线以内的经营颇为着力。且“扇形理论”是要求取得完全的领土主权，这和国家在大陆架上仅享有主权性权利两者之间是有本质区别的。因此从某种意义上说，俄罗斯2001年按照《公约》的规定在北极地区申请200海里外大陆架划界的举动，我们并不能仅根据俄外大陆架申请案的内容而单纯地将其解读为俄罗斯对北极地区提出了过度的诉求，站在俄罗斯的角度去思考，亦可认为是俄罗斯对其既定立场的变向修正和后退。

俄罗斯在巴伦支海部分的划界方案面积相对较小，是位于其当时与挪威诉求有重叠的巴伦支海中心海域。这片海域的200海里外大陆架面积之所以相对有限，主要是由于巴伦支海周边已被俄挪两国本土、俄罗斯新地岛、俄罗斯法兰士约瑟夫地群岛和挪威斯匹茨卑尔根群岛紧紧包围，从四周海岸领海基线出发的200海里以内大陆架已将巴伦支海的大片海底区域分占完毕，只有巴伦支海中心的一小部分海底区域属南森海盆(Nansen Basin)南部边缘，存在200海里以外的大陆架划界问题。但当时俄挪两国在巴伦支海的海洋划界纠纷处于相持不下的状态，主要是由于两国对巴伦支海的划界原则和划界方法存在分歧和重叠，因此挪威对俄罗斯的这部分外大陆架划界案也提出了异议。

可以说，俄罗斯的两部分外大陆架划界方案都存在或多或少的争议，但这两部分内容所面临的争议问题的实质和解决途径是完全迥异的，两部分外大陆架划界的比例也大不一样。有关俄罗斯在巴伦支海的200海里外大陆架划界问题，实际上不存在任何技术上的困难，而只需解决它和挪威之间的争议。因为巴伦支海海底的大陆架形态是非常连续完整的，因此这部分海域的外大陆架划界前提，实际就是解决彼此之于对方的划界阻力。对于俄挪双方来说，这部分海域的划界纠纷一直留待2010年9月的《俄挪巴伦支海和北冰洋海洋划界与合作协定》才算得以告一段落。大陆架界限委员会对俄罗斯在这部分的划界方案也持总体认可的态度，虽然委员会未通过俄罗斯的整个外大陆架划界案，但委员会建议俄罗斯可以在下次提交的划界申请中保留这部分的大陆架延伸内容，待俄关于北冰洋中央区的外大陆架划界申请部分修改并完善之后再行提交。①不过随着俄挪在巴伦支海的划界协议已于2010年签署并在次年正式生效，有关巴伦支海的外大陆架划界问题已经得到了一揽子的解决，因此在下次即将到来的俄罗斯200海里外大陆架划界申请方案中，将不再出现这部分的内容。

相比之下，俄在北极中央区的划界方案是整个俄划界申请案的核心，俄划界案未得到通过的主要问题也出于此。与在北极边缘海域巴伦支海所面临的划界困难不算很大相反，俄罗斯在北冰洋中央区的外大陆架划界方案则存在重大的技术性难题，同时还需面对其他北极国家的大量质疑。2001年俄罗斯外大陆架划界申请案未得通过的原因就是这部分的不少数据性证据没有通过委员会的技术审查。这部分外大陆架划界方案的实质问题是由于牵涉到北冰洋中央海底大面积区域的归属，则申请者即俄罗斯必须提出充分的科学证据来证明，位于这部分海底区域的两大海岭——阿尔法—门捷列夫海岭和罗蒙诺索夫海岭(Lomonosov Ridge)在地质属性上是俄罗斯大陆架的自然组成部分和完整延伸。俄罗斯无疑也非常清楚地认识到北冰洋中央洋底这两条巨大海岭对整个俄罗斯外大陆架划界案的重要性。② 俄罗斯在这部分提出了有关重力场的数据，认为这两条海岭的地壳厚度显示了陆壳的典型结构。俄罗斯以此为依据，进而主张这两条海岭具有《公约》所规定的大陆架自然组成部分——“海底高地”的属性，可以以此来突破“350海里限制线”的制约，并要求将其本国的外大陆架外部界限沿着横贯北冰洋洋底中央的罗蒙诺索夫海岭一直延伸到北极点的位置。俄罗斯声称该海岭是俄罗斯西伯利亚大陆架的自然延伸。罗蒙诺索夫海岭是位于北

---

① C. Marcussen and R. Macnab, “Extending Coastal State Boundaries into the Central Arctic Ocean: Outer Continental Shelves Beyond 200 Nautical Miles and the Quest for Hydrocarbons”, in A. M. Spencer, A. F. Embry and D. L. Gautier, et al., *Arctic Petroleum Geology: Geological Society*, Paris: Memoirs, 2011, pp. 715-730.

② 朱瑛、李金蓉:《北冰洋大陆架划界形势分析》，载《中南大学学报》(自然科学版)2011年第S2期，第27页。

冰洋中部的海底山脉，由苏联科学家1948年率先发现，并以18世纪的俄罗斯著名科学家米哈伊尔·瓦西里耶维奇·罗蒙诺索夫(Mikhil Vasilievich Lomonosov)的姓氏为之命名。① 该海岭起自俄罗斯北冰洋岸的新西伯利亚群岛附近，沿东经140°线通过北极点，延伸到加拿大北部的埃尔斯米尔岛东北侧。海岭长1995公里，宽60~200公里；平均高出洋底3300~3700米。一旦罗蒙诺索夫海岭和北冰洋的另一门捷列耶夫海岭被证明是俄罗斯大陆架的自然延伸，俄罗斯不仅将新增总面积约120万平方公里的大陆架，而且将获得开采"楚科奇—摩尔曼斯克—北极点"这一三角地区海底油气资源的权利。

就俄罗斯在这部分的划界方案，其他环北极国家中的美国、丹麦、挪威和加拿大都以照会的方式对俄罗斯的划界方案进行了回应和评论。一方面这些国家都提请委员会注意它们与俄罗斯在北极海域划界问题上的争议，强调委员会的审议结果应不影响它们与俄罗斯之间的双边大陆架划界，另一方面它们则直接针对俄罗斯划界案的具体内容提出了反对性的评论意见，如美国的评论认为俄划界案不论是基于科学数据的来源搜集还是俄主张的法律基础均存在巨大缺陷，② 其他国家也均认为，俄罗斯划界案中关于北冰洋中央区部分的材料在大陆架外缘数据、有关地质构造的解释等方面均难以令人信服。③

从俄罗斯这部分外大陆架划界方案的内容来看，应该说其确实有以下几处硬伤：第一，关于北冰洋中央海底地质构造的数据未尽详实，俄材料中取得该部分数据的方式方法不尽完善，其科学性仍有待探讨。第二，即便按俄罗斯划界案提供的证据证明阿尔法—门捷列夫海岭和罗蒙诺索夫海岭本身的属性是陆壳而不是洋壳，现阶段也不足以判断北冰洋中央洋底这两条海岭就一定是从俄罗斯西伯利亚方向延伸过来的大陆架。间隔在西伯利亚外缘大陆架和北冰洋中央洋底海岭之间的几个海盆的地质构造仍有待证明，而俄划界案中没有提交这方面的有关数据，因此俄划界案对从西伯利亚海岸到北极点之间面积达120万平方公里的大片海底区域的声索自然就有待商榷了。如果有科学证据证明，北冰洋中央洋底海岭与俄罗斯北极近海大陆架之间的海盆的地质构造阻断了俄罗斯大陆架的自然延伸，则俄罗斯势必将丧失对北冰洋中央洋底海岭的外大陆架

① 康娟：《普京为北极探险庆功，并称科考成果是北极归属依据》，载《西安晚报》2007年8月9日，第008版。

② CLCS. 01. 2001. LOS/USA.

③ Reaction of States to the Submission Made by the Russian Federation to the Commission on the Limits of the Continental Shelf, United Nations, New York, 2001. Available at http://www. un. org/Depts/los/clcs_new/submissions_files/submission_rus. htm.

声索诉求。第三，即便是解决了前两个问题，关于北冰洋中央洋底海岭的属性到底是“海底洋脊”还是“海底高地”，这也是一个需要投入巨大科考力量和严密调查才能解决的科学问题，而这一问题毫无疑问将关系到北冰洋中央洋底海岭的法律地位和外大陆架划界规则问题。第四，俄划界案本身面临多方的异议和竞争性主张，使委员会也无法对俄划界案给予认可。2002 年 3 月，大陆架界限委员会经过审议后，认为俄罗斯划界案所提交的资料证据不足，存在未尽解决的技术性争议而不能得到认可。① 委员会还认为，根据现有技术证据，还难以证明横亘北冰洋海底中部的罗蒙诺索夫海岭是否确为可根据《公约》第 76 条第 6 款突破“350 海里”限制的海底高地。② 委员会建议俄罗斯对其划界案的北冰洋部分加以修改后再行提交。③ 2013 年 8 月 16 日，俄罗斯再次向委员会递交专门针对北太平洋鄂霍次克海的外大陆架划界申请，由于这部分海区海底地形条件简单，且周边为俄罗斯的陆地所包围，因此俄罗斯的第二次外大陆架划界案进展顺利。2014 年 3 月 15 日，委员会正式承认该海区中部约 5.2 万平方公里的海底区块为俄罗斯的外大陆架，这标志着俄罗斯在外大陆架划界申请上的不懈努力终于获得了一定的成功，而最具战略价值的北冰洋外大陆架划界问题则仍处于未定状态。

作为《联合国海洋法公约》缔约国提交给联合国大陆架界限委员会的第一起 200 海里外大陆架划界申请案，俄罗斯划界案虽然未得到通过，但仍然是《公约》制度形成以来的一次具有里程碑意义的事件，具有现实而深远的影响。第一，其标志着委员会正式履行主要职责并尝试解决现实外大陆架划界问题的开始。第二，由俄罗斯提交的第一起外大陆架划界案，即直戳现有《公约》和国际法制度体系中的重大盲区，而不是单纯地解决一个外大陆架外部界限的技术鉴定问题那么简单。北极是当今世界上罕有的同时缺乏普遍性国际法和区域性国际法条约有效调整、整体法律地位存在巨大争议的地区，俄罗斯划界案看似属于 200 海里外大陆架划界的技术问题，实则是把北极地区的整体法律制度漏洞摆到了世人面前。第三，俄罗斯的外大陆架划界案虽未通过，但关于北极地位的法律争论由此显化，各国官方层次针对北极所展开的部署开始提速，北

① Fifty Seventh Session of General Assembly. Available at http: //www. un. org/ga/57/index. html.

② CLCS/34.

③ Reaction of States to the Submission Made by the Russian Federation to the Commission on the Limits of the Continental Shelf, United Nations, New York, 2001. Available at http: //www. un. org/Depts/los/lcs_new/submissions_files/submission_rus. htm.

极问题终上升为具有国际影响的一大热点问题。本世纪以来北极局势的两次激化，都是自俄罗斯开始。第四，俄罗斯划界案的审议进程，对现有《公约》的制度体系和委员会在外大陆架划界进程中的角色功能，都提出了现实的拷问，反映出了如下几个值得回味和反思的问题：

首先，缔约国所提交的第一起申请案就带来了巨大的争议，这种争议不仅反映出申请案本身的内容问题，还反映在申请案提出后的审议程序问题。即作为支撑划界案的技术数据往往不够科学充分，不足以通过委员会的评估，但缔约国出于利益上的动机而急于申请，从而引发其他国家的关注和异议。而当他方向委员会提出异议后，又使委员会很难继续审议原划界案，只能建议申请国修改划界案后再行提交，如果申请国短期内无法做到这一点，原划界案实则等于长期搁置，2001年的俄罗斯外大陆架划界案就是这个例子，自2002年未被通过之后，直到目前已被实际搁置长达13年之久。但在划界问题难以得到实质解决、被无限搁置的同时，有关国家在大陆架划界问题上的矛盾，却从申请国提交划界案之前的隐性化走向之后的显性化，并随着划界案的拖延迟滞而长期存续，这在国与国之间关系中究竟是更多地制造了问题还是解决了问题？从世界各国扎堆向委员会提交各色各样外大陆架划界申请案的表现来看，前来委员会处"预约"、"挂号"者众，但委员会真正能开出"处方"的"病例"却比例不高，更多的划界问题已经超出了大陆架界限委员会的本身职能。委员会真正能审查并做出结论性意见的划界案例都是来自那些面向宽广大洋、没有竞争性诉求存在的海洋地理有利国家。它们凭借"僧少粥多"的优越海洋环境大获其利，而在"僧多粥少"的海区却使海洋划界问题变得更加复杂。而前者的国家数量远少于后者，那么关于外大陆架的这套划界规则是否不尽公平？这套划界规则和外大陆架申请制度在方便少数海洋地理有利国家大为拓展其大陆架权利边界的同时，却在更广的范围内导致了海洋划界问题的密集出现，在有些海区是直接制造出了海洋划界问题，在另一些地方，则是除了加剧原有的海洋划界纠纷并扩大了其争议范围之外，什么问题也没有得到解决。这就让人不得不深入思考更深层次的问题，即外大陆架划界规则和委员会现有申请案审议制度的存在意义，以及有无加以改进完善的必要性。很明显的一点是，委员会只是一个由科学人士组成的专业鉴定机构，没有能力去承载超出其专业能力的法律和政治性负担。委员会既然按照《公约》相关制度的规定对争议海区的外大陆架划界问题无能为力，又不能阻止缔约国基于政治上的逐利动机而不是严肃的科学依据来提交外大陆架划界申请，最终的结果只能是造成双重意义的后果：激化和扩大各国之间的海洋划界冲突，以及令委员会自身的职能和《公约》下的大陆架制度陷入尴尬境地。俄罗斯在巴伦支海部分的外大陆架划界案就是一个典型的例子：俄罗斯这部分的划界主张得到了委员会的基本认可，只需解决与挪威之间的划界争议即可，但因为俄罗斯这部分的划界主张与北冰洋中央区部分有一定的联系，而随着后者被退回重修而一道处于被搁置的状态。委员会让俄罗斯保留这部分内容，待北冰洋中央区部分资料完善后再行提交，但这样的建议实际上毫无必要。因为无论是委员会，还是俄罗斯和挪威都清楚，这部分的外大陆架划界内容即使得到了委员会的认可，俄挪之间在巴伦支海的划界纠纷不解决都是没有实际意义的，只会使对方在自己下次提交外大陆架划界申请案的时候起到"扯后腿"的作用。在下文所述的挪威2006年外大陆架划界申请案中，委员会同样也没有解决巴伦支海部分的"甜圈洞"划界问题，而是建议挪威与俄罗斯双方自行解决。因此巴伦支海外大陆架划界的最后结果就是2010年俄挪签订了关于一揽子解决巴伦支海海洋问题的划界协议。等俄罗斯下一次提交外大陆架划界申请案的时候，2002年委员会给俄罗斯的"保留巴伦支海部分并待下次提交"的建议就不必考虑了。既然最终的划界问题仍需当事国双方自行解决，那么委员会的职能及其在整个外大陆架划界进展中的地位和作用，也显然有待反思和改进。

其次，《公约》制定出一套以第76条为核心内容的大陆架划界制度，并设置以科学界人士为组成成员的大陆架界限委员会的目的，即是为了能使大陆架划界特别是200海里外大陆架划界工作尽量做到专业化、科学化和纯粹化，无论是通过《公约》第76条第4~6款一系列需要复杂的数据搜集及公式化计算来支撑的外大陆架划界条文规定，还是关于委员会在外大陆架划界工作中的角色安排，无不体现了第三次海洋法大会力图使海洋划界工作由纯粹的科学主导并排除政治干扰的苦心。但世界上第一起向委员会提交的外大陆架划界案就使这种严肃精密的科学测绘和鉴定工作不可避免地被抹上了浓厚的传统地缘政治色彩。

再者，虽然符合人们惯常认知的观念在法律论证上不一定确切无误，有可能在某些细节上被惯常认知观念的反对者和挑战者抓住纰漏和把柄，但如果一项法律制度和法律规则严重违背人们惯常而朴素的认知，则这项法律制度及规则的正当性未免是有疑问的。在海洋划界问题上，笔者所归纳的符合人们朴素认知意象的观念大致有：(1)虽然人们在地理常识的观念识别中能够把北冰洋归入海洋的范畴，但人们能够日常接触并利用的海洋形态，在大部分情况下应当不包含北冰洋或者至少不包含北冰洋中尚因冰封而不能被利用的部分。根据这种实用性质的语境，北冰洋在大部分情况下无法与太平洋、大西洋和印度洋相提并论，甚至在实用语境中不能与普通的边缘海等量齐观，而是应当和南极组成“两极”、“极地”的地理概念集合。(2)可以为人们生产生活提供常态化利用产能，如能够提供渔业、航运等各类基本海洋用途的海洋海区，因为存在大量各类形式的海洋权利，为了避免权利之间的纠纷和冲突，保证海洋的正常利用和有序管理，因而具有各自海洋边界的迫切需要(虽然这种表述类似于私法范畴下的表述，但放在平权体制下的国际社会语境之中，用来描述国与国之间的边界划定问题也大体是成立的。因为国家只有在其本国主权范围内才拥有真正的公法权力，而国际公法机制视野下的国际关系，实质是一种渗透了国家公权力色彩的私法关系。在国际公法的机制下，国与国之间的法律地位、国家之间发生各种联系所需的各种形式的条约协定、国家责任等内容无不带有私法观念的影子)。在这种认识意象中，太平洋、大西洋和印度洋的海区才有划分海洋边界的现实价值。而无论是否划界，当前北冰洋难被大规模开发利用的状况，在短期内不会改变。(3)在极地地区，国际上大多数国家倾向于采取与其他地区相区别对待的做法，共有保护、生态本位的管理机制更符合极区的现实需要。(4)大陆架界限委员会是审议各缔约国外大陆架划界申请的科学鉴定机构，不应对可能涉及全人类重大利益关切的事项做出具有法律性质和终极效力的裁决意见。然而，上述大体符合人们朴素公理心和惯常认知意象的观念并没有明确的法律依据，因此在现实中很容易被技术规则的有心利用者所击败。因此，委员会所接受的第一份外大陆架划界申请案就颠覆了上述惯常认知意象：

(1)从人们对海洋常态化利用的角度来看，北冰洋暂时还达不到其他三大洋的“正常”海洋标准，世界上绝大多数各类海洋问题都出现在其他三大洋，具有迫切海洋划界需要的海区也是其他三大洋的海区。委员会对200海里外大陆架划界申请案的审议，也恰为解决在海洋宽大陆架上的资源利用界限的目的而设。而北冰洋海区即使划界成功，有关各方也很难在北极海域立即开展大规模常态化的海洋经营，更遑论投入之后的产出效果评估，是可以收到预期的对北极大陆架资源开发利用的丰厚回报，还是因为开发北极资源引致大规模生态灾难的得不偿失的消极后果，以及现有科技勘探手段能否保证在北极的资源开发足以克服现有的自然气候障碍，这些问题都处于完全不确定兼具高度风险的状态。因此可以反证当前北冰洋海区似无划界的紧迫性和必要性。但由俄罗斯提交的这史上第一份划界案，却恰恰是针对非通常人们所能实际利用的海域。在北极海区的外大陆架划界，除具有高度政治意味的“圈地宣示”之外，目前暂时没有开发利用该区域大陆架资源的迫切需要和可行技术条件。

(2)如果200海里外大陆架划界规则只是在其他三大洋的海区适用，即使由外大陆架划界所导致的“蓝色海洋圈地运动”会导致各国海权边界的重新调整以及大面积海底区域大陆架权利归属的重新分割，但可以肯定的是，以其他三大洋的浩瀚面积以及大洋中心区域地质构造和海水深度，200海里外大陆架划界规则的适用，也基本只是导致其他三大洋各自边缘浅海的大部分海床以及小部分大洋海床被各国分占，其他三大洋“洋阔水深”的中央地带无疑可以保持相当多比例的国际海底区域，在总面积对比上依然是国际海底区域部分的面积占优；而倘若在面积狭小封闭、深度极浅的北冰洋硬性适用《公约》的外大陆架划界规则，则必然导致北冰洋海底区域被几个周边北极国家整体分割的重大后果，由此带来前文所述的一系列地缘政治和法律秩序的重大变迁。人们对南北极特殊地位的整体意象将被颠覆和推翻。关于极地和北极问题的各类的国际宣言虽大多仅具软法地位和道义劝勉性质，但在北冰洋几乎所有的大陆架被整体瓜分完毕后，上述国际宣言中的大部分也将丧失其形式上的存在意义，而将更多地被那些内容类似、但已由各北极国家单方颁布执行的国内法规及政策所取而代之，为数众多的域外非北极国家是否还能对北极事务保持最低形式的发言权和话语权，将一概取决于少数北极国家是否还有施舍的意愿。因此俄罗斯的北极划界案本身，已经实质性地偏离了原本宜适用于正常形态海域外大陆架的技术性划界方法，而把问题的关键环节带入到了具有高度政治敏感性的北极地区的整体法律地位上。

(3)虽然俄罗斯的200海里外大陆架划界案包含了四个不同海区的外大陆架划界，其中两个在北冰洋，两个在太平洋，看似是均等地拓展其海洋权利管理地域，但明眼人一看便知，俄罗斯真正在意的是北冰洋中央区的大片海底区域，其他三块海区的外大陆架申请面积全部加在一起，也不过是俄罗斯在北冰洋中央区所申请的外大陆架份额的四分之一。这明显反映了俄罗斯划界案浓厚的政治意味和战略导向。

(4)俄罗斯率先提交的这份划界案，很难不令人怀疑其背后的真实用意动机。俄罗斯是否在《公约》外大陆架划界规则的适用问题上，首开打“擦边球”的先河？以达到先行将实际利用率很低、即使划界诉求实现后也难以立即开发的大部分丰饶北极资源圈占为己所有的法律效果？倘若如此，这种效果虽无先占之名，却有先占之实。因为利用外大陆架划界规则的终极目的，还是为了取得对其上资源的所有权和使用权，这和国际法上以领土为取得目标的先占行为，只是所取得的对象及其本质属性有别，但究其取得行为本身的形式、意思表示和取得效果来说，却无甚区别。且在划界案内容中，俄还有夹带己方“扇形原则”的“私货”之嫌。不能不说，俄罗斯这种率先强推北极地区的外大陆架划界、并且一次性地在面积狭小的北冰洋海底区域索要大份额大陆架的狮子大开口做法，与俄罗斯的历史传统、民族性格和现实表现中的不少行为模式一脉相承，其骨子里隐隐散发着的对领土的占有欲望和扩张思维几百年来似无多大改变。2007年俄罗斯在北冰洋洋底的插旗行动也具有这一层意味。尽管现在在洋底插国旗的行为达不到任何国际法意义上的先占效果，当时的加拿大外长彼得·麦凯(Peter MacKay)就回应称，"现在又不是15世纪，你不能在世界游逛一遭，到处插上自己的国旗，就声称'我们拥有这片领土'"。① 美国国务院副发言人汤姆·凯西(Tom Casey)也说，这一做法不具有任何法律效力。"他们只是想证明，某些水下的海脊就应该在他们的大陆架范围内，而解决这个争论必须基于海洋公约组织的技术性规定，而非安插任何形式的标志物。"②但即便如此，俄罗斯虽也明知其洋底插旗行动并不能获得类似于传统国际法上有关领土取得那样的"先占"法律效力，却仍意图通过此举，向世人表明其在北极科考和资源勘测方面，对其他国家享有明显高出一筹的科技实力和优势。因此在未来可能的北极区域合作和资源共同开发方案中，俄罗斯的立场和利益必须得到充分的考虑和保障。

(5)当缔约国提交的划界案明显表现出政治性大于科学性的特点，面对其不顾相关证据不足也要贸然申请的行为，作为纯粹科学人士组成的大陆架界限委员会，除了借助他国的异议主张来搁置审议之外，是否还有更好的制约办法，或通过制度设计上的改进来达到更好的应对效果？这将是本书在第四章中所需探讨的问题。

最后值得一提的是，俄罗斯不会轻易放弃其在北极外大陆架划界问题上的既有主张，俄罗斯联邦自然资源部曾于2003年在圣彼得堡召开了以"北极海盆中的深海床及海底高地的地质形态性质：《公约》第76条文本下的争议性科学问题"为主题的国际会议，作为对委员会建议的响应。③ 但从会议的主题来看，俄罗斯仍然坚持其对北冰洋洋底海岭的属性认定，即认为北冰洋中央的罗蒙诺索

① 康娟：《俄在北冰洋底插上国旗，意在为疆界扩张寻依据》，载《中国日报》2007年8月3日。

② 张忠霞、赵毅：《美称俄在北极洋底插国旗没有实质意义》，载新华网：http://news.xinhuanet.com/newscenter/2007-08/03/content_6468892.htm，2007年8月3日。

③ Ministry of Natural Resources of the Russian Federation, *Morphology and Geological Nature of Deep Seabed and Submarine Elevations in the Arctic Basin: Controversial Scientific Issues in Context of UNCLOS Article* 76, Proceedings of NIIGA-VNIIO Keangeologia, Special Issue, St. Petersburg, 2003.

夫海岭是可以适用最大范围扩张外大陆架外部界限的海底高地，而非海底洋脊，并且坚持认为直到北极点区域的罗蒙诺索夫海岭属于来自俄罗斯西伯利亚的自然延伸部分。此次会议展示了在北极实施《公约》第76条条款相关的30多个报告。①

为了寻求更多的技术证据，以资证明包括罗蒙诺索夫海岭在内的广大北冰洋海底区域是属于俄罗斯大陆架外延的自然延伸，2007年8月初，由俄联邦国家杜马副主席、知名北极勘探专家阿尔图尔·尼古拉耶维奇·奇林加罗夫(Artur Nikolayevich Chilingarov)亲自挂帅导演了一出“北冰洋底插旗行动”，对北冰洋底的地质地貌进行了实地科考调查。这便又导致了新一轮的北极权益纷争，促使其他几个北冰洋沿岸国家争先恐后地投入到北极科考竞争之中。

俄罗斯于2013年2月28日向委员会提交了在鄂霍次克海区域的订正划界案，并于2014年3月11日获得委员会的审议通过。② 经过逾十年的北冰洋底科考数据的搜集工作，俄罗斯于2015年8月3日再次向委员会提交了针对北冰洋中央区域的200海里外大陆架划界订正申请案。③ 俄方称是在2002年委员会建议的基础上丰富和完善了划界所需的相应科考数据，并向委员会提供了109个外大陆架外部界限划界定点的地理坐标和定点间长度间距。

但与2001年俄划界案相比，俄罗斯对北冰洋底的大面积外大陆架划界诉求基本未变，新变化仅体现在：(1)2015年的订正申请案仅对中北冰洋底部分的数据信息做了更新；(2)由于俄罗斯与挪威2010年缔结了巴伦支海划界协定，受协定的相应约束，此次俄方划界案在东南森海盆的相应划界定点有所调整和限缩，部分外部界限定点实际距俄领海基线只有200海里；(3)在潜在诉求份额最大的中北冰洋底区域，俄方大量适用“大陆坡脚外≤60海里”以及“2500米等深线+100海里”的外大陆架划界规则，以便尽可能扩展其外大陆架声索范围。④ 目前大陆架界限委员会暂未就俄罗斯2015年的订正申请案得出最后审议结果。丹麦则在2015年10月7日率先对俄新提交的划界案做出反

① 李学杰、姚永坚、李刚、杨楚鹏、吴峤歧、张亚玲：《北冰洋大陆架划界现状》，载《极地研究》2014年第3期，第392页。

② Report of the Chairman Statement to the Thirty-fourth Session(CLCS/83), para. 40.

③ Submission Made by the Government of the Russian Federation on 3 August 2015 to the CLCS, United Nations, New York.

④ Executive Summary, Partial Revised Submission of the Russian Federation to the Commission on the Limits of the Continental Shelf in Respect of the Continental Shelf of the Russian Federation in the Arctic Ocean of the Government of the Russian Federation on 3 August 2015 to the CLCS, United Nations, New York.

应，要求委员会注意到俄划界案与丹麦 2014 年底提交的格陵兰划界案之间的重叠部分，并予以公平处理。① 美国、加拿大分别于 2015 年 10 月 30 日和 2015 年 11 月 30 日予以跟进，并提出了类似诉求，② 而已与俄罗斯达成"一揽子"划界协议的挪威则始终未对俄罗斯 2015 年 8 月提交的订正申请案作出表态。

二、2006 年挪威外大陆架划界申请案

挪威是世界上第 8 个向委员会提交外大陆架划界案的国家，也是世界上第四个对他国外大陆架划界案行使评论权利的国家。③ 挪威总共向委员会提交了两份外大陆架划界案，一份是 2006 年 11 月 27 日提交的北大西洋、北冰洋外大陆架划界申请案，另一份是 2009 年 5 月 4 日提交的南极外大陆架划界申请案。

挪威于 2006 年提交的 200 海里外大陆架划界案是大陆架界限委员会接到的第 7 份 200 海里外大陆架划界案，也是委员会收到的第二份事关北极外大陆架权利划分的申请案。在划界案中，挪威综合运用了"爱尔兰公式"和"海德伯格公式"来确定外大陆架外部界限上的定点，并按照符合《公约》规范的不超过 60 海里的直线将其相连接，形成己方版本的外大陆架权利声索边界。

挪威划界案的内容涵盖北冰洋、巴伦支海和挪威海三个海区。④ 挪威在三个海区的外大陆架划界主张，可分别对应为"西南森海盆划界方案""甜圈洞划

① Communications Received with regard to the Submission Made by the Russian Federation to the Commission on the Limits of the Continental Shelf Made by the Government of the Russian Federation on 7 October 2015 to the CLCS, United Nations, New York.

② Communications Received with regard to the Submission Made by the Russian Federation to the Commission on the Limits of the Continental Shelf Made by the Government of the United States on 30 October 2015 to the CLCS, United Nations, New York. And Communications Received with regard to the Submission Made by the Russian Federation to the Commission on the Limits of the Continental Shelf Made by the Permanent Mission of Canada on 30 November 2015 to the CLCS, United Nations, New York.

③ 以上数据均由笔者根据大陆架界限委员会主页网站提供的信息汇总而来，Updated on 17 December 2019. Available at http：//www. un. org/Depts/los/clcs _ new/commission _ submissions. htm.

④ Continental Shelf Submission of Norway in respect of Areas in the Arctic Ocean, the Barents Sea and the Norwegian Sea, United Nations, New York, 2006. Available at http：// www. un. org/Depts/los/clcs_new/submissions_files/nor06/nor_exec_sum. pdf.

界方案”“香蕉洞划界方案”。挪威在北极区域的划界方案是指前两者。在北冰洋主体区域方向的“西南森海盆划界方案”中，挪威的外大陆架延伸主张主要是依托斯瓦尔巴德群岛北部的领海基线，向北延伸超过200海里以外直至西南森海盆的耶得迈克海地(Yermak Plateau)，这部分范围最小且不存在任何技术性和外部性的争议；在巴伦支海的“甜圈洞划界方案”中，挪威的外大陆架延伸主张是依托其本土及斯匹茨卑尔根群岛南部的领海基线，沿着其与俄罗斯之间的边界走向，选取了3个外部界限定点，来划定位于挪威斯匹茨卑尔根群岛、俄罗斯法兰士约瑟夫地群岛和俄挪两国本土这三者之间的巴伦支海海区的200海里外大陆架边界。但挪威在这部分划界方案中最东端的定点位于俄挪海岸中间线以东，体现了两国在这部分海区的划界争议；在挪威海的“香蕉洞划界方案”中，挪威是根据其邻接挪威海的本土海岸线提出外大陆架延伸请求，该海区划界方案的北部受到挪威海槽的地理限制而略为狭窄，而该方案的南部向西南一侧则推进至很远的距离，这部分划界方案的面积最大，技术数据相对最复杂，且其在西南方向的大面积拓展受到了最多的异议。

挪威的200海里外大陆架划界申请案提交之后，俄罗斯、冰岛、丹麦和西班牙向大陆架界限委员会提交了回应性评论。① 其中西班牙与挪威不存在海洋边界问题上的任何争议，其回应只是重申1920年《斯匹茨卑尔根群岛条约》缔约国在斯匹茨卑尔根群岛周边延伸大陆架上的资源开采利用权不受挪威大陆架边界可能拓展所带来的影响。其他三个对挪威划界案提出评论的国家，俄罗斯当时与挪威存在巴伦支海的划界纠纷，冰岛的潜在外大陆架划界主张与挪威划界案中的“香蕉洞划界方案”直接冲突，丹麦(格陵兰)与挪威扬马延群岛之间的渔区及大陆架划界纠纷虽已通过条约及国际司法途径解决，但两国曾经围绕格陵兰的主权归属及双方海洋边界的划定问题打过两场“法律战”(两回合国际司法裁决的结果都是有利于丹麦)，因此这几个国家都很关切挪威海洋边界的

① Reaction of the Russian Federation to the Submission Made by Norway, United Nations, New York, 2007. Available at http://www.un.org/Depts/los/clcs_new/submissions_files/nor06/rus_07_00325.Pdf. Reaction of Iceland to the Submission Made by Norway, United Nations, New York, 2007. Available at http://www.un.org/Depts/los/clcs_new/submissions_files/nor06/isl07_00223.Pdf. Reaction of Denmark to the Submission Made by Norway, United Nations, New York, 2007. Available at http://www.un.org/Depts/los/clcs_new/submissions_files/nor06/dnk07_00218.Pdf. Reaction of Spain to the Submission Made by Norway, United Nations, New York, 2007. Available at http://www.un.org/Depts/los/clcs_new/submissions_files/nor06/esp_0700348.Pdf.

可能扩展。三国向大陆架界限委员会提交的评论都表达了它们对挪威划界案的关心以及提及委员会注意它们各自与挪威之间存在的实在或潜在海洋权利争议，但它们均未提出对挪威划界案实质内容的质疑，也不反对委员会对挪威划界案的审议，仅要求委员会以公正、合理及合乎科学的态度公允对待接下来各国将陆续提交的200海里外大陆架划界申请案。

与俄罗斯2001年提交的申请案相比有显著不同的是，挪威所提交的外大陆架划界申请在审理进程上可谓是基本“畅通无阻”。挪威的外大陆架划界申请案在中途小幅修正之后，最终在2009年顺利通过了大陆架界限委员会的批准。挪威外大陆架划界申请案成功获批的结果来自以下几点：

第一，从申请案的内容来看，挪威所提交的这三个海区的200海里外大陆架划界申请方案彼此独立，各自的200海里外大陆架划界申请范围不相连接，这就降低了自身搜集地理地质数据和委员会审查的双重难度，从技术上有利于大陆架界限委员会对划界案内容的不同部分的分开处理。

第二，挪威申请案中未包含过多的争议区域，且涉及北极地区的申请部分几乎不存在与他国之间的纠纷。在挪威的三个海区外大陆架划界申请方案中，面积最大且争议集中的区域，是位于挪威海南部暖水域的“香蕉洞”(Banana Hole)部分，这部分海域无论是从水温还是纬度来说都显然属于北大西洋海域的地理范围。且与挪威在“香蕉洞”海域外大陆架划界主张相对立的冰岛，其与挪威的划界诉求重叠区域更是位于该部分的西南部。因此挪威在此区域的外大陆架划界问题不属于本书的关注范围。相反，挪威在另两块海区——位于北冰洋主体海域、斯匹茨卑尔根群岛以北西南森海盆部分和位于北冰洋附属海域的巴伦支海“甜圈洞”(Loop Hole)部分的外大陆架划界诉求，属于挪威在北极海域的外大陆架权利主张区域。但这两块海区的情况又有一些区别：在巴伦支海的“甜圈洞”部分，这部分的200海里外大陆架在地质形态上属南森海盆南部边缘的大陆坡，分属俄罗斯法兰士约瑟夫地群岛和挪威斯匹茨卑尔根群岛的大陆架自然延伸。正如前文所述，巴伦支海的浅水陆架区面积宽广，挪威对该区域主张200海里外大陆架的划界权利不会遭遇任何技术性的障碍，但俄挪两国在该海区的大陆架相邻，挪威在该海区的外大陆架划界也不是全无外部障碍，当时挪威仍需面临与俄罗斯在该海区的双边协调问题。事实上，两国一直在就挪威巴伦支海“甜圈洞”部分的划界争议在进行协商，但在挪威外大陆架划界申请案的整个审理过程中，两国并未达成最终协定，双方在该海区的划界纠纷直至2010年才得到正式解决。相对而言，就真正属于北冰洋主体区域的西南森海盆部分，挪威申请案不与他国权利主张发生冲突，这部分海区全部位于当时的俄挪主张重叠区之外，因此没有任何国家对挪威关于北冰洋的西南森海盆的划界主张提出异议。

第三，在挪威的三个海区申请诉求中，面向北冰洋主体区域的西南森海盆部分面积是最小的。可以说，到目前为止，挪威在北极外大陆架划界问题上的战略选择和行事方式，算得上北极国家中或多或少的“异类”。与其他北极国家已提交或潜在的北极外大陆架划界主张相比，挪威外大陆架划界申请案的“胃口”本已不大，即使是和挪威划界案本身包含的“香蕉洞”和“甜圈洞”内容相比，挪威在北冰洋西南森海盆的诉求范围也是极小的。因此面对巨大的“北极蛋糕”，挪威虽有一定的分割要求但很注重“胃口”的节制，而且很明智地选择了小步走、分步前进的北极战略。挪威对北极核心地区的诉求控制在很小的范围，尽量不触动周边邻国如俄罗斯、丹麦(格陵兰)和冰岛等国家，在完成其外大陆架管辖范围的第一步扩张之后，再考虑潜在的后续申请的可行性。例如挪威认为从形态和地质角度而言，斯匹茨卑尔根群岛北面是一个延续的欧亚大陆边，可以一直延伸到北冰洋的欧亚海盆。① 但挪威不认为本国大陆架可以延伸至北极点，② 挪威不是北极点附近以及位于北冰洋中央的罗蒙诺索夫海岭的权利归属争执的参与方，也明确反对俄罗斯和加拿大在该地区主张过很长时间的“扇形原则”。挪威在北极外大陆架划界问题上的这种行事策略，很大程度上既与挪威的地理地质环境有密切关系(挪威本土的大陆架延伸主要面向的是北大西洋的挪威海而非北冰洋，而且挪威在前者的延伸方向要明显受到挪威海槽的限制，反观挪威面向北冰洋的大陆架延伸部分，根据海洋划界制度中的“陆地统治海洋原则”，挪威所能倚仗的陆地面积又较为有限)，又与挪威面临的内外安全环境有关：挪威自身只是一发达小国，国力不足以承载全方位的北极竞争，且挪威外有强邻，在国家对外战略选择上不能不顾及与俄罗斯的关系，内有斯匹茨卑尔根地区的中立化、开放性制度安排，该地区所能给挪威提供的向北极核心地带推进的跳板功能也是相对有限的。

无论挪威提交划界案的主客观背景条件如何，挪威划界案所获得的结果远比俄罗斯划界案要好得多：挪威在北冰洋西南森海盆的200海里外大陆架划界

① CLCS/54.

② Mark Jarashow, Michael B. Runnels and Tait Svenson, “UNCLOS and the ARCTIC: the Path of Least Resistance”, *Fordham International Law Journal*, Vol. 30 (2007), pp. 1587-1652.

请求于2009年4月得到了大陆架界限委员会的原则同意。① 挪威在北极海域因此获得了约23.5万平方公里的大陆架自然延伸面积，这被挪威媒体称为是“历史性的胜利”。②

委员会在本案的审理过程中，仅对挪威提交的200海里外大陆架外部界限划定方法做了个别技术调整，主要调整部分，是要求挪威补充确定大陆坡脚清晰位置的地质和地球物理资料，挪威随后按委员会的要求运用新的高分辨率浅地层剖面技术修正了确定大陆坡脚位置的方法，并更正了大陆坡脚“FOS ARCTIC 1”的位置，委员会予以肯定并以此作为划定挪威200海里外大陆架外部界限的基础。委员会在最后的批准意见中也考虑到了挪威在巴伦支海与俄罗斯海洋边界未定的问题，因此委员会并不是全盘采纳挪威的外大陆架划界主张，而是在认可挪威大部分外大陆架外部界限的同时，建议将挪威申请案中位于巴伦支海海区、涉及与俄罗斯的划界部分留待俄挪两国协商解决。③ 两国关于这部分海域的划界争议长达40余年，在挪威外大陆架划界申请案整体得到通过的后一年，俄挪两国于2010年9月缔结了《俄挪巴伦支海和北冰洋海洋划界与合作协定》，该条约于2011年7月正式生效，从而实现了俄挪两国在巴伦支海所有海洋边界(含渔区、专属经济区、200海里内大陆架及200海里外大陆架边界)划分的一揽子解决。④ 俄挪两国的这份海洋划界条约与加丹两国的2012年《海洋划界协定》一道，在北极地区大陆架划界争议激化的背景下具有协商解决划界纠纷的示范效应。值得一提的是，在挪威与俄罗斯达成最终的海洋边界划界协议之后，挪威只实际拥有原来提交申请案时所主张的巴伦支海“甜圈洞”范围下的西部一小部分。

---

① Summary of the Recommendations of the Commission on the Limits of the Continental Shelf in regard to the Submission Made by Norway in respect of Areas in the Arctic Ocean, the Barents Sea and the Norwegian Sea on 27 November 2006, United Nations, New York, 2009. Available at http://www.un.org/Depts/los/clcs_new/submissions_files/nor06/nor_rec_summ.pdf.

② 陆俊元：《北极地缘政治与中国应对》，时事出版社2010年版，第289页。

③ Summary of the Recommendation of the Commission on the Limits of the Continental Shelf in regard to the Submission Made by Norway in respect of Areas in the Arctic Ocean, the Barents Sea and the Norwegian Sea [20061127]. Available at http://www.un.org/Depts/los/clcs_new/submissions_files/nor06/nor_rec_summ.pdf.

④ 匡增军：《2010年俄挪北极海洋划界条约评析》，载《东北亚论坛》2011年第5期，第45~53页。

三、2014年丹麦(格陵兰)外大陆架划界申请案

在北极国家中，丹麦可谓是独具特色。如果单纯按国土面积和国力强弱来评判，丹麦都是不折不扣的小国，其本土面积甚至在全部的8个北极国家中位居最末。但在北极这一区域问题上，丹麦的地位却不能被定位为北极小国，其在北极各项问题上扮演的角色相对突出。丹麦既有将自身外大陆架划界主张扩张到北极点的勃勃雄心，同时也是北极国家中最为重视《公约》具体规则实践运用的成员。自联合国大陆架界限委员会正式开始运作以来，丹麦累计向委员会提交了5份200海里外大陆架划界申请案，在所有申请国中位居第二，仅次于提交了7份划界案的法国。而在所有北极国家提交的外大陆架划界案总量和针对北极地区的外大陆架划界案总数中，丹麦也领先各国位居第一；同时丹麦还针对其他国家的划界案提交了8份评论照会，与冰岛并列居于所有提交评论的国家中的第三位，仅次于提交了14份评论的日本和10次评论的美国。丹麦也是世界上第二个对他国外大陆架划界案行使评论权利的国家。[①] 丹麦还首创了北极大使等一系列颇具创意的措施，其政策中的“北极因素”和“《公约》色彩”相当浓厚。

丹麦之所以在北极问题上底气十足，就是来源于五分之四区域位于北极圈以内、同时也是世界上面积最大的岛屿——格陵兰，这也是丹麦在北极提出200海里外大陆架划界主张的物质性(领土性)权利来源。格陵兰曾长期是丹麦的殖民地，丹麦对格陵兰的殖民和开发历时已久，早在1853年，就已有对格陵兰大陆架进行调查的相关文献出现。[②] 丹麦对格陵兰的主权曾在1931年遭到挪威的法理挑战，后者宣称从北纬71°31′到北纬75°40′的东格陵兰地区不是丹麦的领土，但国际常设法院于1933年判决丹麦胜诉。[③] 自1979年起，格陵兰获得内部自治地位，30年之后的2009年进一步正式自治，并拥有部分外交权。当前的格陵兰为丹麦的海外自治领，是一个享有高度自治地位并拥有完全的内政管理权的法律实体，但格陵兰的外交、国防事务和最高司法权仍归丹麦掌管。适用于丹麦本土的欧洲联盟各基础条约本身不适用于格陵兰，但格陵兰

---

① 以上数据均由笔者根据大陆架界限委员会主页网站提供的信息汇总而来，Updated on 17 December 2014. Available at http: //www. un. org/Depts/los/clcs _ new/commission _ submissions. htm.

② H. Rink, “On the Large Continental Ice of Greenland, and the Origin of Icebergs in the Arctic Seas“, *Journal of the Royal Geographical Society of London*, Vol. 23 (1853), pp. 145-154.

③ 梁淑英主编:《国际法学案例教程》(第二版)，知识产权出版社，第50页。

适用于《欧洲联盟运转条约》(*Treaty on the Function of the European Union*, TFEU)第四部分所涉及的与海外国家与领地(Overseas Countries and Territories, OCTS)相联系的规定。对于丹麦而言，如果格陵兰脱离了对丹麦的隶属关系，丹麦就丧失了作为北极国家的资格。①

《公约》确立了200海里外大陆架划界规则后，丹麦一直在积极开展北极的科学考察，尤其是罗蒙诺索夫海岭的地壳性质、成因背景和海底地貌，以证明其是否格陵兰岛的自然延伸，开始为其最终确定格陵兰岛大陆架外部界限做准备功课。加拿大、丹麦学者在第33届国际地质大会上共同提出，罗蒙诺索夫海岭是加拿大和格陵兰岛大陆架自然延伸的"新地质证据"，从理论上开始为格陵兰岛向北冰洋中央区方向的大陆架延伸主张预热。丹麦于2004年11月16日批准了1982年的《联合国海洋法公约》，《公约》于2004年12月16日起对丹麦生效。

丹麦是第25个向委员会提交外大陆架划界申请的国家，丹麦最早的外大陆架划界申请区域并不位于北极海域，而是位于北大西洋，是丹麦基于其另一海外自治领——法罗群岛而提出的划界主张。2012年丹麦正式就格陵兰的外大陆架划界问题向委员会提交了划界申请，但最开始的申请区域位于格陵兰的南部海域，同样不属于北极海域而属于大西洋海域的范畴，故此本书不对其进行讨论。丹麦正式"涉水"的北极海域外大陆架划界申请提交于2013年和2014年，这两年的12月，丹麦先后就格陵兰的东部和北部海域向委员会提交了200海里外大陆架划界申请案，涉及北极点附近及大面积北极海域的海床底土权利归属。这其中，2013年12月提交的格陵兰东部海域外大陆架划界案是关于北冰洋子海域——格陵兰海的外大陆架划界，主要的争议问题存在于丹麦(格陵兰)和冰岛、挪威之间。而丹麦划界案中最引人注目的部分，即丹麦对北冰洋中央区域外大陆架的权利声索。2014年12月15日，丹麦就格陵兰以北的北冰洋中央海区向委员会提交了从领海基线量起的200海里外大陆架的划界申请案。这两份200海里外大陆架划界申请案都是丹麦王国政府与格陵兰自治政府共同提交的。

在丹麦划界案中，丹麦主张，罗蒙诺索夫海岭穿过的埃尔斯米尔岛位于加拿大与丹麦的格陵兰岛之间，该海岭连接格陵兰岛并延伸至北极点。所以，从

① 贾宇：《从林肯海划界看北极的"和与争"——关于加拿大和丹麦/格陵兰海域划界的思考》，载《中国海洋报》2013年2月20日，第004版。

罗蒙诺索夫海岭一直延伸至北极点的大陆架、包括北极点属于丹麦。① 丹麦划界案将格陵兰最北部的莫里斯·杰塞普角海地(Morris Jesup Borderland)、包括北极点在内的整个罗蒙诺索夫海岭皆纳入丹麦声索的外大陆架外部界限之内。在外部界限的定点选取上，丹麦同时兼用了“爱尔兰公式”和“海德伯格公式”，并以不超过60海里的直线将其互相连接。丹麦划界案同时提交了相关的地质数据信息，其中包括888个东经方向的外部界限定点和382个西经方向的外部界限定点。划界案中的东经方向定点均未超出“公式线”和“350海里限制线”的限制，而在西经方向第119-381号定点选取上，丹麦适用的是可以涵盖最大范围的“2500米等深线+100海里限制线”。也就是说，丹麦与之前提交划界案的俄罗斯一样，认为西经方向第119-381号定点所在的罗蒙诺索夫海岭为海底高地，因此可以在其上划出最大面积的外大陆架范围。因为丹麦所依托的格陵兰岛在面向北冰洋的海岸线总长度方面较俄罗斯和加拿大相比有较大的差距，因此就划界诉求的面积比例来说，丹麦的“胃口”一点也不比俄罗斯小，2014年丹麦划界案所主张的北极200海里外大陆架管辖范围，包括北极点在内，总面积达到约89.5万平方公里。

丹麦的北极邻国中，最早对丹麦划界案做出反应的是挪威，其次是加拿大，俄罗斯和美国直至2015年才对丹麦的划界案做出评论。这其中值得注意的一点是，2014年12月17日，也就是丹麦提交200海里外大陆架划界案之后的第二天，挪威就向委员会提交了评论照会，颇有将两国之间的“海洋法律战”交锋到底的味道。在北冰洋中央区的外大陆架划界方向，挪威与丹麦并无直接冲突，但其最早向委员会提交评论的举动，也正与前文所述的挪威外大陆架划界案中，与挪威划界主张没有明显冲突的丹麦表现“相当积极”一样，形成了有趣的相互对照。挪威提请委员会注意，在对格陵兰外大陆架界限进行审议时，需不影响到挪威与格陵兰之间可能存在的相邻划界。挪威认为，丹麦划界案中有关格陵兰的外大陆架划界主张有一部分覆盖了其与挪威之间的潜在争议海区，因此根据《联合国大陆架界限委员会程序规则》第5(a)条款的规定，委员会不能对丹麦在有关争议区域部分的划界主张进行审理。② 挪威还提到了在挪丹两国间既存的2006年《丹挪大陆架与渔业区划界协定(格陵兰/斯瓦尔

① The Northern Continental Shelf of Greenland, Partial Submission of the Government of the Kingdom of Denmark together with the Government of Greenland to the CLCS, 15 December 2014.

② Reaction of Norway to the Submission Made by Denmark. United Nations, New York, 2014.

巴德)》。

加拿大的评论照会提交于稍晚的2014年12月29日。加拿大也提请委员会注意到其与丹麦之间可能存在的外大陆架相邻区域的划界问题。加拿大指出，根据《联合国大陆架界限委员会程序规则》附件一的规定，委员会对外大陆架外部界限的审议不能影响到相邻及相向国家间的划界。加拿大也要求委员会不要因为对丹麦划界案的审议而拒绝将来加拿大对北冰洋中央区的外大陆架划界申请(加拿大的申请案直至2019年5月才正式向委员会提交)。①

在丹麦划界案中，与其划界主张对立面最为严重的无疑是俄罗斯，其与丹麦在北冰洋中央区、罗蒙诺索夫海岭等处都有明显的立场冲突。2015年7月21日，俄罗斯在评论照会中表示不反对委员会审议丹麦的申请案，但提出了四点要求：第一，提请委员会注意到丹麦主张与俄罗斯外大陆架诉求之间的大范围潜在重叠面积；第二，与加拿大的要求一样，俄罗斯也要求委员会不要因为对丹麦划界案的审议而对俄罗斯提交申请案的权利产生“不公平的考量”(俄罗斯的订正申请案紧随其后提交于2015年8月3日)；第三，俄罗斯要求委员会的审议不要影响到其与丹麦在将来可能会缔结的“基于国际法而达成的大陆架双边划界安排”；第四，在态度语气上，俄罗斯要求委员会再次向其保证对俄方的上述请求给予“最高的考虑”。②

美国于2015年10月30日同时向委员会提交了针对俄罗斯2015年订正申请案和丹麦2014年划界案的评论照会。在照会中，美国政府确认不反对委员会对丹麦划界案的审议，但与挪威、加拿大和俄罗斯的诉求类似，美国要求委员会注意到丹麦(格陵兰)北冰洋大陆架可能与阿拉斯加北部的外大陆架外部界限发生面积重叠，尽管美国还不是《联合国海洋法公约》的缔约国，但美国有权对外大陆架提出自己的主张。美国提请委员会在根据丹麦划界案提供的信息做出确定外大陆架外部界限的建议时，不能使丹麦(格陵兰)200海里外大陆架的延伸妨碍美国主张北极外大陆架的权利，也不能影响到丹麦与美国之间关于大陆架边界的谈判。③

---

① Reaction of Canada to the Submission Made by Denmark, United Nations, New York, 2014.

② Reaction of Russia Federation to the Submission Made by Denmark, United Nations, New York, 2015.

③ Reaction of the United States Mission to the Submission Made by Denmark, United Nations, New York, 2015.

四、2019年加拿大外大陆架划界申请案

从世界范围内的国力对比以及北极地区范围内各国的博弈形势来看，加拿大均属于不折不扣的“中等强国”。“中等强国”理论首先由加拿大和澳大利亚的相关国际关系学者提出，用以探讨在全球治理和区域治理中扮演重要角色的国家或国家群体的外交行为模式。美国著名政治和国际关系学者罗伯特·基欧汉(Robert. O. Keohane)认为定义一个国家是否属于“中等强国”既需要考虑该国在国际体系中的综合排名，同时还要关注该国在国际体系中的“心理维度”。[①] 从自然地理条件上看，加拿大是举足轻重的北极大国，在北极圈内拥有的陆地领土最多(北极地区的领土占到了加拿大国土总面积的44%)，在北极圈内拥有的海岸线总长度位居北极国家第二位。但受限于相对有限的政治军事实力，加拿大的北极政策表现出了较为明显的“中等强国”特性：在涉及自身主权利益的问题上态度强硬，在其他问题上则积极推动国际合作。[②] 加拿大高度重视北极海洋法律秩序变动对本国主权利益及国家安全方面的潜在影响，而且由于加拿大国家形成的历史特殊性，能否强势(至少在外交姿态和立场诉求上保持强势)主张自身的北极权益还极大地牵涉到加拿大北方地区的施政稳定和国家身份的认同。因此，加拿大高度重视以国际海洋法律制度的手段来建构并完善自身在北极海域的主权管辖主张。《联合国海洋法公约》是于2003年12月7日对加拿大正式生效的，加拿大在此之后即着手开始准备确定其大西洋和北冰洋大陆架外部界限的相关工作，并严格踩着《公约》缔约国会议在后来所确定的“十年有效期规定”(由于加拿大是1999年之后《公约》对其生效的缔约国，所以在适用划界案申请提交时间的规则上，不受2001年5月14日至18日纽约第十一次缔约国会议期间通过的《关于联合国海洋法公约附件二第四条所订向大陆架界限委员会提交资料的十年期间的起算日期的决定》中第(a)项的约束，即“对于公约在1999年5月13日以前开始对其生效的缔约国的谅解是，公约附件二第4条所述十年期间应从1999年5月13日起算”，[③] 而仅

① Robert. O. Keohane, “‘Lilliputians’ Dilemmas: Small States in International Politics”, *International Organization*, Vol. 23, (1969), pp. 291-310.

② 王晨光：《“勉强大国”与“中等强国”：美加北极关系析探》，载《美国问题研究》2017年第2期，第152页。

③ SPLOS/72. 以上文本参见“公约缔约国会议”网站：http://www.un.org/Depts/los/meeting_states_parties/SPLOS_documents.htm#Documents of the Meetings relating to the Commission on the Limits of the Continental Shelf and its functions。

仅是依据大陆架界限委员会于1999年9月3日在纽约第六届委员会会议上通过的《联合国大陆架界限委员会科学与技术指南》附件二至四第17页第4条的规定，“拟按照第76条划定其200海里以外大陆架外部界限的沿海国，应将这种界限的详情连同支持这种界限的科学和技术资料，尽早提交委员会，而且无论如何应于本公约对该国生效后十年内提出”①)，于2013年12月6日首先向委员会提交了靠近北极圈地理范围的北大西洋拉布拉多海域200海里外大陆架划界申请案(与丹麦2012年提交的格陵兰海南部海域外大陆架划界案相同，加拿大2013年提交的这一划界案在地理上属于大西洋海域的范畴，不属于本书的讨论范围，并且直到目前，加拿大的这一划界案与它在2019年提交的北冰洋划界案一样，并未被排入委员会的正式审议议程)。

与此同时，加拿大也一直在努力完善其针对北冰洋海区的200海里外大陆架划界诉请。经过长达十多年的科学考察和法律工作，2019年5月23日，加拿大根据《公约》第76条第8款，正式向大陆架界限委员会提交了关于从北冰洋领海宽度测量基线起200海里以外大陆架界限的划界申请案资料，加拿大的这一划界案已被列入定于2020年召开的委员会第五十二届会议的临时议程。加拿大在此次外大陆架申请案提交声明中指出，加拿大划界申请所涉及的北冰洋水域地处偏远，冰情严重，适合调查的“窗口期”很短，不少区域此前从未被调查过。加拿大为搜集足够的科学资料，还与美国、丹麦、瑞典以及德国等国家合作，联合开展了累计17次的北冰洋科考合作调查，这也是加拿大之所以在北极国家中提交划界申请案“姗姗来迟”的主要原因。目前，委员会尚未完成对加拿大该划界案的审议，也未根据《公约》第76条向其提出建议。

在加拿大2019年的北冰洋外大陆架划界申请案的执行摘要中，加拿大主张其所拥有的外大陆架在形态上具有连续性，是北冰洋底大陆边的一部分，并利用《公约》第76条第6款的“海底高地”条款，来最大限度扩展其外架的界限范围。加拿大认为，水深较浅的北冰洋海区包含了广泛的海底高地地质构造，其中大部分都属于加拿大的外架范围，包括从北极点到罗蒙诺索夫海岭和阿尔法—门捷列夫海岭在内的整个北极中部海底高原，都是加拿大大陆在北冰洋底的淹没延伸。加拿大在该申请案中提交了一些地质调查和地球物理证据，包括地壳运动和板块移动证据以及海底物质沉降等科考信息，力图进一步证明北冰洋底中部高原与加拿大大陆是连接在一起的，因此是其大陆边缘的自然组成

① CLCS_11_Add. 1. 以上文本参见“公约缔约国会议”网站：https：//documents-dds-ny. un. org/doc/UNDOC/GEN/N99/338/92/IMG/N9933892. pdf? OpenElement。

部分。

在划界申请案中，加拿大所主张的划界区域包括两大块：加拿大海盆区域(Canada Basin)和阿蒙森海盆区域(Amundsen Basin)。在加拿大海盆区域，加拿大选定了813个定点(从西向东的定点ARC-ECS-001至ARCECS-813)作为确定其在该区域直到其与美国阿拉斯加相邻边界的外大陆架外部界限的定点。这些定点混用了《公约》第76条第4款的"爱尔兰公式"和"海德伯格公式"，以测地线的形式划出。这813个定点中有658个定点遵循的是"350海里"的距离限制，有154个定点则对"350海里"的距离限制进行了突破，以存在海底高地为由使用了"2500米等深线+100海里"的最大范围主张标准，此外还有1个定点即最西边的定点1(定点ARC-ECS-001)位于美国的200海里线上。在阿蒙森海盆区域，加拿大选定了64个定点(从西向东的定点ARC-ECS-814至ARCECS-877)作为确定其在该区域直到其与丹麦(格陵兰岛)相邻边界的外大陆架外部界限的定点。在这一区域，加拿大的64个定点中有57个定点遵循的是"海登伯格公式"即"60海里的距离公式"，有4个定点加拿大选用的是"爱尔兰公式"即"沉积厚度公式"，有2个定点加拿大直接使用了"2500米等深线+100海里"的最大范围主张标准，还有1个定点即最东边的定点877(定点ARC-ECS-877)位于丹麦(格陵兰)的200海里线上。① 加拿大根据《公约》第76条和《联合国大陆架界限委员会科学与技术指南》的有关规定，认为这两大区域范围内的海床形态完整，与加拿大的陆地边缘连接为一体，加拿大对包括北极点在内的约120万平方公里的北冰洋海域拥有开发权利，所申请的总面积与俄罗斯两次提交的北极申请案声索面积大致相当。加拿大也承认，其划界申请案在委员会审议这一环节至少需要耗时10年，而且最终还需取决于与丹麦、俄罗斯和美国等其他北极国家就主张重叠区域所进行的划界协商谈判。

由于美国与加拿大之间就波弗特海海岸相邻边界的划界争端始终未决，因此美国对加拿大北极划界案最早做出反应，于2019年8月28日向委员会提交了评论照会。丹麦紧随其后在次日做出评论。两国均不反对委员会对加拿大划界申请案的审议，但均声明委员会的审议程序及建议结论，不能对两国已提交或可能提交的北极外大陆架划界申请案造成不公平影响，同时也不能妨碍两国

① The Executive Summary, Partial Submission of Canada to the Commission on the Limits of the Continental Shelf regarding Its Continental Shelf in the Arctic Ocean to the CLCS, 23 May 2019.

各自与加拿大就相邻或相向海岸所展开的双边划界行动。① 挪威因其北极外大陆架划界诉求不与加拿大主张有重叠，且其除斯瓦尔巴德群岛以外的北极 200 海里外大陆架外部界限，已在 2009 年(2006 年划界案于 2009 年得到委员会审议通过)和 2011 年(俄挪巴伦支海一揽子划界条约正式生效)得到全部确定，而未对加拿大北极外大陆架划界申请案做出回应。

令人回味的是，与加拿大北极外大陆架划界主张有一定冲突的俄罗斯至今未对加拿大划界申请案做出表态。俄罗斯与加拿大的划界主张重叠区主要是在包括北极点在内的罗蒙诺索夫海岭，潜在重叠面积约有 30 多万平方公里。但俄罗斯一直期待加拿大能尽快提交北极外大陆架划界申请案，因为在形态封闭的北极地区，俄罗斯与加拿大是先天地理优势最为明显的两个国家。两国所拥有的北极海岸线长度之和接近北极海岸线总长度的 90%，同时还拥有最大范围的北极圈内陆域面积和分别紧邻北极东北航道、西北航道的管控条件。无论是基于 20 世纪早期未被国际法所认可的“扇形原则”，还是根据现在被广泛公认为具有普遍适用效力的《联合国海洋法公约》，俄加两国都能从中获取最大份额的北极利益分配结果。因此，加拿大及早提出己方的划界诉求，有助于在北极外大陆架划界之争中，在现实实践、舆论走向和利益博弈等方面，对俄罗斯的有关声索主张起到呼应和加持作用，进而挤压美国、丹麦等其他北极划界诉求方的利益声索空间，最终影响北极权属分配的大格局。

第二节　影响北极国家 200 海里外大陆架划界申请的主要法律因素

目前北极各国关于 200 海里外大陆架的划界主张之间，存在大面积的重合区域，各国立场的相互冲突所造成的相当大面积海域权属的争议，是北极海域 200 海里外大陆架划界问题进展缓慢的直接原因。因此，如何妥善地在北极海域适用《联合国海洋法公约》的有关规定并选择适当的海洋划界规则，是从法理上整体解决各国在此问题上的利益冲突的关键。由于北冰洋海底地形的复杂性以及受制于气候和技术条件，北极海域可适用的法律规则仍具有很大的不确定性。北极国家的外大陆架划界申请仍存有不少法律障碍，这又表现在诸多方

① Reaction of the United States to the Submission Made by Canada, United Nations, New York, 2019. And see Reaction of Denmark to the Submission Made by Canada, United Nations, New York, 2019.

面。我们可以在整体上将北极外大陆架划界所涉及的法律障碍分为不同的层次，本节将就此分别予以阐释。

一、关于北极地区总体法律地位的持久争议

首先宏观视之，北极地区200海里外大陆架划界问题的走向，与北极区域法律制度建构的路径选择和总体前景存有密不可分的关联和影响。这部分内容已在本书第一章中得到了相应的阐释，此处不再赘述。当然，在北极地区总体法律地位和北极外大陆架划界问题这两者之间，主要是后者影响前者，并在很大程度上决定前者的命运，但围绕北极法律地位的争议仍将持久存在，并使前者在实践操作中长期受到法律和道德层面的质疑。这也是非北极国家争取北极事务发言权和参与权的一个有效抓手，不可轻易放弃。北极国家在将外大陆架划界规则引入北冰洋区域时，也会部分地因为对国际道义和舆论的顾忌而有所自制。挪威2006年划界案对北冰洋主体区域声索的份额极小并早早放弃了北极点地带的外大陆架延伸主张，既可以认为是挪威依据自身自然地理条件和政治环境所做出的明智选择，也在客观上为北冰洋主体区域法律地位的公地化保留了一线生机。

二、北极国家间200海里外大陆架相邻部分的划界困局

有关各国在北极海域200海里以内的相邻海洋边界的划分问题已在本书第二章中得到了相应的阐明，这也是有关国家所提交的北极200海里外大陆架划界申请案得以进入联合国大陆架界限委员会实质审理程序的前提和基础。但在越过200海里范围的外大陆架划界问题上，北极国家相邻海洋边界之间的划界问题仍然会给整个北极外大陆架划界工作以及现有海洋法体系带来理论性的困扰。因为委员会主要解决的是各国外大陆架外部界限的划定问题，但各国超过200海里的外大陆架部分，不仅存有需要委员会审查的外部界限，也存在彼此相邻部分的外大陆架划界问题。

理论上这一问题的解决方式似乎比较简单：因为各国外大陆架相邻部分的划界问题与划设其外部界限的方式方法一样，需要首先从选取划界定点开始，而位于两国外大陆架相邻区域的定点既然是在外大陆架之上，委员会就可以对该定点的选取进行技术审查，而且审查的标准就是两条公式线和两条限制线，只要确定了两国外大陆架相邻部分的若干定点，再以长度不超过60海里的若干直线加以连接就可以了。

然而这种理论化的设想却未必能在实务操作中行得通。能进行外大陆架相

邻部分划界的海区，必定是整块大陆架形态平坦完整的海区，两个相邻国家在这部分外大陆架上的划界，将直接决定彼此之间对同一海区整体大陆架的比例分成。正是因为外大陆架相邻部分的划界内容直接牵涉到相邻国家对其自身外大陆架的期待权益，因此任一海岸相邻国家显然不会同意将这部分的划界内容完全交由委员会和与其毗邻的申请国来决定，而是会提醒委员会这部分的外大陆架存在两个相邻国家之间的划界争议。所以说，由沿海国向委员会所提交的外大陆架划界申请案的单方性，与外大陆架相邻部分划界内容的双边争议性两者之间，无疑构成了显著的结构性矛盾，进而导致了委员会基本不可能对这部分外大陆架划界内容进行实质审理。

这就在海洋法理论上牵扯出了两点理论质疑：

其一，如果委员会因为这部分的外大陆架划界内容存在双边争议而不予审理，将这部分外大陆架界限的最终划定工作交由两个相邻国家自行缔约解决，这是否意味着对现有《公约》制度体系的理论突破？即200海里以外的大陆架划界权限，不是完全依据委员会的决定和建议，而是可以部分地交由两个沿海国家来自行协商。2012年国际海洋法法庭裁决的“孟缅海洋划界案”也在判词中提到了委员会在此事项上所面临的矛盾情形。而在现实之中，相邻部分外大陆架划界的权限，不仅可交由两个相邻的沿海国家来自行解决，在事实上也已由国际法院、国际海洋法法庭等国际司法机构来行使这部分内容的划界权力，以填补委员会在该领域的功能缺失。

其二，在实践中，两个相邻国家几乎必然会对彼此外大陆架相邻部分的划界存有竞争性主张(如果作为前提的自然条件得到满足)。[①] 正如前文所述，是因为双方对同一海区整体大陆架的比例划分以及期待权益的存在利益之争，因此，两个相邻国家对这部分外大陆架的划界方法存在争议，也是极其自然的。这就进一步引申出了一个理论问题，即在外大陆架相邻部分的划界，是应当严格遵照《公约》所规定的对外大陆架外部界限的划定方法，还是应该沿用200海里以内海洋划界的规则方法，即在200海里以外的外大陆架划界问题上适用诸如“自然延伸”“等距离中间线”“公平原则/特殊情况”等划界方法？前文已然述及，如果严格适用《公约》关于划分外大陆架外部界限的方法规定，则根本不存在外大陆架相邻部分的划界疑义，所有关于外大陆架划界的方法问题都

① Nugzar Dundua, “Delimitation of Maritime Boundaries between Adjacent States”, Toyko: Paper Submitted for the Programme of the United Nations—The Nippon Foundation, 2006-2007, p. 5.

将限定在申请国的单方主张与委员会的单方审核之间。但这种理论化的简单假定，很难立足于现实的外大陆架划界实践，并且相邻国家确实有充足的理由介入到这部分的外大陆架划界内容之中。① 因此，相邻国家之间关于彼此外大陆架相邻部分的划界方法争议，实际是围绕着在这部分该准用何种200海里以内的海洋划界方法来展开。这就引发了另一个理论质疑，即有关"自然延伸""等距离中间线""公平原则/特殊情况"等本应适用于200海里以内海区的划界方法，事实上已被准用于200海里以外的外大陆架之上，这种做法是否确有充足的理论依据？众所周知，《公约》之所以在200海里界限内外设置内容明确有别的大陆架划界规则，其缘由正如本书第一章所述，一国在200海里以内的大陆架划界从理论上说具有单方性质（除非在现实中存在与他国划界的实际情形），因为大陆架是一项确权性法律制度，一国大陆架的法权来源是固有且无须宣示的；但一国在200海里以外的外大陆架划界，则必须在遵守《公约》的有关规定之外，还需经过向专业性的大陆架界限委员会提交申请——委员会进行技术上的审议鉴定——最终的宣示划定程序。这就体现了距离标准下不同区域的法权来源依据的本质区别。200海里是《公约》对一国大陆架权利边界的一般性距离限制，在此距离之内，一国的大陆架权利是其所固有的，该国无须宣示甚至其自然延伸达不到200海里的条件，也可在理论上当然地享有完整的大陆架权利内容；而在200海里的距离之外，非经委员会的"专业认证"程序，一国便无法拓展其大陆架权利边界，并且即便是该国取得超过200海里的外大陆架，该国在外大陆架上的权利内容也是与其在200海里以内大陆架上的权利内容有着显著差异，一国在外大陆架上的权利内容终究是不完整和受限制的。由此可见，在制度设计的法理基础上，200海里以外的外大陆架区域与200海里以内的大陆架有着本质区别。因此，作为法理基础迥异于彼此的两套规则安排，不可当然地越过《公约》所确立的200海里的距离界限，否则就会混淆两者之间在法理基础和权利来源上的差异。所以说，将200海里以内海区的划界方法准用于200海里以外的外大陆架之上的做法，在理论上缺乏充分的法理依据和充足的逻辑联系。但拒绝采取上述做法又会使相邻国家在这部分外大陆架划界问题上的争议无法得到实质解决。由此可知，关于相邻国家之间外大陆架相邻边界的划界问题，确实是现有海洋法理论中的一个盲点部分。

---

① Nugzar Dundua, "Delimitation of Maritime Boundaries between Adjacent States", Toyko: Paper Submitted for the Programme of the United Nations—The Nippon Foundation, 2006-2007, p. 6.

可以肯定地说，《公约》规定中的外大陆架划界规则及其他海洋划界规则，显然是着眼于常规的海洋划界问题，而非是各种特殊性表征非常突出的北极海域。在《公约》的文本内容中，对世界所有海洋、自然状况迥异的不同海区一律采取公式化的划界技术标准，明显是把 200 海里外大陆架外部界限的划定工作假定在了一种理想海洋划界前提之下，即申请外大陆架划界的国家都是位于宽大陆架上的国家。由于划设外大陆架外部界限是将各国现有的 200 海里以内大陆架边界朝大洋中心区域的方向推进，而可以常态化利用的太平洋、大西洋和印度洋，都因为大洋面积的浩瀚广阔，且位于大洋中心区域的岛屿数量稀少、陆地面积极其有限，因此周边沿海国家向大洋中心方向推进其外大陆架外部界限，不大可能与其他国家从相反方向推进的外部海洋边界发生正面冲突，即外大陆架外部界限的划定，从理论上说，基本不会出现相向国家的海洋划界问题。虽然在这种理想化的假定前提之下仍然不能避免相邻国家的海洋划界争端，但既然两个相邻国家都面向开阔的大洋并拥有宽广完整的大陆架，那么在预期资源利益都足够富足的双方之间，达成妥协并非难事。事实上，无论是否需要划分相邻部分的外大陆架边界，相邻海域的海洋划界在其他三大洋的大部分海区都不存在太大的技术和法律适用困难。从技术上说，这是因为相邻国家所面对海洋地理地质条件大体一致；从法律上讲，是因为相邻国家之间的划界主张重叠区往往小于相向国家之间的重叠区，而且在后者的情形中，采取不同的划界方法所导致的利益此消彼长的效果更加显著。故而在一般海洋划界领域，相向国家的海洋划界难度通常大于相邻国家。①

但在自然环境特殊的北极海区，上述情况恰恰是颠倒过来的。在形态封闭、面积狭小的北极海域，适用 200 海里外大陆架划界规则所导致的突出问题，除了围绕北冰洋中央洋底地形的科学与法律属性的认定问题而产生的激烈争议之外，就是各国间大量外大陆架相邻部分的划界矛盾丛生。相反，由于北冰洋总面积偏小的缘故，北极国家之间外大陆架的相向划界问题并不突出，也不是特别重要。这一问题在北极地区基本与划设外大陆架外部界限的范畴同义，属于需要向委员会申请审议的内容。在由委员会通过相应的北极外大陆架外部界限之后，可能需要协调外大陆架部分相向划界的国家主要是俄罗斯/加拿大与俄罗斯/丹麦（格陵兰）。由于北冰洋洋底区域的外大陆架并未正式划

① Nugzar Dundua, “Delimitation of Maritime Boundaries between Adjacent States”, Toyko: Paper Submitted for the Programme of the United Nations—The Nippon Foundation, 2006-2007, p. 3.

定，上述结论只是一种结合外大陆架划界规则在北极地区适用前景的理论预计，尚缺少具体技术性数据资料的支撑(当然，目前北冰洋中央区洋底的自然条件和各国的科考能力也暂时难以完成这一区域的全部任务)。如果(1)以后有更精确的科考数据，能证明即使是适用外大陆架划界规则，也可以在北冰洋中央区洋底保留面积较大且相对完整的国际海底区域；或者(2)主要北极大国有朝一日也像挪威一样，出于现实考虑而在外大陆架划界进程中不再坚持对北冰洋中央区洋底最大份额的分割诉求；或者(3)未来北极地区的法律秩序建构发生了有利于广大域外非北极国家的根本性变化，比如《公约》在外大陆架划界规则的适用范围上做出关键性修改，限制了外大陆架划界规则在北极地区的适用，抑或是在内容上类似于《南极条约》的北极区域性国际公约得以订立并冻结了各国在北极地区的外大陆架划界主张，则俄罗斯与加拿大、丹麦(格陵兰)之间甚至可能不存在外大陆架部分的相向划界问题。但无论北极地区的政治与法律博弈格局是否发生剧变，北极国家之间的相邻海洋划界问题仍将在北极地区的各类海洋问题中占据突出位置。

而且还需指出非常重要的一点，即各北极国家围绕外大陆架相邻部分的划界争议更具有可以直观评估的现实价值。因为在现有的技术条件下，各国还达不到在北冰洋中央区大规模开采资源的水平，因此，划设朝向北冰洋中央地带的外部界限，正如前文所述，暂时仅具有政治上和法律上的“圈地”功能，但将其上的潜藏资源转化为现实意义的经济收益，则属于远景性质的目标；而对于位置更靠近有关国家海岸的外大陆架相邻部分边界来说，在其上开发利用资源的技术难度和运营成本显然要低得多。美国和加拿大在波弗特海的划界纠纷，就是因两国外大陆架相邻部分划界主张重叠区内的可观资源矿藏而起。①

尽管北极国家之间已划定了相当数量的相邻海洋边界，但基本实现相互间相邻海洋边界问题全盘解决的北极国家，只有俄罗斯/挪威、加拿大/丹麦(汉斯岛的主权归属除外，但汉斯岛的主权之争不影响两国相邻海洋边界整体划定的大局)与丹麦/挪威。综观各国间其余部分的相邻海洋边界现状，都或多或少地存在划界纠纷，这部分划界问题已在前一章得到了具体介绍。而与北极外大陆架外部界限的划定问题相比，虽然环北极各国间的相邻海洋划界看似不会像前者一样带来对北冰洋国际海底区域面积大小的直观影响，但倘若各国无法

① James S. Baker and Michael Byers, “Crossed Lines: The Curious Case of the Beaufort Sea Maritime Boundary Dispute”, *Ocean Development and International Law*, Vol. 43, Issue 1 (2012), pp. 70-95.

达成类似于俄挪、加丹那样的海洋划界协议来解决其相互间的相邻海洋划界纠纷，北极国家大幅拓展其朝向北冰洋中央区地带的外大陆架外部界限的意图，就将难以在全局意义上如愿以偿。

略带讽刺意味的是，因上述问题所导致的北极外大陆架划界整体进展有限的困局，其主要推手未必是因自然条件和技术水平限制所引致的测绘困难，相反更多是来自北极国家内部的政治和法律掣肘。相关国家大多以本国的国家利益以及政府的政治利益为出发点来考虑北极外大陆架的划界问题，并且在法律的认知和理解问题上，对海洋划界规则及其适用的标准与方法存在不同解读。美国和加拿大在波弗特海外大陆架相邻边界的划定问题上的争执就是一典型例证：两国大陆架权属声索重叠区基本处于 200 海里以外的外大陆架部分，而在 200 海里以内的海洋划界问题上反而无太多争议。因此美加之间的波弗特海划界纠纷实际就是 200 海里外大陆架相邻部分的划界问题。加拿大在这一部分的划界立场是依据 1825 年《英俄边界条约》所确定的西经 141°子午线以及扇形理论，而美国主张 1825 年的《英俄边界条约》只划定了陆地边界，与海洋划界无关，扇形理论于国际法上没有依据。美国主张按“等距离中间线”划界方法划定两国在波弗特海的边界。如果首先在波弗特海为两国划出一条临时等距离线，则有一条等距离线将部分地位于 350 海里界限以外，这就将涉及两国 200 海里以外乃至 350 海里以外的外大陆架划界争议问题。①

正如前文所述，在北极地区两国外大陆架相邻区域准用 200 海里以内的海洋划界法律规则，在现有海洋法制度体系中似乎缺少足够的理论依据，尽管有关国家和国际司法机构已开始在实践中“试水”这一理论盲区。但这一做法仍然会导致相当多的不确定性因素。这些不确定性因素与相邻部分外大陆架划界所引起的理论争议是基本对应的。

首先，这种不确定性体现为：即使确定在北极地区两国外大陆架的相邻部分准用 200 海里以内的海洋划界法律规则，是否需要一并准用 200 海里以内的海洋划界具体方法？还是可以视两者是否存在不同的地理地质情形，从而采取不同的具体划界方法？最具有可操作性、且易于统一的具体划界办法即为前者。既然已在外大陆架部分准用 200 海里以内的划界规则，那么就应当与 200 海里以内的划界采取同一划界标准，比如以“等距离中间线”作为划分两个相

① James S. Baker and Michael Byers, “Crossed Lines: The Curious Case of the Beaufort Sea Maritime Boundary Dispute”, *Ocean Development and International Law*, Vol. 43, Issue 1 (2012), pp. 70-95.

邻国家 200 海里以内大陆架及 200 海里以外大陆架相邻区域的共同划界方法，从而可以相当便捷地在两国大陆架之间划出一条完整的海洋边界。倘若在这两类相邻区域(从自然延伸形态上来看实为一处相邻区域，只是两者与领海基线的距离不同)选择采用不同的划界方法，则表明需要对 200 海里内外的不同大陆架相邻区域进行逐次性的具体划界。以上两类选择均有实例佐证：俄挪两国在巴伦支海"甜圈洞"部分的海洋划界实践显示，该区域 200 海里以外大陆架划界所适用的法律规则与这个距离以内的海洋划界方法并无不同。从地质形态来说，"甜圈洞"全部属于大陆架地质结构，形态完整平坦，且被挪威和俄罗斯 200 海里管辖区域所包围。因此这个区域海洋边界的最后划定，完全是通过两国谈判和缔结《俄挪海域划界与合作条约》来解决的。因此俄挪两国在"甜圈洞"部分的外大陆架相邻区域划界问题上，直接延伸了双方 200 海里以内的海洋边界线。但加拿大和美国之间的大陆架重叠区情况则完全不同：在超过 150~200海里的地方，波弗特海的海水深度迅速增加，海床底土的位置急剧下坠。而且北冰洋面积最大的海盆——加拿大海盆(Canada Basin)在此明显朝北美洲方向尤其是加拿大方向切入，根据该区域 2500 米等深线的位置，加拿大的大陆架似乎根本不能扩展。① 而美国不仅仍有机会与俄罗斯分享楚科奇边境的外大陆架，在波弗特海外大陆架的划界争夺战中也占上风，这意味着美国可能占有其在波弗特海争议海区的大部分大陆架资源，加拿大最不能接受的地方也在于此。因此，在这一海区划分两国外大陆架的相邻区域，直接延伸两国 200 海里以内的海洋边界线的办法并非合理选择。美国在与加拿大的波弗特海划界纠纷中也认为，在相邻海岸的划界案例中，可以用不同的划界方法来处理 200 海里界限以内大陆架划界和在这个界限以外的外大陆架划界问题。如果对这两个区域逐次地划界，与将它们划界工作一并处理很可能造成不同的结果。②

其次，对于北极国家在这部分的外大陆架划界而言，在各种具体的海洋划界方法中应如何加以选择适用，也具有不确切性。从目前的国际海洋划界实践情况来看，由国际法院和仲裁机构通过划界判例发展起来的以公平原则为核心的划界规则可被认为是海洋划界法律现状下的习惯法规则，不过公平原则的实现还需综合考量一系列因素，并通过更加具体的划界方法体现出来。"等距

① P. R. Vogt, P. T. Taylor and L. C. Kovacs, "The Canada Basin: Aeromagnetic Constraints on Structure and Evolution", *Tectonophysics*, Vol. 2 (1982), pp. 295-336.

② David H. Gray, "Canada's Unresolved Maritime Boundaries", *Geomatica*, Vol. 48, No. 2 (1994), pp. 131-135.

离/特殊情况”的划界方法则是目前国际海洋划界实践中被采纳次数最多的一类划界方法，非但不与公平原则相悖，而且可以在大多数情况下大体反映出公平原则所预期的效果。因此“等距离/特殊情况”的划界方法是当前最有可能发展为一项具体的国际海洋划界习惯法规则，尽管其在法律确信因素上仍有缺失。① 至于最有动力主张“扇形原则”的俄罗斯和加拿大两国，则希望直接以子午经度线来整体分割大片北极区域。但以“扇形理论”来划分各国在北极边界的主张在当今的国际社会很难获得支持，俄加两国现阶段也不再公开坚持扇形理论的划界主张。② 如果排除了扇形线的划界方法，且不以“等距离/特殊情况”的划界方法作为北极各国外大陆架相邻部分划界的首选因素，而仅以“自然延伸”作为划界的考量起点，那么北极海岸外陆架构造极为发达的俄罗斯将是北极五国中最大的受益方，而北美洲的美国和加拿大权利主张将受到明显的地理限制，或将在波弗特海海区无法获得多少超过200海里的外大陆架份额，因而难以形成完整的外大陆架相邻边界。

最后，也是最重要的一点，在外大陆架相邻区域的划界问题中准用200海里以内海洋划界规则的做法，除了存在具体划界操作方法上的不确定性，也将直接使委员会的地位、作用及未来前景陷入更大的不确定性之中。毕竟《公约》在制度设计上，没有对相邻国家各自外大陆架外部界限之间超过200海里区域的相邻边界的划界方法做出规定。因此从理论上说，各国无权划定超过200海里区域的任何大陆架边界，无论是外大陆架的外部边界，还是位于外部边界两侧、与相邻国家之间的外大陆架部分的边界，这两部分理应是由大陆架界限委员会来负责的内容。但在实务操作中，2006年挪威划界案中的巴伦支海“甜圈洞”部分的外大陆架划界问题实际上就是一个俄挪两国外大陆架部分相邻边界的划定问题，而这一问题最后是由俄挪双方自行解决的，并且委员会的建议恰恰也默许了这一点。但由于缺少必要的理论依据和制度规定，这种将200海里以内海洋划界方法扩大适用的做法并不能获得确定的合法性认可，也不意味着这种实践已常态化为构成国际法渊源之一的国际习惯。因此这种做法的今后命运仍有待观察，其前景从目前来看也是充满变数的。

---

① 高健军：《国际海洋划界论——有关等距离/特殊情况规则的研究》，北京大学出版社2005年版，第185页。

② Janice Cavell, “Sector Claims and Counter-claims: Joseph Elzéar Bernier, the Canadian Government, and Arctic Sovereignty, 1898-1934”, *Polar Record*, Vol. 50, Issue 254 (2014), pp. 293-310.

三、北冰洋中央区洋底地形属性的认定问题

由于北冰洋洋底地形的复杂性，目前对北冰洋中央区洋底地形的属性认定工作仍然具有不确定性。对于有关国家在北极海域的外大陆架划界申请案来说，确定大陆架外部界限的关键在于对洋脊属性的认定。因此对北冰洋中央区洋底地形属性的认定工作属于申请案中所必须包含的客观要件，同时这也是北极国家能否打开整个北极地区 200 海里外大陆架划界局面的关键所在。北极海域大陆架总面积的确定，很大程度上取决于北冰洋中部三条主海岭应如何依据 1982 年的《公约》第 76 条进行分类。

已有的科考数据显示，三条沿短轴方向相间排列着的近于平行的海岭：罗蒙诺索夫海岭、北冰洋洋中脊(Gakkel Ridge)和阿尔法—门捷列夫海岭，将北冰洋海底地形分割成不同的海盆。这其中，罗蒙诺索夫海岭穿过北极点，横贯北冰洋洋底中部，将整个北冰洋洋底分为欧亚海盆和美亚海盆，而后两条海岭又将这两大海盆分割为四个更小的次海盆。其中，欧亚海盆被北冰洋洋中脊截分为阿蒙森海盆(Amundsen Basin)和南森海盆(Nansen Basin)，阿尔法—门捷列夫海岭则将美亚海盆分为加拿大海盆和马卡罗夫海盆。

北极海域的海底地质构造，尽管受到调查程度的影响在很多方面仍存有争议，但大体而言，从地壳结构与地壳厚度及其他地质地球物理资料来看，在地质属性上，北冰洋洋底的陆壳面积大于洋壳面积，这也是北冰洋与其他三大洋在海底地质构造上的最大差别。罗蒙诺索夫海岭、阿尔法—门捷列夫海岭为陆壳，欧亚海盆、美亚海盆均为洋壳，而从欧亚海盆中部横贯而过的北冰洋洋中脊实际上是大西洋洋中脊向北延伸的部分，使欧亚海盆与北大西洋相连通，并使挪威已承认其 200 海里外大陆架划界主张不及于北极点，[①] 属于《公约》第 76 条第 3 款所规定的“沿海国不能主张 200 海里外大陆架”的深洋洋脊。因此，对于北冰洋中部地质结构属于陆壳、但具体洋脊属性仍有待证明的罗蒙诺索夫海岭的考察，也就成了俄罗斯、加拿大和丹麦三国北极科考当中的重中之重。

罗蒙诺索夫海岭的一端位于俄罗斯北冰洋沿岸的新西伯利亚群岛附近，沿东经 140°经线通过北极点，延伸到加拿大北部的埃尔斯米尔岛东北侧。参考《公约》第 76 条的有关表述，我们可以看到有关大陆架的定义并没有使用地质术语，而是用地貌概念(即海水深度和海床形态)来进行界定，因此这可以理

① 李学杰、万玲、万荣胜、韩冰、杨楚鹏、姚永坚：《北冰洋地质构造及其演化》，载《极地研究》2010 年第 3 期，第 271～285 页。

解为大陆架的定义并非通过地壳属性来决定。地质属性为陆壳，不一定就是大陆架，相反，洋壳性质也不一定就不是陆架。① 因此，罗蒙诺索夫海岭和阿尔法—门捷列夫海岭的洋脊属性问题，还需要大量的证据证明。

俄罗斯、加拿大和丹麦三国均力图证明地理位置极为重要的罗蒙诺索夫海岭是其本国陆地领土的自然延伸。在 2001 年俄罗斯划界案中，关于门捷列夫海岭和罗蒙诺索夫海岭属西伯利亚大陆边缘的“自然延伸”的观点未获得大陆架界限委员会的认可。毋庸置疑的是，要证明这些海岭、海底高地与相邻陆地的关系，尚需更多的野外调查，收集更多的地形地貌与地质地球物理证据。但以目前的技术水准，有关北冰洋中央区洋底海岭的基础数据，还很难搜集充分以支撑划界诉请，这也是俄罗斯首次提交的北极海域 200 海里外大陆架划界申请案于 2002 年遭到联合国大陆架界限委员会以“有关大陆架外缘大陆坡脚线的数据不够充分”为由驳回的最主要问题所在。故而从目前的自然和技术条件来看，俄加丹三国均很难在短期内得以遂愿。

第三节　北极地区国际海底区域的可预期范围

如果严格依据《联合国海洋法公约》第 76 条有关外大陆架的划界规则，几个北冰洋沿海国在几番提交申请案与资料补正之后，将以和平合法的方式，顺利地将其对北极大陆架的管辖权利扩展至 200 海里之外的北极外大陆架海域。初步迹象表明，北极国家的外大陆架将覆盖北冰洋的绝大部分海域。但即使是最大限度地在北极地区适用 200 海里外大陆架划界规则，北冰洋也不会全然为北极国家所瓜分。在北极各国大陆架外部界限以外，仍然有国际海底区域的存在。国际海底区域，是属于全人类的共同继承财产，大陆架外部界限即为国际海底区域的界限。因此，要确定国际海底区域的范围，必须先确定沿海国的大陆架外部界限。如果沿海国无限扩展本国大陆架范围，国际海底区域自然会被压缩直至消失。因此，北极地区的 200 海里外大陆架划界不仅关系到环北极国家的利益，也关系到其他非北极国家的权益。

一、国际海底区域制度及其在北极地区的适用前景

国际海底区域的法律权属与大陆架不同，根据《公约》第 1 条的有关规定，

① 朱瑛、李金蓉：《北冰洋大陆架划界形势分析》，载《中南大学学报》(自然科学版) 2011 年第 S2 期，第 27 页。

国际海底区域是指国家管辖范围之外的海床、洋底及其底土，由于浅海的大陆架海床已“天然地”归属于沿海国法权管辖范围，而且如前所述，这一法权管辖范围从沿海国的领海基线算起至少有200海里，至多有350海里或2500米等深线之外的100海里，因此，国际海底区域主要是指距离沿海国海岸较远的公海的海底区域，其主要地理形态表现为深海或大洋的海床底土。国际海底区域是现代国际海洋法所明文规定的国际公域。根据1970年《各国管辖范围以外海床洋底及其底土的原则宣言》以及1982年《联合国海洋法公约》第140条，国际海底区域是为全人类共同所有的继承财产，其面积约占全部海洋面积的65%。① 区域内的资源开发法律制度受《公约》及1994年《关于公约第十一部分的执行协定》的调整，目前实行的是国际海底管理局与《公约》缔约国及其企业共同参与的“平行开发制度”。

不可否认，北极海域200海里外大陆架划界与国际海底区域之间存在制度冲突与协调问题。北极海域200海里外大陆架外部界限的划定势必触及关于北极丰饶资源的归属和共享争论，因此在北极海域同时适用200海里外大陆架划界规则与国际海底区域制度面临着巨大的现实障碍。而且从法理上讲，各国在北极海域所主张(包括日后实际取得)的200海里外大陆架的面积大小，与北冰洋国际海底区域完全是此消彼长的关系。北极国家如在实际操作中充分利用《公约》所规定的200海里外大陆架划界规则，即可能实现对北极海域的最大限度地大规模利益分割(尽管美国还不是《公约》的缔约国)。正如前文所述，如果北极国家最终都能够按照自己的200海里外大陆架划界主张取得在北极海域的200海里外大陆架份额，那么届时北极海域的国际海底区域制度建构很可能面临“空心化”的风险。

当然，在具体的实践操作中，两者并非没有相互“兼容”的可能。无论是哪个国家，要想在北极这个生态环境如此恶劣、敏感且脆弱的区域从事大规模资源勘探与开发活动，都必须充分考虑到资源开发所必需的资金、人力和技术支持程度，以及由资源开发所带来的气候及生态环境的副作用，因此北极区域的资源开发和利用问题，实则不可能有除却国际合作之外的第二种方案。确认有关北极国家在北极海域200海里外大陆架上的优先权属，事实上与区域外国家参与北极开发并不矛盾。倘若有关各方能通过北极理事会等机制性对话平台不断完善北极区域法律制度的整体框架，同属于《联合国海洋法公约》体系的200海里外大陆架划界规则与国际海底区域制度应能得到并行适用的现实

① 薛桂芳、胡增祥：《海洋法理论与实践》，海洋出版社2009年版，第169页。

空间。

二、依据不同标准所能取得的国际海底区域预期范围

如果按照《公约》第 76 条第 5~6 款的规定，采取不同标准的 200 海里外大陆架划界“限制线”来确定国际海底区域的位置和范围，则在不同标准下所能取得的国际海底区域的预期范围会有所变化：

(1)若北冰洋中央区的海岭均为深洋洋脊，则不能成为大陆边缘的构成部分，这样各国的 200 海里外大陆架外部界限限定在 200 海里，国际海底区域可以达到最大范围；

(2)若北冰洋中央区的海岭为海底洋脊，则大陆架外部界限不应超过 350 海里，国际海底区域明显减少；

(3)若将北冰洋中央区的所有海岭都认定为构成大陆边缘自然组成部分的海底高地，则大陆架外部界限在 350 海里的基础上，可采用 2500 米等深线外 100 海里的限制线使沿海国的大陆架达到最大范围。此时，环北极国家的大陆架将占据北冰洋的大部分海底区域，相反，国际海底区域缩减至最小范围，仅剩下两块狭小的区域，而北极国家的外大陆架外部界限则可囊括最大面积的区域。

事实上，依据现有公开数据的研究认为，整个北冰洋的绝大部分都有可能成为各国的外大陆架，只有两个区域不可能成为外大陆架。第一个区域位于加拿大海盆，为介于阿尔法海岭与楚科奇高地之间的一个面积极小的小梯形地带；第二个区域较大，位于北冰洋中脊之上，呈长条带状。

不过在现实中，基本可以确定的是，北冰洋中央区的所有洋底地形并非都能符合第(3)项的假定前提，科学界普遍认为北冰洋洋中脊为扩张性洋中脊，可以被划归为深洋洋脊的范围，即在北冰洋洋中脊之上，不可能建立任何范畴下的超过 200 海里的大陆架管辖区域。但对罗蒙诺索夫海岭和阿尔法—门捷列夫海岭的地质特征和属性还存在很多争议，目前有代表性的一种看法是，这两条海岭具有陆壳结构，可以排除是深洋洋脊，但其究竟是属于“海底洋脊”还是“海底高地”则需进一步地深入研究与调查；另一种有代表性的看法则认为，即使这两条海岭属于陆壳结构，也不意味着其不可能具有深洋洋脊的属性，在有关科学界定环节上，应将作为地貌术语的大陆架与单纯的地质构造相区分。因此位于陆壳之上的两条海岭究竟是“深洋洋脊”、“海底洋脊”还是“海底高地”，仍需要大量科学证据来加以证明。无论上述两种看法何者更为准确，因此得以肯定的一点是，可以导致外大陆架外部界限大幅扩展，同时国际海底区

域被大幅压缩的“海底高地”洋脊属性，不能被轻易地适用于对北冰洋中央区两条至关重要的海岭的属性鉴定问题上。因而最终的北极海域国际海底区域预期范围，应当比第(3)项假定中的范围更大一些。

由于外大陆架外部界限上的定点选取问题是划界申请案中与科技手段直接联系最为紧密的技术要件。巴西和俄罗斯划界案表明，200海里外符合《公约》第76条第4~6款要求的定点，不能与200海里界限上不符合这些要求的点相连接。① 因此，完成对北极中央洋底地形的科考调查，是外大陆架划界得以实质推进的必要前提。但因为北冰洋中央区域的自然环境和工作条件极其恶劣，这在一定程度上也放缓了各国在北极的外大陆架划界进程。事实上，北冰洋中央洋底区域的某些地方，其自然环境之恶劣，在现实的北极科考中，还存在难以到达和准确搜集数据信息的自然障碍。

由于对北极国家外大陆架划界主张以及国际海底区域预期范围的所有理论分析都是建立在北极科考的精确数据之上，这将促进各国对北极科考的关注与投入。中国作为北极科考的积极成员，同时还是《斯瓦尔巴德公约》的缔约国，有权在该条约的协定区展开科考研究甚至进行矿产勘查与开采活动。中国也可通过与北极国家之间的国际合作，在北极地区的不同海域进行科考研究。但足以确信的是，无论是按照何种标准来分析北极国家外大陆架划界主张和北冰洋中央区海岭的洋脊属性，北冰洋中央区域存在国际海底区域这一点是毋庸置疑的。

通过对环北极国家大陆架主张的分析，以及洋脊问题对大陆架划界的影响分析，我们发现在北冰洋存在国际海底区域，只是由于采用了不同的“限制线”，国际海底区域的预期范围会有所变化。因此加强北极科考方面的研究也是为了获得更精确的科考数据，根据北冰洋中央区海底的实际地质构造情况，尤须针对罗蒙诺索夫海岭和阿尔法—门捷列夫海岭展开进一步的科学调查，以确定这两者的洋脊属性，从而为最终确定北极海域的国际海底区域奠定基础。

同样，北极国家之间的政治与法律争议也能放缓北极外大陆架划界的进展，最终的北极国际海底区域具体范围预计将建立在精确科学调查(含委员会对其的认证)和各国协商妥协的双重基础之上，这有可能为未来的北极海底区域赢得相对更大的面积，从而有利于尽可能地保护属于全人类分享的国际共同利益。

---

① 贾宇：《200海里外大陆架划界案的新问题》，载陆泽宪主编：《中国国际法年刊2013年卷》，法律出版社2014年版，第642页。

通过上述关于北极外大陆架划界问题的具体分析，我们不难得知：北极的法律地位直接取决于北极国家外大陆架外部界限的划定。结合本章的主要内容，从国际法的角度来预判北极 200 海里外大陆架划界问题的发展走向，可以肯定的至少有如下两点：

第一，北极海域的 200 海里外大陆架划界问题在短期内不会获得根本性的进展，因为有关国家在北极海域利益主张相互重叠的比例很高，如俄罗斯、丹麦和加拿大都主张罗蒙诺索夫海岭为其本国领土的自然延伸，且北极点亦在其 200 海里外大陆架划界主张范围之内。对于争议海域外大陆架的划界问题，根据《公约》附件二的有关规定，大陆架界限委员会并不负责审理。①

第二，由于几个北极国家在北极海域的各自大陆架权利主张具有相当大的重叠面积，所以该问题的最终解决路径仍在于有关国家的相互协商，委员会的功能则更多地表现在科学层面的技术认定，而非其结论所伴有的法律影响力。因此可以说，如果《公约》的相关制度不发生改变，联合国大陆架界限委员会在北极海域 200 海里外大陆架划界问题上的实质作用，始终是相对有限的，并且将继续恪守其专业性、中立性和被动性的角色地位，而不会主动介入到北极国家外大陆架相邻部分的划界纠纷之中，也不会就可能涉及北极重大权属改变的事项做出具有法律性质的裁决意见。

① United Nations Convention on the Law of the Sea of 10 December 1982 (1833 United Nations Treaty Series (UNTS) 396), Annex II, Art. 9.

第四章　解决北极大陆架划界问题的具体构想

围绕北极地区大陆架的所有划界争议，其重点都不是技术层面的鉴定或法律含义上的理解，而是北极大陆架划界申请案通过之后所导致的效果本身。然而，从国际政治博弈的角度来看，尽管法理基础源于《公约》的200海里外大陆架划界规则在北极海域的适用会给国际社会的整体利益带来不可避免的消极后果,① 学界也一直对此提出质疑，认为应通过第四次联合国海洋法大会对《公约》的修改，达到排除200海里外大陆架划界规则在北极海域适用的目的，或者争取创设出一种类似于《南极条约》体系(Antarctic Treaty System)的"北极条约"模式，以此来冻结有关北极国家的大陆架权利扩张诉求。但南北极的显著差异已如前文所述，关于通过第四次联合国海洋法大会实现修改《公约》框架下有关法律规则适用范围的主张，无论从实体上还是从程序上都会面临巨大的困难。事实上，从俄罗斯和挪威这两个已有结论性意见的北极外大陆架划界申请案中所提取的反响情况来看，不难提炼出这样的信息：无论是俄罗斯还是挪威在北极海域的200海里外大陆架划界主张，都没有收到非北极国家的反应照会和评论意见。这与南极情况恰好形成了鲜明对照，亦由此可见上述两个构想在实际操作层面上的困难。

但倘若排除实践中的障碍性因素，我们必须承认，上述构想仍然代表了国际社会对北极地区走向的良好期待愿景。直面大国强权的霸道思维而敢于抵制周旋，客观思考现有国际法机制的偏差且努力予以修正，这种勇气与进取精神依然是国际社会乃至国际法学科所需为之共同奋斗的进步方向。因此，本章第一节仍然对有关构想的具体思路加以法理层面上的解读与论证，并探讨了实现有关构想的可行出路。毫无疑问，"剪不断理还乱"的北极大陆架划界问题的最终妥善解决还会经历一个充满斗争与妥协的漫长过程。北极问题并不会自动

---

① Myron H. Nordquist, John Norton Moore and Tomas H. Heidear, et al., *Legal and Scientific Aspects of Continental Shelf Limits*, The Hague: Martinus Nifhoff Publishers, 2004, p. 92.

朝着有利于广大非北极国家和全人类共同利益的方向发展，在现实之中甚至恰恰是反其道而行之，因此努力制约北极国家在大陆架划界问题上的进展，扭转北极区域进展的消极态势并创造出积极解决北极问题的可行机会，还有赖于域外非北极国家的共同努力，特别是域外大国的积极介入参与。此即为下一章内容所强调的根本主旨。中国参与北极事务，既有合法的权利依据，亦有客观存在的现实利益，更有属于与中国自身实力和地位相匹配的国际道义责任。并行不悖地坚持自身的原则立场与采取务实、渐进的北极战略，足以成为中国当前参与北极事务所必需的两大主轴。唯有如此，才有能力在现实环境中更有利地推进在北极地区的各项国际合作。同时中国亟待加强的地方，还有与目前北极科考进展相配套的全方位跟进措施，尤其需要加强以国际法工具与战略博弈方式双管齐下的手段运用。

本章是对解决北极地区大陆架划界问题的应然构想方案的讨论，而下一章则探讨的是应对北极问题的实然策略与途径，其中关于后者的论述将从中国的北极利益视角加以展开。

第一节 北极地区现有法律治理机制的不足与可能的完善路径

由于北极争端在现今的日趋白热化，涵盖诸多层面的争端都需要在一个动态博弈进程中得到综合解决。这表现在诸多方面：首先是北极的航道问题。曾几何时，苏伊士运河和巴拿马运河一直是作为国际航道中的主要航线，然而各种新兴因素日益显现的今天，北极地区新开辟的航道的商业运营价值正在不断上升；其次是北极的资源归属和开发问题，其归根到底还是取决于北极海域大陆架等海洋划界争端的走向；当然，北极地区的各类争端也并不仅限于海洋法问题，即使是北极地区的海洋争端通常也与国际条约法、国际组织法以及国际法的其他部门法有所交叉。例如北极国家的相互间大陆架边界的划定就必须依据北极地区现有的双边划界条约，北极国家也非常重视以北极理事会为平台，统筹及协调各国在北极地区的活动步调，并确保其在北极理事会中对于非北极国家的优先地位。与此同时还有北极的环境保护问题，包括北极地区的脆弱的气候系统、生态环境和稀缺的生物资源，都已在急剧变化的北极当前局势面前受到更严峻的挑战和威胁。因此从区域治理的角度统筹规划适用于北极地区的制度框架就显得极为必要。目前，北极区域现有的治理框架面临体系性的重思和制度化的完善，在目前众多专家学者提出的有关构想方案当中，关于《联合国海洋法公约》在北极地区的适用效果问题以及是否需要借鉴既有的《南极条约》来制定“北极条约”的讨论，是最主要的争论主题。但无论是既有的《联合国海洋法公约》还是构想中的“北极条约”，都是既有可取之处又有明显不足，需要从政治及法律的角度综合各方的利益诉求，而且以上两个构想方案的落实均不可能在短期内一蹴而就。因此，妥善处理好北极区域治理框架的构建问题，势必会对北极区域政治经济的合作及良性发展产生广泛的影响和积极的示范作用。

一、北极地区现有法律治理机制的不足

目前，关于北极地区法律制度的建构框架主要有《公约》和1920年的《斯瓦尔巴德公约》。但后者仅适用于斯瓦尔巴德群岛这一北极地区的局部范围，存在调整区域过于有限的问题，难以覆盖全部的北极区域。《公约》对于北极地区的法律规制也存在明显的缺陷和不足，其具体表现为：

第一，《公约》未对两极尤其是北极地区的法律地位做出明确规定，使其难以应对北极的具体情况，还可能导致少数北极国家片面援引《公约》中的200海里外大陆架划界规则，通过“公器私用”图谋大规模圈占和瓜分面积有限但资源储量丰富的北极。

通观《公约》全文可知，它并非是为了北极地区而专门制定的法律，《公约》全文无一处提及北极或两极海域应被赋予与一般海域不同的法律地位。[①] 虽然《公约》第234条明确提出以“冰封区域”作为适用范围，但对于在冰川逐步融化的、明确的北极地区却很难创建一个清晰易懂的法律框架。[②] 该条款的内容是：“沿海国有权制定和执行非歧视性的法律和规章，以防止、减少和控制船只在专属经济区范围内冰封区域对海洋的污染，这种区域内的特别严寒气候和一年中大部分时候冰封的情形对航行造成障碍或特别危险，而且海洋环境污染可能对生态平衡造成重大的损害或无可挽救的扰乱。这种法律和规章应适当顾及航行和以现有最可靠的科学证据为基础对海洋环境的保护和保全。”虽然从自然地理特征上看，这一条款似乎是针对北极地区的一个专门性规定，但是不能把它作为《公约》中的独立“北极条款”对待。该条款系《公约》第十二部分“海洋环境的保护和保全”中第八节“冰封区域”的内容，且该条款是该部分

① 黄德明、章成：《北极海域200海里外大陆架划界与北极区域法律制度的建构》，载《法学家》2013年第6期，第170页。

② Donald R. Rothwell, “The Arctic in International Affairs: Time for a New Regime”, *The International Journal of Marine and Coastal Law*, Vol. 11, No. 12(2008), pp. 37-38.

该节的唯一条款。对于北极地区来说，第234条赋予北极国家制定法律规章保护海洋环境的权利，以避免对它们的专属经济区造成污染，其中说明了赋予权利的特殊地理原因，同时对北极国家的权利予以限制。《公约》该条款内容的简约在当时的自然条件下影响并不大，但随着北极冰雪的不断消融，北极海域的通航、海洋科研和资源开发等问题纷纷涌现，北极治理的法律依据问题也显得尤为突出了。

鉴于气候变化在刺激北极问题上的重要性，《联合国气候变化框架公约》应该与《公约》成为并列的北极全球性治理框架公约。但是，这两个公约的内容仍然需要更加细致的条款予以补充。相比之下，关于《公约》在北极海域的适用规则显得更加模糊和缺位。因为《联合国海洋法公约》在北极地区的规则适用存在较为明显的缺失，而仅有的若干规则从其字面含义来看又极有可能导致不利于非北极国家和国际社会共同利益的消极后果。这也是北极国家片面强调只能依据《公约》"既有规则"解决北极问题的隐含目的。

第二，现行《公约》存在未能紧跟当前海洋科技发展趋势的不足。由于北极地区的主体部分是海洋，北极争端的实质是北极国家围绕海冰即将大范围消融的北极海域而展开的海洋划界问题拉锯战，同时会对北极地区诸多争议的走向以及既有的国际格局利益分配产生实质性的影响。但《公约》对于大陆架在法律上的最外部界限的划界规则界定不清，标准难以把握，同时受限于北极地区的复杂气象海况条件，人类对于北极地区地理地质状况的掌握尚未达到十分精确的程度。因此，在对北极地区海底海床大陆架尚未充分掌握的前提下，就片面依据反映二十世纪七八十年代认识水平的《公约》的有关规定来决定北极大面积海床底土的法律地位及性质权属，未免失之草率。

此外，《公约》缔约国可以任意选用对其有利的划界标准来最大范围地扩展其大陆架边界。倘若《公约》将外大陆架的外部界限严格限定在350海里，北极地区尚可保留相当份额的国际海底区域，但由于《公约》还规定了"2500米等深线+100海里"这一外大陆架划界规则，当这一规则在平均深度不足1000米、97%以上的海区深度不足2500米的北极海域得到适用，则北极地区的国际海底区域将被瓜分殆尽。

由此可见，北极地区的外大陆架划界问题无疑是诸多北极争端在国际法视域下的核心和关键，它的演进趋势将为北极问题的综合解决指明方向。① 然而

① 章成、顾兴斌：《国际法视阈下的北极海域外大陆架划界问题论析》，载《国际论坛》2013年第4期，第45~50页。

《公约》的有关规定已经间接鼓励有关国家出于利己而非严肃的科学动机来提交200海里外大陆架划界申请案。例如，在北极地区的争夺中最为积极的俄罗斯，早在2001年就向大陆架界限委员会提出划界案申请，尝试将本国200海里外的大陆架外部界限扩展到位于北冰洋中部的罗蒙诺索夫海岭。与此同时，美国和加拿大也加紧了对于大陆架的勘探和划界工作。“正如对大陆架宣示主权那样，双边的洋底划界问题至关重要。因为它决定了哪一个国家在大陆架和专属经济区的自然资源上享有主权。这些资源包括生物资源(渔业资源、甲壳类动物和无脊椎软体动物)和非生物资源(主要是指石油和天然气资源)。”①在能源危机突显的今天，正是由于大陆架本身所蕴含的丰富的生物资源和能源资源对一国经济和社会的发展显得尤为重要，导致对北极的开发已经超出了单纯的地质勘探和国际法习惯的层面，而更像是周边国家为了追逐利益而在政治和外交手段方面的博弈。

第三，《公约》所确立的法律制度的执行力及其争端解决机制的强制力明显受到质疑。这表现在：一方面，《公约》对于北极地区目前所面临的海洋法问题，诸如外大陆架划界问题、海洋划界纷争解决问题、通航自由问题以及生物资源和非生物资源的管理和控制问题，都创制了一系列管理体系。然而，《公约》在哪些方面没有做出明确的规定远比其在某些方面做出的规定重要得多。② 现行法律体系只是规定了要管理什么，为什么要管理，但是在怎么样管理上却还留有真空；特别是，对于美国这些未签署和批准加入《公约》的国家来讲，如何对它们进行规制，使其能够按照成员国的规范和流程行事以达到既定的目标，还是一个很大的挑战。这种不完善的状态势必对通过法律来解决北极地区问题产生不利影响。

另一方面，虽然《公约》拥有强制性争端解决机制，但在实际中遇到棘手问题时，还是会凸显强制力不足和惩戒性不够的弱点，难以对破坏北极地区和平划界的行为采取有震慑力的措施。也正是由于存在弊端，因而迫切需要完善北极地区的法律建设。

二、建构北极法律治理框架的可能模式利弊讨论

北极问题的复杂性以及各类争议不断浮出水面，给北极区域的法制建构提

① Louise Angélique de La Fayette, “Oceans Governance in the Arctic”, *The International Journal of Marine and Coastal Law*, Vol. 23, No. 12(2008), pp. 545-569.

② Ibid.

出了严峻挑战。因此谋划北极区域整体法制框架的建构十分迫切。如前所述，海洋划界和航道规制问题是北极区域法制框架建构的重中之重。苏伊士运河和巴拿马运河曾经一直是主要的国际航道，然而在日益膨胀的货物运输量和日益猖獗的海盗等威胁出现的背景下，北极航道来分担甚至替代其他航道的计划被提上日程。而北极地区丰富的油气资源主要存储在北极大陆架及北极国际海底区域的底土之上，因此资源归属问题的完全解决取决于北极海域大陆架问题的解决。而北极区域法制框架的建构需要解决的问题不仅限于海洋法，也包括国际组织法、国际环境法、国际人权法等共同规制。因此，妥善处理好北极地区的法制建构问题，势必会对北极区域政治经济的合作及良性发展产生广泛的影响和积极的示范作用。

(一) 建构北极法律治理框架的基本内涵及要素

结合上文论述不难看出，作为北极地区现有法律治理的主要规范框架和运行机制的《公约》，对于北极地区的规则调整能力存在颇多缺失之处，其主要缺陷和不足均反映在北极地区的大陆架划界争议问题上。这也说明，作为一项演变中的国际法问题，北极地区的大陆架划界问题具有高度的战略意义。这不仅直接关系到资源开发利用的权属问题，同时还将牵涉到北极海域国际海底面积大小的确定，这些问题都涉及国际社会中数量众多的非北极国家的切身利益。环北极国家围绕大陆架划界问题所开展的紧锣密鼓的法律行动，其核心意图就是争夺北极地区的各类资源。因此，改进《公约》对北极地区的调整力和执行力较弱的现状，必须尝试建构一套较为可行的北极法律治理框架，其基本内涵及要素应当包含以下两个方面：

一方面，可行的北极法律治理的基本内涵是在和平、环保、可持续发展与国际社会共同利益的基础上，以北极区域国际法为主要的制度性规则架构来安排，以应对当前由北极问题所引发的地区性和全球性综合挑战，最终推动北极地区的法律和政治秩序从失序走向有序，实现北极域内域外各国的和谐共赢，维护北极地区的和平安宁局面，推动北极地区的法治化与国际合作。

另一方面，可行的北极法律治理框架应包括三个基本要素。其一，强化北极法律治理机制的执行力，这是当前北极法律治理机制所面临的最大问题，因此构建有关北极区域法制框架并强化其规则的有效性和执行力，推动北极治理规则从国际“软法”逐步走向“硬法”，是应对目前北极治理困局的最为重要的应对途径，同时推进北极法律治理的责任落实及政治层面的国际合作。

其二，推进全球及区域范围不同层次主体对北极共同治理的广泛参与。这意味着在主权国家层面吸纳北极域外国家的参与和合作，在非国家层面鼓励北极地区地方政府、原住民族群社团、拥有先进资源开发技术的跨国公司以及域外环保型公益组织的共同参与，促使未来北极法律治理的框架能够切实全面地反映各利益攸关方的诉求，从而保障各方参与北极事务和北极治理的合法权利。

其三，维系北极治理体系的多元平衡。这是由前两项要素的题中应有之义。北极问题的外溢性使其不可能是一项简单的地区事务，也不可能仅由极少数北极国家来主宰复杂性和连带性极高的北极事务。只有北极区域法制框架在规则设计上保障多元平衡的权力和利益分配格局，才能保障北极地区法律治理框架的建构向着公平、公正的方向发展。

（二）创制“北极条约”的现实需求及潜在困难

目前，建构北极地区法律制度主要有三个构想：第一，借鉴《斯瓦尔巴德公约》。该条约于1920年由33个缔约国所订立，很好地解决了北极地区斯瓦尔巴德群岛的纠纷，实现了挪威政府在权利和义务两方面的统一，是解决北极地区领土争端的成功典范。如果效仿《斯瓦尔巴德公约》的做法，那么在该协议的范围内，不仅所有缔约国的公民都可以正当地生产生活居住，各国的科考队也都可以获得便利的场所和政府的保护，为促进北极地区科学考察做出贡献。与此同时，也能保证主要国家的权利和义务的对等，有效解决该区域的领土和主权纠纷。

第二，通过加强北极理事会的作用和职权，在北极事务方面协商一致进行集体合作与磋商，来促进北极地区法律问题的合理解决。北极理事会创建于1996年，主要是为了实现北极资源的可持续管理、加强对北极地区自然环境和原住民的权益保护。的确，北极理事会在这些方面也做出了重要贡献。

第三，通过国际法院的判决对有争议的问题做出处理，以此形成历史判例，使其成为国际法上可以适当援引的先例，促进北极地区法律地位的合理解决。但这一构想存在重大缺漏。首先，《斯瓦尔巴德公约》只适用于局部地区，主要规定涉及当地的居民、气候和历史文化因素，难以扩大到冰原覆盖、人烟稀少的广大北极地区。其次，北极理事会创建之初的目的也并非解决政治和军事上的纠纷，更多的是对自然环境和原住民的人道主义关怀，它也缺少有约束力的机制且难以保障资金的来源，在很多议题上存在争议，一些成员国和观察员国由于各自不同的国家利益，导致关系貌合神离，通过北极理事会达成一致意见并采取集体行动存在相当大的困难。最后，在国际法院方面，通过法律程序和法院判决来解决争议不失为一个值得采纳的方法，但由于争议问题数量众多、错综复杂，仅靠国际法院的判决难以架构全部的法律规范，只能是对具体问题具体方面的零星修补。另外，倘若一味依赖国际法院，会给本就繁忙的国际法院增加浩繁的工作量和巨大的工作压力，难以保证每个案件投入的时间、精力和效率，势必对国际社会其他案件的解决产生不利影响。

虑及上述构想的优势与不足，强化北极法律治理的执行机制可从创制“北极条约”的视角着手进行。可从两个方面思考创制“北极条约”的可能性。一方面，“北极条约”有潜力控制现有的“北极争夺战”。尽管从北极地区的实际状况和《公约》倡导的国际法理来看，世界上大多数国家都主张两极地区应该是全人类共同享有的宝贵财富，不应该为某个或者某些国家所单独占有，但仍有部分国家以实际行动宣示着自己对两极地区的主权主张或权利要求。现有的国际法对此类问题的约束力极弱。故只有增强机制的约束力和强制力，才能更好地维护北极地区的和平，守卫好人类的这一净土。“北极条约”的制定有助于解决这些问题。倘若有关各方能以“北极条约”的形式推动北极地区法制框架的建构与形塑，那么日益升温的“北极争夺战”局面必将得到控制，北极地区现存的国际法碎片化和不成体系等特征也将得到纾解。

另一方面，“北极条约”能为北极地区争议提供一个战略性解决框架。针对北极地区存在的各类法律治理问题，已有的解决方案多从具体的北极环境及生态保护出发，以较为笼统的规则来予以应对。但在北极地区，不同的海洋法问题、不同区域的自然情况，都会使北极问题下属的子问题存在差异，规制这些活动的法律制度亦存在差别，采用大而笼统的软法性措施无法有效应对北极区域内各种政治与法律矛盾，而这恰恰是当前北极局势的现状。故必须首先抓住北极问题的核心争议，有针对、有区别地进行整体框架性的规制。事实上，有众多组成部分的《南极条约》，能够对北极地区国家提供更多的启发，至少在普遍适用的原则和所包含的事项方面便是如此。① 因此，有学者建议，仿照《南极条约》的模式，冻结北极争议海域及海底的相关主张，并且将实施共同开发等内容作为未来“北极条约”的核心组成部分。②

但必须看到，制定“北极条约”也面临着重大的潜在困难。第一，地理环

① Louise Angélique de La Fayette, “Oceans Governance in the Arctic”, *The International Journal of Marine and Coastal Law*, Vol. 23, No. 12(2008), pp. 333-346.

② 刘惠荣、董跃：《海洋法视角下的北极法律问题研究》，中国政法大学出版社 2012 年版，第 15 页。

境因素的影响是“北极条约”制定的最大困难。在地理方面，北极地区与南极地区正好相反，南极地区是由海洋环绕的大块冰封的陆地所组成，而北极主要由海洋构成。虽然有些国家对南极地区主要领土宣示主权，但这种宣示普遍不被接受，并且被《南极条约》所冻结。《南极条约》创建了该地区的法律框架，条约所涉及的范围甚至包括南极大陆到南纬60度的水域。① 南极地区主要以南极大陆为主，进行界限划分较为容易，但北极地区主要是围绕极点附近的北冰洋，在地理勘探上存在较大难度，地理环境根本上决定了规划难以实施。

第二，政治和主权方面的影响。主权在国际法上拥有最为丰富和成熟的实践，是支撑国际法理与现实政治秩序的“宪法性原则”。② 因此，“北极条约”的制定过程将不可避免地受到政治与主权方面的巨大影响。这些因素与南北极在人类认识和开发自然中所经历的不同历史有很大关系。南极地区长期处于无人知晓、无人开发和利用的状态，因此南极地区在制定《南极条约》之前是人类的一块“处女地”，不必考虑居民和文化因素的影响；但北极地区则不同，这里很早就有人类居住和生活的痕迹。事实上，也正是生活在北极圈附近的因纽特人，才重大地促成了加拿大领土的主权诉求。另外，最重要的是《南极条约》已经明文规定南极地区不为任何国家所有，是全人类共同拥有的财富。而北极则不同，由于人类涉足该地区的时间较早，现在已经确定北极地区一些领土是隶属于某一个或者某些国家的，因此在问题性质上两者是截然相反的，这使某些国家在条约制定上就会面临消极对待甚至极力阻挠。因此北极地区特殊的政治和主权状况也会给“北极条约”的制定带来一定困难。

当然，“北极条约”的制定是一个极其繁杂艰巨的过程。因此，在上述措施之外，还需要创建相应的附属协议来处理某些特定的事项，诸如通航和航运、洋底资源管理、海洋自然环境的保护和本地居民的切身利益和兴趣。③ 在能源开发的同时，还要注重照顾当地居民的生活习俗以及保护生态，只有综合考虑各方面的利益诉求，“北极条约”的制定才会显得更加合理与可行。

---

① Louise Angélique de La Fayette, “Oceans Governance in the Arctic”, *The International Journal of Marine and Coastal Law*, Vol. 23, No. 12(2008), pp. 333-346.

② 顾兴斌、章成：《对主权概念在国际法上地位的再认识》，载《南昌大学学报》（人文社会科学版）2011年第3期，第70~71页。

③ Donald R. Rothwell, “The Arctic in International Affairs: Time for a New Regime”, *The International Journal of Marine and Coastal Law*, Vol. 11, No. 12(2008), pp. 8-37.

第二节　推动北极问题国际化的前景

作为在北极问题上利益诉求泾渭分明的两大国家群体，北极国家普遍希望北极地区的大陆架划界问题能始终局限于北极国家群体内部，通过构建一套闭锁性的北极区域法制架构并片面援引《公约》第76条中对己有利的划界规则来最大限度地瓜分北极，确保其在北极地区的绝对主导地位。非北极国家则期盼北极问题的国际化，来限制北极国家蓄意利用《公约》规则所提出的庞大利益诉求。因此可以说，当前由北极国家主导并大力强化的相对“排他性”的北极区域治理模式，与北极事务治理的“全球性”内在要求之间是存在深层矛盾的。① 虽然目前北极国家与域外非北极国家在北极议题上的对话与合作已有多种形式的渠道，但不难预见，两者之间的深层矛盾并不会随着北极国际合作的进程而自动消弭。北极问题的解决之路从长远来看依然漫长，北极问题给国际社会带来的挑战也将长期存在。笔者认为，单纯沿着现有的《公约》体系以及有关大陆架划界的制度安排恐难寻找到理想的路径，相关北极国家、大陆架界限委员会以及整个国际社会依然将长期限于上一章所述的各项困境与焦虑之中。为从根本上解决北极地区大陆架划界争端所导致的各种问题，跳出制度合理性及适用实效均不足的现有法律框架，或能破解当前的北极地区僵局。这就在实质内容上涉及北极区域法制的建构问题。因此，笔者尝试性地提出了几种具体方案与构想，本节将就此分别予以阐述。

一、夯实北极问题国际化的法理基础

北极地区的国际法规制问题属于国际法新兴部门的分支，有关各方在此问题上的争论，体现了当代国际地区议题的核心部分乃是地区秩序的话语权、主导权之争。由于在北极的区域法制建构事务上，北极国家特别是少数北极大国不愿给非北极国家较多的参与空间，极力将北极理事会打造成一个将北极事务全部垄断的闭锁型区域国际组织，非北极国家只能以观察员的身份参加，与北极国家在北极事务上始终不具有平等对话的资格，并且还需要先行接受北极国家单方制定的苛刻条件，反观《南极条约》的加入机制则没有如此有违公平的标准。而在北极海洋划界问题上，北极国家又强烈主张在北极海域适用《联合国海

① 孙凯、张亮：《北极变迁视角下中国北极利益共同体的构建》，载《国际关系研究》2013年第1期，第123页。

洋法公约》的制度体系，尤其是强烈要求在北极海域适用 200 海里外大陆架的划界规则，而反对国际社会针对北极地区进行单独立法。由此观之，北极国家在北极区域法制和北极海洋划界这两类事项上的诉求在表面上是恰好相反的，既排斥域外国家对北极事务的国际参与，又期待在北极海域划界问题上引入《公约》的体系规则。但其中的深层逻辑却很清晰统一，即在北极地区实现自身的国家利益并最大化地瓜分北极资源。但必须指出的是，北极国家无论是在北极区域法制建构问题上排斥非北极国家的参与权利，还是在北极海域 200 海里外大陆架划界问题上反对国际社会针对北极地区的单独立法，都没有足够充分的理由。

首先，在北极海洋划界问题上，正如上一章所专门论及的，即使(1)以对北极国家最有利的外大陆架划界标准瓜分大片北冰洋海底区域之后，也依然存在小范围的国际海底区域面积。这至少可以保证国际海底管理局(International Seabed Authority, ISA)在北极地区寻得一块立足之地，国际社会全体成员参与对北极地区的国际管理，也就有了必然正当的理由。而且(2)即便是北极海域的海床底土被确认为归属北极国家的外大陆架，相应的北极海域上覆水域，由于已经位于沿岸北极国家领海基线 200 海里之外，因此也必然属于根据《联合国宪章》《联合国海洋法公约》所规定的“权利自由”的公海。各国在北极海域的公海部分，自然享有自由航行、飞越和科学考察的权利。所以在这部分上覆水域与海床底土权属有别的北极海区，域外的非北极国家完全有理由享有更大范围的法定权利，如《公约》所规定的“公海六大自由”：航行自由、飞越自由、科考自由、捕鱼自由、海底电缆和管道的铺设自由、人工岛屿和其他设施的建造自由。同时，即使是在(3)属于北极国家的外大陆架部分的北极海底区域，非北极国家也享有相应的海底资源开发利用权。毕竟 200 海里外大陆架在法律制度的法理基础设置上与 200 海里以内的大陆架有本质区别，北极国家在其上所拥有的资源开采权，也仅具有优先权的性质，而非完全排他性质的独占权。

其次，在北极区域法制建构问题上，广大域外非北极国家也有对北极事务表达参与愿望的正当关切理由。北极气候及环境的变化具有典型的外溢效应，北极新航道的开通则足以影响整个世界海运大格局，这些都会对国际社会和全人类的长远利益带来重大影响。① 北极是全球气候发展动向的指针，北极形

① William V. Dunlap, “Regional and International Cooperation in the Regulation of Energy Resources in the Arctic”, in Gerald Blake, Martin Pratt, Clive Schofield and Janet Allison Brown, et al., *Boundaries and Energy: Problems and Prospects*, The Hague: Kluwer Law International, 1998, pp. 297-318.

势的变化早已超出了区域的局限，无论是北极国家还是非北极国家，均有合理参与北极事务的权利。因此北极区域法律制度的建构也不应演化为北极五国或北极八国的排他性小圈子，少数北极大国力图实现对北极问题的闭门垄断处理，把广大非北极国家完全拒于北极事务大门外的想法既不现实更不合理。

所以说，北极问题应当属于国际法上的“人类共同关切事项”，在理念上坚持这一点并不为过。尽管世界上大多数国家在北极没有领土和领海，但大多数国际社会成员都明显认同通过国际合作来管理北极事务的理念，目前急需国际社会共同努力的就是将这一理念尽快具体体现于有明确法律约束力的相关国际公约之中。

二、扩大北极议题的国际对话圈

由于目前域外国家在北极理事会等现有北极地区性国际组织平台中所得到的参与机会有限，因此可以考虑通过第四次联合国海洋法大会的形式吸引更多的域外国家关注北极问题。尽管现阶段召开国际海洋法大会的机会并不是很大，但作为一种具体的解决构想方案，最能对北极问题实现直接、通盘解决的方式就是针对北极区域进行专门性的国际立法。虽然已如前文所述，非北极国家无论是在北极区域法制建构还是在北极海洋划界问题上都有参与北极事务的合法权利，但在当前的国际政治现实生态中，非北极国家参与北极事务的愿望受到了北极国家的压制。前者在北极地区理应享有的合法权利及行动自由，受到了北极国家以北极理事会为名义所施加的不公平制约。大多数非北极国家对北极事务的参与权本由《公约》所赋予，但在现实中却变相异化为需要由少数北极国家来决定北极事务参与资格的认定与授予，并且得到北极国家容纳的非北极国家，也必须接受北极国家对其单方开出的各项不平等条件。因此现有的“北极政治生活圈”和北极区域法制建构很难保障广大非北极国家的合法权益。而借助联合国海洋法大会这样的国际造法性平台，非北极国家才有机会以其集体力量对北极国家的诉求实现更有效的制衡。

因此，针对北极问题所进行的所有国际对话，其中最为关键的一个斗争焦点就是对话方数量及代表性的问题，这关系到国际话语权的行使与参与权的实现。现在，越来越多的国际法学者关注有关管理成员资格的战略选择能够影响国际法规的有效性。成员身份是一种此消彼长的平衡，成员数目多，共同规则运用领域就会变得宽广，不过也会因此而面临着复杂性和不确定性情况。[①] 在北极问题上，北极国家自然想尽可能排斥非北极的参与，以便其闭门决定北极的归属与未来，更多的域外非北极国家则渴望北极对话平台的扩大。如果以获得机会成功召开联合国第四次海洋法大会为构想的前提，则借助国际海洋法大会的场合，在《公约》的框架下协商订立一揽子的北极海域多边划界解决方案及后续合作安排的设想或将是可行的。这种构想如果付诸实施，所得到的最后结果不外乎两种：

一种是因为参与谈判方太多，受不同目标的利益驱动的各方争议太大且头绪繁杂，这种情况下有关多边对话将旷日持久，且最终达成利益妥协的难度极大，谈判很有可能将无果而终。这虽不至于阻碍北极国家在北极地区占据优势的事实地位，但北极国家力图以合法手段瓜分北极大陆架、实现北极地区法律地位整体改写的目标也将变得遥遥无期。事实上，只要能召开这样具有普遍代表性质、由众多国际社会成员广泛参与的国际海洋法大会，并且在会上实现对北极问题的共同讨论目标，非北极国家维护自身及国际社会共同利益的斗争就已属于初步的胜利。因为现在北极国家不是害怕相关国际磋商的失败，而是根本不愿意开展这样具有普遍意义的国际会谈与磋商。“全球舞台拥有的权威场域及其操纵体制越多元、密集，它们中的任何个体或联盟就越难以主导事件进程。”[②]除了采取各种措施来强化现有北极理事会权力结构的闭锁机制之外，北极国家极力将关于北极问题的任何讨论纳入其内部的小圈子里，而不愿意将关于北极事务的研讨摆上更具广泛性的国际平台，更不必说北极国家已用实际行动证明其拒绝任何形式的北极问题国际化方案。因此实现对北极问题的更广泛讨论，目前为止基本也只有借助重新召开联合国海洋法大会一途。

另一种情况就是各方对北极海洋划界的多边讨论最终能够达成一揽子协议，则这种专门性的划界协议及其后续合作安排将有可能一劳永逸地实现北极地区所有海洋划界问题的最终解决。如果上述情形出现，则这种妥协的结果必然是在多方各自让步的基础上实现的，那就将在最大限度内维持北冰洋的国际海底区域的面积，这对于非北极国家而言也是相对最佳的结果。当然，在这种情形的设想中，有关国家在划设北极外大陆架外部界限的问题上，仍需遵循《公约》

---

① 王明国：《失衡的对话：国际法学与国际制度理论的发展》，载《武大国际法评论》2013年第2期，第117页。

② [英]戴维·赫尔德、安东尼·麦克格鲁主编：《治理全球化——权力、权威与全球治理》，社会科学文献出版社2004年版，第92页；转引自何亚非：《对全球治理的一些思考——从二十国集团峰会谈起》，载王缉思主编：《中国国际战略评论2013年卷》，世界知识出版社2013年版，第7页。

所规定的向大陆架界限委员会提交申请案的制度。有关各方也可在多边划界谈判中，考虑在《联合国海洋法公约》的框架下建立各方之间的相应协商机制，并完善北极国家之间、划界案申请国与委员会之间的联系与对话渠道。

另外，借助最广泛性质的国际平台，非北极国家完全可以考虑凭借集体力量的共同努力，来推动《联合国海洋法公约》有关条款的修改进程，进而实现专门的"极地条款"的制定目标，同时明确该条款的适用范围以及其与《联合国海洋法公约》第76条大陆架划界规则之间的关系。这将是非北极国家所能争取到的最理想结果，有利于非北极国家收获在北极地区的集体制度化权力。当然该设想的实现难度也是最大的。

三、适度参考《南极条约》模式

综观各类管理国际公共资源的国际法律制度的发展路径，其模式主要有两种：一是先有一些针对具体国际公共资源的国际条约，最后促成一个综合性国际条约的出现。采取这种路径的基本思路是，先就范围有限的具体问题展开谈判，容易取得突破。[①]《联合国海洋法公约》即以此种路径形成。二是先有通适的框架性国际条约，然后在这样的框架内，发展出有关以问题为导向的具体国际条约。只有各国就有关原则事项达成一致，具体问题才可能展开谈判。[②]《南极条约》即属此例，先通过1959年的框架性的《南极条约》，而后通过各类具体条约、协定和议定书逐步形成了完整的《南极条约》体系。因此在针对北极问题的国际立法上，与上一种在《联合国海洋法公约》的框架下解决北极问题的构想相对应，另一种思路是仿效《南极条约》的模式制定"北极条约"，来抑制北极国家对北极的大面积主权性权利诉求。

由于《南极条约》集合了当代世界有能力在南极地区进行相关活动的国家群体，在此基础上建立起来的《南极条约》体系，无疑对国际社会在其他法律权属有争议的地区创制专门化的制度安排具有标志性的规范引导效力。鉴于北极地区是自然地理和气候条件最接近南极的地域，南北极常作为"极地"范畴下内涵相对应、并立的概念子集，因此《南极条约》的创制与有效运转，对于当前的北极区域法制建构进程无疑具有启发意义。且与上文所提到的召开全球

---

① 徐崇利：《国际公共产品理论与国际法原理》，载刘志云主编：《国际关系与国际法学刊》(第二卷)，厦门大学出版社2012年版，第45页。

② 徐崇利：《国际公共产品理论与国际法原理》，载刘志云主编：《国际关系与国际法学刊》(第二卷)，厦门大学出版社2012年版，第44~45页。

范围内的国际海洋法大会的构想相比，参考《南极条约》体系拟制一部专门化的“北极条约”，无疑是更加现实、内容重点和缔约谈判各方代表性均更加突出的可行选择。况兼在北极区域的国际立法问题上，《南极条约》确属国际法意义上的法律渊源。《南极条约》自 1961 年生效以来，已成为习惯国际法的一部分。① 虽然《南极条约》仅是“冻结”而不是“终止”有关国家对南极的主权声索，但正是因为《南极条约》在实在法层面上构成了相关国家私自占有南极的最基本法律障碍，因而目前国际法上的主流理论观点均认同南极应视为“全人类的共同财富或由全人类共同继承的区域”。这一点对北极区域国际立法的参考价值，也正是北极国家所极力否认和力图避免的。因此在针对北极地区的国际立法问题上，北极国家主张在传统的《联合国海洋法公约》体系之下来解决北极问题，而非北极国家更倾向于应参照《南极条约》的模式在北极地区建立一个类似的“北极条约”体系。②

实际上，对北极地区进行一些特殊的法律限制在实践中早有先例，例如挪威对斯瓦尔巴德群岛和扬马延岛的主权行使就附有非军事化和开放自由科考等自我主权限制。不过与 1920 年《斯瓦尔巴德公约》仅在一个较小的局部区域对北极地区进行特殊化法律调整的做法相比，《南极条约》无论是在条约调整的地域范围还是在条约的监督执行机制安排上，都更加具备完善的区域性国际法规范的制度建构与指导功能。当然，在北极地区仿效《南极条约》的制度安排还要考虑北极地区的特殊性。不过虽然北极地区的情况与南极有前文所述的各方面差异，照搬《南极条约》的模式并不可取，但《南极条约》中还是有部分内容值得适度参考，比如冻结各国对南极领土主权的要求。如果能以《斯瓦尔巴德公约》或《南极条约》为样本制定相应的北极区域国际法体系，那么这种模式下的北极区域国际法规则显然有利于保障大多数非北极国家在北极地区的合法权利。

当然，除了现有的《南极条约》机制，针对南极地区的新的国际法制建构也还在进一步形成之中。倘若在对南极问题的新的全球规制进程中，南极地区的法律属性被正式明确认定为“人类共同财产”，那么所有国家都将有权利参与南极事务的管理。在这样的全球规制之下，管理南极地区的将是下列主体之

① John W. Kindt, “A Regime for Ice-Covered Areas: The Antarctic and Issues Invdving Resource Exploitation and the Environment”, in Christopher C. Joyner and Sudhir K. Chopra, et al., *The Antarctic Legal Regime*, The Hague: Kluwer Academic Publishers, 1988, p. 190.

② 刘惠荣、董跃、侯一家：《保障我国北极考察及相关权益法律途径初探》，载《中国海洋大学学报》(社会科学版)2010 年第 6 期，第 2 页。

一：(1)联合国；(2)某个联合国系统中的机构，如联合国环境规划署(UNEP)；(3)建立在《联合国海洋法公约》之下的联合国国际海底管理局(International Seabed Authority，ISA)；(4)新的类似于国际海底管理局的机构。① 在这一微妙(Nuanced)进程中，针对南极地区的大陆架划界主张虽然不至于阻碍该区域国际合作进程的推进，但其同样将角逐南极地区核心玩家(Key Players)的分歧视角交织呈现在了一起。因此南极地区的大陆架划界问题同样是该区域中引发各方联动效应的焦点议题。虽然有关国家在南极申请的200海里外大陆架的划界进程不会改变《南极条约》既有成员国的法律地位，但南极地区资源和环境安全问题正随着大陆架划界工作的开展而受到了更广泛的关注。② 有鉴于此，如果仿效《南极条约》的相关模式并适度参考其内容来创制一部完整的"北极条约"，在大陆架划界特别是200海里外大陆架划界问题上也绝不会比《南极条约》的既有规定更进一步。③ 故而直接要求冻结北极国家的200海里外大陆架划界主张，在现实操作中难度并不甚大的"北极条约"缔约谈判(不代表一定能谈判成功，实现具有正式法律效力的"北极条约"的出炉)之中，是几无实现的现实可能的。反观第一种召开国际海洋法大会的构想，虽然转化为现实的难度极大，且即使顺利开启也不一定能使专门化的"极地条款"得到通过，但在第一种构想的场合之下，北极国家所遇到的外部制约显然是最大的。

第三节　适度调整大陆架界限委员会的有关职能

如果说第一节的有关构想是从国际立法的角度入手，那么对联合国大陆架界限委员会有关职能的调整构想，则属于从执行机制层面提出的改进建议。本节将以此为视角切入，探讨在实践中改进大陆架界限委员会有关职能的具体方法。

① John W. Kindt, "A Regime for Ice-Covered Areas: The Antarctic and Issues Invdving Resource Exploitation and the Environment", in Christopher C. Joyner and Sudhir K. Chopra, et al., *The Antarctic Legal Regime*, The Hague: Kluwer Academic Publishers, 1988, p. 205.

② Mel Weber, "Delimitation of the Continental Shelves in the Antarctic Treaty Area: Lessons for Regime, Resource and Environmental Security", in Alan D. Hemmings, Donald R. Rothwell and Karen N. Scott, *Antarctic Security in the Twenty-First Century: Legal and Policy Perspectives*, London: Routledge, 2012, pp. 172-196.

③ Timo Koivurova, "Environmental Protection in the Arctic and Antarctic: Can the Polar Regimes Learn from Each Other?", *International Journal of Legal Information*, Vol. 33 (2005), pp. 204-210.

一、大陆架界限委员会对外大陆架划界申请案的审议现状

大陆架界限委员会(Commission on the Limits of the Continental Shelf，英文简称CLCS，以下简称“委员会”)是经《联合国海洋法公约》(以下简称“《公约》”)创设的、专门处理200海里以外大陆架(以下简称“外大陆架”)外部界限划定问题的专业性技术机构，负责审议《公约》缔约国提交的外大陆架划界申请案，并就此提供相应的科学和技术建议以及咨询意见。根据《公约》的规定，虽然委员会仅负责提供技术方面的审议意见，但沿海国根据委员会意见划设的外大陆架界限将具有正式的法律约束力。因此，在外大陆架划界的整体进程中，委员会的地位及其所扮演的角色至关重要。在《公约》于1994年正式生效之后，委员会也于1997年正式成立。2017年是委员会成立20周年，联合国在当年为祝贺委员会在这20年间所取得的工作成就举办了特别的庆祝活动。可以说，委员会为维护《公约》体制的有效性并推动外大陆架划界工作的有序开展，做出了不可忽视的巨大贡献。但与此同时回顾这20年间的委员会实践效果，也不难发现委员会在这项制度中所发挥的实际职能并不完善，其实际运作仍然存在诸多缺憾与不足。特别是在对有关海区海床底土的争议局面的实际处理表现、相邻国家外大陆架相邻部分划界等问题上，委员会均面临《公约》内在张力下所产生的规则冲突与权限困境局面，以至于国际司法机构甚至是有划界主张争议的国家双边之间“越俎代庖”地代行了委员会的部分技术职责，而委员会在外大陆架划界申请案中的实际地位、角色和功能则受到了“不能承载之重”的指摘。这些现状下的缺憾和不足，如果折射到委员会对北极外大陆架划界的处理情况之中，就显得更加突出。

作为《公约》创立的三大海洋法机构之一(另两大机构为国际海洋法法庭和国际海底管理局)，委员会是其指定的处理大陆架划界问题中最为重要的外大陆架划界部分的唯一专业性机构。同时，历经历次公约缔约国会议的多次讨论和协商，作为委员会工作规程的《联合国大陆架界限委员会科学与技术指南》与《联合国大陆架界限委员会程序规则》在经过多次文本修正后也愈发完备。一般说来，符合自然条件以及《公约》缔约国资格身份要求的有关国家，可以直接根据《公约》第76条及其附件二，以及委员会颁布的《联合国大陆架界限委员会程序规则》和《联合国大陆架界限委员会科学与技术指南》的有关规定，即可向委员会提交关于外大陆架划界的相关申请案或初步信息。从现实的国际实践来看，有关国家如欲获得超过200海里的大陆架权利份额，必须通过向委员会提交附含大量技术数据资料的法定申请程序。只有履行固定的申请程序，

建立在委员会建议基础上的外大陆架外部界限才是最终的和确定的。

尽管从法理意义上说，按照《公约》，沿海国对大陆架的权利具有固有性质，不取决于沿海国是否发表任何明文公告。但由于外大陆架划界及其份额的取得在《公约》体系的设计下具有与200海里以内大陆架划界截然不同的法理基础，且委员会对各国申请案的审议程序已得到各国在不同场合的广泛认同，因此，当前委员会对各国外大陆架划界申请案的处理依据及程序虽然不直接具有法律意义和效力，但实则在一定程度上已被赋予国际习惯法的相关特征。

(一)目前委员会处理的各国划界申请案情况

截至2019年12月13日，委员会已累计收到72个国家单独或联合提交的85份(含4个国家的7份在原划界案基础上的订正申请案①)外大陆架划界申请案，其中法国单独提交了4份划界案，另联合其他国家向委员会提交了3份划界案，以7份划界申请案的总数居各国之冠。如以单独提交的划界案份数来统计，则以丹麦为最多，累计提交了5份划界申请案。由于《公约》和《联合国大陆架界限委员会程序规则》已经规定只有《公约》缔约国才可向委员会提交外大陆架划界申请案，因此作为《公约》非缔约国的美国暂时无法行使这一权利。

而在另一方面，截至2019年12月21日，委员会已累计收到57个国家以照会(Note)、传达(Communication)、信函(Letter)等形式提交的258份有关划界案的评论。其中总共有220份他国针对划界案申请国的评论以及38份划界案申请国的回应型评论。在各国之中，日本总共提交了19次评论，其中14次是针对他国划界案的评论，数量遥遥领先于世界上绝大多数国家，可以说是各国之中最注重争夺该领域话语权的。即便某些划界案并不直接牵涉日本的利益，日本也充分利用《公约》和《联合国大陆架界限委员会程序规则》的规定视情况择机发声，借以实现对他国外大陆架划界进程的介入。例如日本对阿根廷外大陆架划界案②、英国阿森松岛

① 俄罗斯、巴西各重新提交过2次订正申请案，巴巴多斯和阿根廷各重新提交1次订正申请案。在大陆架界限委员会的统计目录里，以上各国的订正申请案与原案均仅按同一份划界案统计。参见联合国大陆架界限委员会“各国提交的划界案”部分：http：//www.un.org/Depts/los/clcs_new/commission_submissions.htm。

② Communications Received with regard to the Submission Made by the United Kingdom of Great Britain and Northern Ireland to the Commission on the Limits of the Continental Shelf, Submitted by Japan, on November 19, 2009. Available at http：//www.un.org/Depts/los/clcs_new/submissions_files/arg25_09/jpn_re_arg_2009.pdf.

外大陆架划界案①的表态。这方面美国、印度亦持同样的做法，如美国就巴西外大陆架划界案所发的信函②、印度对澳大利亚外大陆架划界案的评论③，等等。而由于按委员会《联合国大陆架界限委员会程序规则》的规定，《公约》非缔约国也享有对他国划界案进行评论的权利，因此美国在这方面也不遑多让，累计以 14 次评论与日本并列第一，可以说也是充分利用这一权利来干预他国的外大陆架划界进程。日美两国也是迄今为止仅有的两个提交评论次数上双的国家。

与各国积极向委员会提交申请案并行使评论权利形成显著对比的是，截至目前，在委员会受理的 85 份划界申请案中，只有 41 份划界案正式进入了委员会的实质审议程序，其中又只有 33 份划界案获得了委员会的最终审议结果。④从这一点来看，委员会对申请案的实质审议效率不高。有观点认为，即使之后委员会不再接受新的外大陆架划界申请案，现有的已提交的申请案欲进入委员会的实质受理程序还要“排队挂号”到 2025 年之后。

(二)目前委员会处理的各国划界申请初步信息情况

截至 2019 年 12 月 18 日，委员会共计收到 43 个国家提交的 47 份外大陆架外部界限的初步信息。这其中有 44 份初步信息都是赶在 2009 年提交的，目的是为满足 2001 年和 2008 年两次公约缔约国会议所通过的“1999 年 5 月 13 日之前《公约》对其生效的缔约国提交申请案的十年有效期”决定。根据前述的 2001 年《关于联合国海洋法公约附件二第四条所订向大陆架界限委员会提交资料的十年期间的起算日期的决定》中的第(a)项规定，“对于公约在 1999 年 5 月 13 日以前开始对其生效的缔约国的谅解是，公约附件二第 4 条所述十年期

① Communications Received with regard to the Submission Made by the United Kingdom of Great Britain and Northern Ireland to the Commission on the Limits of the Continental Shelf, Submitted by Japan, on November 19, 2009. Available at http://www.un.org/Depts/los/clcs_new/submissions_files/gbr08/jpn_re_nv_gbr19112009.pdf.

② Reaction of States to the Submission Made by Brazil to the Commission on the Limits of the Continental Shelf, Submitted by the US., on August 25, 2004. Available at http://www.un.org/Depts/los/clcs_new/submissions_files/bra04/clcs_02_2004_los_usatext.pdf.

③ Reaction of States to the Submission Made by Australia to the Commission on the Limits of the Continental Shelf, Submitted by India, on July 5, 2005. Available at http://www.un.org/Depts/los/clcs_new/submissions_files/aus04/clcs_03_2004_los_ind.pdf.

④ 委员会对 33 份划界案做出了 35 次审议结果认定，其中包含了对俄罗斯和巴巴多斯各一次订正申请案的认定。以上数据汇总参见联合国大陆架界限委员会“各国提交的划界案”部分：http://www.un.org/Depts/los/clcs_new/commission_submissions.htm.

间应从 1999 年 5 月 13 日起算”；2008 年第十八次缔约国会议通过的《关于大陆架界限委员会工作量以及各国、特别是发展中国家履行〈联合国海洋法公约〉附件二第 4 条和 SPLOS/72 号文件(a)段所载决定的能力的决定》中的第(a)项决定是：“达成以下谅解：满足《公约》附件二第 4 条和 SPLOS/72 号文件(a)段所载决定所述的期限要求的方式可以是向秘书长送交一份初步资料，其中载有有关 200 海里以外大陆架外部界限的指示性资料，并说明根据《公约》第 76 条的要求以及《联合国大陆架界限委员会程序规则》和《联合国大陆架界限委员会科学与技术指南》编制划界案情况和打算提交划界案的日期。”①

这其中，提交初步信息次数最多的是斐济和所罗门群岛，其单独及联合其他国家提交了 3 份外大陆架初步信息；单独提交外大陆架初步信息次数最多的国家则是法国，共提交了 2 次。在行使评论权利方面，截至 2019 年 12 月 18 日，委员会共计收到 14 个国家针对初步信息提交的 16 份评论照会，其中提交评论照会数量最多的是日本和摩洛哥，各提交过 2 次。②

表 4-1　各国向大陆架界限委员会提交的外大陆架划界申请案及初步信息统计③

<table>
<tr><th>各国提交划界案次数</th><th>各国评论划界案次数</th><th>各国提交初步信息次数</th><th>各国评论初步信息次数</th></tr>
<tr><td>法国 7 次(其中 3 次为联合划界案)</td><td>日本 19 次(其中 5 次为己方划界案下的回应型评论)</td><td>斐济、所罗门群岛 3 次(其中各 2 次为联合他国提交)</td><td>摩洛哥、日本 2 次</td></tr>
<tr><td>丹麦 5 次</td><td>美国 13 次</td><td>法国 2 次</td><td rowspan="5">其他各国 1 次</td></tr>
<tr><td>英国 4 次(其中 1 次为联合划界案)</td><td>丹麦 9 次</td><td>瓦努阿图、贝宁、多哥 2 次(其中各 1 次为联合他国提交)</td></tr>
<tr><td>爱尔兰、西班牙 3 次(其中各 1 次为联合划界案)</td><td>中国 8 次(其中 2 次为己方划界案下的回应型评论)</td><td rowspan="3">其他各国 1 次</td></tr>
<tr><td>俄罗斯、巴西 3 次(实为 1 份划界案，均含 2 次订正申请案)</td><td>冰岛、印度 7 次；西班牙 7 次(其中 2 次为己方划界案下的回应型评论)</td></tr>
<tr><td>其他各国 2 次及以下</td><td>其他各国 6 次及以下</td></tr>
</table>

① SPLOS/72 and SPLOS/183. 参见“公约缔约国会议”网站：http：//www.un.org/Depts/los/meeting_states_parties/SPLOS_documents.htm#Documents of the Meetings relating to the Commission on the Limits of the Continental Shelf and its functions。

② 以上数据汇总参见联合国大陆架界限委员会“各国提交的初步信息”部分：http：//www.un.org/Depts/los/clcs_new/commission_preliminary.htm。

③ 以上数据汇总参见“联合国大陆架界限委员会”网站：http：//www.un.org/Depts/los/clcs_new/clcs_home.htm。

二、当前委员会在外大陆架划界进程中所面临的理论困境

正如前文所述，现阶段关于北极地区的外大陆架划界案已明显表现出政治性大于科学性的特点，北冰洋沿岸国家的申请行为实际上并不考虑相关证据的充分性问题。作为纯粹科学人士组成的大陆架界限委员会，除了借助他国的异议主张来搁置审议之外，是否还有更好的制约办法，或通过制度设计上的改进来达到更好的应对效果？有鉴于此，当前北极地区外大陆架划界困局已然反映出了如下几个值得回味和反思的理论问题：

首先，是关于委员会所承担的外大陆架划界申请审议职能在《公约》设定上的实效困境。缔约国所提交的第一起申请案就带来了巨大的争议，这种争议不仅反映出申请案本身的内容问题，还反映在申请案提出后的审议程序问题。即作为支撑划界案的技术数据往往不够科学充分，不足以通过委员会的评估，但缔约国出于利益上的动机而急于申请，从而引发其他国家的关注和异议。而当他方向委员会提出异议后，又使委员会很难继续审议原划界案，只能建议申请国修改划界案后再行提交，如果申请国短期内无法做到这一点，原划界案实则等于长期搁置，2001 年的俄罗斯外大陆架划界案就是这个例子，自 2002 年未被通过之后，直到 2015 年才重新递交，并且并未对 2001 年划界案内容进行实质性修改。而在另一个方面，在划界问题难以得到实质解决、被无限搁置的同时，有关国家在大陆架划界问题上的矛盾，却从申请国提交划界案之前的隐性化走向之后的显性化，并随着划界案的拖延迟滞而长期存续，这在国与国之间关系中究竟是更多地制造了问题还是解决了问题？从世界各国扎堆向委员会提交各种各样外大陆架划界申请案的表现来看，前来委员会处“预约”“挂号”者众，但委员会真正能开出“处方”加以处理的“病例”却比例不高，更多的划界问题已经超出了大陆架界限委员会的本身职能。

其次，是关于委员会担负职能与其审议效果及世界海洋划界实际形势相冲突的伦理困境。委员会真正能审查并做出结论性意见的划界案例都是来自那些面向宽广大洋、没有竞争性诉求存在的海洋地理有利国家。它们凭借“僧少粥多”的优越海洋环境大获其利，而在“僧多粥少”的海区却使海洋划界问题变得更加复杂。而前者的国家数量远少于后者，那么关于外大陆架的这套划界规则是否不尽公平？这套划界规则和外大陆架申请制度在方便少数海洋地理有利国家大为拓展其大陆架权利边界的同时，却在更广的范围内导致了海洋划界问题的密集出现。在有些海区是直接制造出了海洋划界问题，在另一些地方，则是除了加剧原有的海洋划界纠纷并扩大了其争议范围之外，什么也没有解决。这

就让人不得不深入思考更深层次的问题，即外大陆架划界规则和委员会现有申请案审议制度的存在意义，以及有无加以改进完善的必要性。很明显的一点是，委员会只是一个由科学人士组成的专业鉴定机构，没有能力去承载超出其专业能力的法律和政治性负担。委员会既然按照《公约》相关制度的规定对争议海区的外大陆架划界问题无能为力，又不能阻止缔约国基于政治上的逐利动机而不是严肃的科学依据来提交外大陆架划界申请，最终的结果只能是造成双重意义的后果：激化和扩大各国之间的海洋划界冲突，以及令委员会自身的职能和《公约》下的大陆架制度陷入尴尬境地。俄罗斯在巴伦支海部分的外大陆架划界案就是一个典型的例子：俄罗斯这部分的划界主张得到了委员会的基本认可，只需解决与挪威之间的划界争议即可，但因为俄罗斯这部分的划界主张与北冰洋中央区部分有一定的联系，而随着后者被退回重修而一道处于被搁置的状态。委员会让俄罗斯保留这部分内容，待北冰洋中央区部分资料完善后再行提交，但这样的建议实际上毫无必要。因为无论是委员会，还是俄罗斯和挪威都清楚，这部分的外大陆架划界内容即使得到了委员会的认可，俄挪之间在巴伦支海的划界纠纷不解决都是没有实际意义的，只会使对方在自己下次提交外大陆架划界申请案的时候起到“扯后腿”的作用。而在挪威 2006 年外大陆架划界申请案中，委员会同样也没有解决巴伦支海部分的“甜圈洞”划界问题，只是建议挪威与俄罗斯双方自行解决。因此巴伦支海外大陆架划界的最后结果就是 2010 年俄挪签订了关于一揽子解决巴伦支海海洋问题的划界协议。等俄罗斯于 2015 年再次提交外大陆架划界申请案的时候，2002 年委员会给俄罗斯的“保留巴伦支海部分并待下次提交”的建议就已自动“消于无形”了。既然最终的划界问题仍需当事国双方自行解决，那么，关于委员会的职能及其在整个外大陆架划界进展中的地位和作用，显然也有待反思和改进。

再者，是关于委员会如何有效处理外大陆架相邻部分划界的理论困扰。由于各国在北极海域 200 海里以内相邻海洋边界的划分是有关国家所提交的北极外大陆架划界申请案得以进入委员会实质审理程序的前提和基础。但在外大陆架划界问题上，北极国家相邻海洋边界之间的划界问题仍然会给整个北极外大陆架划界工作以及现有海洋法体系带来理论性的困扰。因为委员会主要解决的是各国外大陆架外部界限的划定问题，但外大陆架部分不仅存有需要委员会审查的外部界限，也存在彼此相邻部分的外大陆架划界问题。理论上这一问题的解决方式似乎比较简单：因为各国外大陆架相邻部分的划界问题与划设其外部界限的方式方法一样，需要首先从选取划界定点开始，而位于两国外大陆架相邻区域的定点既然是在外大陆架之上，委员会就可以对该定点的选取进行技术审查，而且审查的标准就是两条公式线和两条限制线，只要确定了两国外大陆架相邻部分的若干定点，再以长度不超过 60 海里的若干直线加以连接即可。然而这种理论化的设想却未必能在实务操作中行得通。能进行外大陆架相邻部分划界的海区，必定是整块大陆架形态平坦完整的海区，两个相邻国家在这部分外大陆架上的划界，将直接决定彼此之间对同一海区整体大陆架的比例分成。正是因为外大陆架相邻部分的划界内容直接牵涉到相邻国家对其自身外大陆架的期待权益，因此任一海岸相邻国家显然不会同意将这部分的划界内容完全交由委员会和与其毗邻的申请国来决定，而是会提醒委员会这部分的外大陆架存在两个相邻国家之间的划界争议。所以说，由沿海国向委员会所提交的外大陆架划界申请案的单方性，与外大陆架相邻部分划界内容的双边争议性两者之间，无疑构成了显著的结构性矛盾，进而导致了委员会基本不可能对这部分外大陆架划界内容进行实质审理。

三、改进和完善委员会职能的可行方向及其相关路径

必须指出的是，委员会在处理外大陆架划界申请案时所面临的外部影响是很难避免的，委员会和《公约》本身，都不足以制约有关国家基于政治而非科学意图，而向委员会提交外大陆架划界申请，这实属国际政治丛林生态的基本现实和国际法的不能自足性、碎片化和不成体系性特征的真实写照；而委员会对申请案的处理结果本身也会带来超出其职责和专业范围之外的外在影响，这种影响不仅体现在政治上，更体现在具有终局效果的法律效力上。① 这一点更是由《公约》制度安排所必然导致的结果。而不少外大陆架界限有待划定的海域的敏感性，也决定了委员会在处理涉北极的外大陆架划界案时会受到更大的争议。因此，委员会的相关权限及职能不排除产生适当调整的可能。未来的大陆架界限委员会是继续谨守其科学性、专业性和中立性的身份，还是相应地扩大及强化委员会在划界案中的职能权限？目前还无法判断该问题的发展方向。

如果委员会在未来变革趋势中的选择是扩大并强化委员会在划界案中的职能权限，即委员会最终依据修订后的《公约》可以获得对争议海区的外大陆架划界申请进行实质性审议的权限，那么委员会的人员组成势必要进行根本性的变动，这至少需要有能代表世界各主要文化体系和各主要法系的公认合格的国际法人士的加入参与。无论是在名额不变的基础上调整委员会现有人员的专业

① Vsevolod Gunitskiy. "On Thin Ice: Water Rights and Resource Disputes in the Arctic Ocean", *Journal of International Affairs*, Vol. 61 (2008), pp. 261-271.

组成机构，还是直接扩容吸纳国际法专业人士的参与，这种对委员会职能的调整都将指向同一个方向，即通过《公约》的修订和委员会人员结构的变革，真正从制度和实践的双重层面赋予大陆架界限委员会在外大陆架划界案问题上的实质审议权限，从而彻底改变目前世界范围内外大陆架划界申请案处理进展缓慢偏低的现状，结束委员会科学属性与其审议结论所必然带有的法律效力不尽相称的制度尴尬，并使其所作意见的效力能完整地汇集科学性与法律性于一身。

通过对委员会的上述职能调整，或将使委员会重建为一个在外大陆架划界领域具有权威地位的、兼具科学与法律双重权威于一体的专业机构。对外大陆架划界的决定权将专属委员会独有，而其他国际司法机构，如国际法院、国际海洋法法庭对外大陆架划界的实质裁决权将在正式修订后的《公约》中被明确收回，即其他国际司法机构仅有权处理200海里以内的其他海洋划界法律问题，而沿海国更是无权以单方声索或双边协议的方式来私下侵吞、瓜分超过200海里的大陆架海床及其附属资源。非经向委员会提交符合一系列规范性文件(包括从修订后的《联合国海洋法公约》到《联合国大陆架界限委员会科学与技术指南》及《联合国大陆架界限委员会程序规则》等)所要求的外大陆架划界申请案且由委员会审查通过批准，任何国家及相关组织和个人将无权擅自占用、扩大原有的200海里大陆架界限范围。经过上述职能调整改革后的委员会，由于直接拥有了对国际海底区域具体范围大小的反向决定权，已在实质上成为国际海底管理局的上游机构，因此两个专业机构还需在各项权责范围上加强对接、协调与共同合作。

如此调整的深层依据，既是根据外大陆架划界工作内容对专业学科的复合要求，也是根据外大陆架划界所包含的内在法理。外大陆架的划界工作与国际海底管理局对国际海底区域的管理工作一样，需要极其精密的科学技术，包含海洋科学、信息测绘、地质勘探、地球物理等诸多自然科学场域对其的基础支撑，但外大陆架划界工作又具有界定沿海国主权性权利边界的法定效力，不可能只是纯粹的科学问题而忽略其法律属性及政治影响。因此外大陆架划界工作本质上是一项具有高度复合属性的工作，对外大陆架所有边界的正式划定，根本就不能离开专业科技人士和法律人士的共同参与。① 在任何一方的缺席条件下所做出的外大陆架划界审议结论，都难免会引发对其科学性(合理性)或法

① Scott J. Shackelford. "The Tragedy of the Common Heritage of Mankind", *Stanford Environmental Law Journal*, Vol. 27(2008), pp. 101-157.

律性(合法性)的质疑。故此来检视现阶段外大陆架划界的各种现状，有很多事实都是不尽如人意的。例如(1)作为纯粹科学鉴定机构角色出现的大陆架界限委员会，却因为《公约》的设置而明显具有做出正式法律效力意见的审议职能；(2)但又同样因为《公约》关于“不得对争议海区的外大陆架划界进行审议”的规定，而实际上对相当数量的、可能涉及划界争议(不一定是真正涉及)的外大陆架划界申请案采取了“审而不议”的鸵鸟态度；(3)由于委员会无法对争议海区的外大陆架划界采取任何实质行动，相关国家也可以采取“扯皮”战术，无论是否具有真实的划界争议，只要对方向委员会提交外大陆架划界申请，有关国家就可以提交异议意见的方式，只要从程序上就大多能够顺利阻断委员会对申请案的审议进程，进而造成各项外大陆架划界申请案的大量积压。真正的划界纠纷长期无从入手加以解决，却在有关国家之间的外交关系中添加了不必要的麻烦和障碍；(4)正是由于委员会长期陷于《公约》设置的制度尴尬之中，为打破委员会长期“审而不议”的迟滞局面，国际法院、国际海洋法法庭等国际司法机构主动将委员会的一部分职责延揽了过来，但这同样会导致相应的质疑。如果说委员会因其是纯粹的由科学人士组成的机构，从而无权做出具有法律约束力的审议结论的话，同理，由纯粹法律人士组成的国际司法机构，在没有客观详实的科学证据来支持辅助的情况下，就按其主观理解来划分外大陆架的部分边界(虽然从目前来看，国际司法机构的有关裁决只是涉及对外大陆架相邻部分的划界，而非直接划分外大陆架的最外部向洋边界)，这同样是一种于理无据(缺少科学证据的佐证与严谨论证)、于法越权(没有得到《公约》现有制度的授权)的行为。即便是以发挥司法能动性的“法官造法”为理由予以辩护，恐怕在外大陆架划界工作所需搜集的大量科学证据资料面前，显得略为主观随意而缺乏严谨。国与国之间的陆地划界工作，尚且需要集合不同国家的不同专业领域专家的共同努力，对于情况相对陆地划界来说难度远不可同日而语的外大陆架划界工作来说，无论是大陆架界限委员会还是国际司法机构，在对该问题的处理上却是或有法律成分的先天不足，或有科学性内容的认证缺失，这些遗憾都将会极大地影响到最终划界决定的公信力，更何况由俄罗斯提交的第一起外大陆架划界申请案就将其申请内容的重点放在了敏感且富有争议的北极海域，而非海床地质地理情况相对简单的普通海区。

四、职能调整后的委员会相对于国际司法机构的比较优势

有疑问认为，既然全部由法律人士组成的国际司法机构有权对200海里以内的海洋划界问题直接进行司法裁判，为何就不能将其司法管辖权自动延伸到

外大陆架划界问题上?[①] 这里值得开放性探讨的有关意见可能包括：

首先，相关国际法律文件，如《联合国海洋法公约》《国际法院规约》等已分别对大陆架界限委员会和国际司法机构授予了不同权责范围的明确职能权限，委员会负责对外大陆架划界申请案的专门审议，而国际司法机构负责处理包括 200 海里以内海洋划界工作在内的各类法律争议，双方本已有在地理上清晰区分的权责范围，无须将两者之间的工作内容加以混同，从而使本已复杂的外大陆架划界工作变得更加复杂化。且国际司法机构的中立性、被动性也理应谨守，不宜在主权国家林立、政治色彩仍然浓厚的国际政治生活中径行扩大其司法权，以至于引起有关国家对国际司法机构公正立场的质疑。更何况，国际司法机构将其司法管辖权扩张至委员会的部分职能范围，一方面会更加虚化委员会的地位功能，另一方面则可以视为是国际司法机构变相地为主权国家扩展其大陆架权利边界提供帮助，进而压缩本属于全世界共有的国际海底区域。因为只要是国际司法机构为沿海国确定了外大陆架相邻部分的边界，沿海国向委员会申请最终的外大陆架外部界限的难度也就大为降低——很多外大陆架划界申请案不能得到及时实质处理的关键，都是来自申请国与他国之间的划界纠纷，而非是对外大陆架外部边缘部分的科学证据搜集。对于国际社会尽可能多保留国际海底区域范围的共同利益而言，显然是外大陆架划界申请案越少得到通过越好。

其次，对于世界上大部分海区的自然地理形态和地质构造而言，都是由边缘海区的浅海大陆架形态向广阔大洋中心深水区的洋壳形态过渡。而对于大部分需要进行海洋划界的沿海国来说，位于领海基线 200 海里之内的海区，大部分还是浅海海床的地质地貌，所以 200 海里以内的沿海国海洋划界纠纷，一般都因其海域划界的同质性，而无须进行复杂耗时的海底地质调查，大多可以凭借仅与海区上覆水域相关联的因素，如海岸线的形状和长度比例、海区内的岛屿(不含礁石)大小、主权归属及其在海区内的地理位置、海区内的渔业资源分布、海区周边的其他社会经济因素等，就可以比较顺利地划定国家之间的海洋边界。而海底地质地貌因素，在专属经济区划界中基本无须考察，在 200 海里内的大陆架划界问题中，则可能需要进行相关考察，但一般都因各方在争议海区大陆架自然延伸的同质性，而在 200 海里内的双边海洋划界实践及相关司法判例中趋于式微。所以目前国际上关于 200 海里内海洋划界的通行做法，是

---

① Scott J. Shackelford. "Was Selden Right? The Expansion of Closed Seas and its Consequences", *Stan. J Int'l L.*, Vol. 47(2011), pp. 1-45.

不再区分专属经济区和大陆架划界的相异性，而综合各种因素(当然，对各种因素综合评估的标准不同，会演绎出内容完全不同的海洋划界方法，如海洋划界的公平原则、严格的等距离中间线划界法、等距离/特殊情况划界法等)直接划出一条单一海洋边界。早在1984年美国与加拿大的缅因湾划界案中，国际法院就指出：对于既适用于大陆架又适用于专属经济区的单一边界，决定该单一边界的标准应当既不偏向于大陆架法律制度，又不偏向专属经济区制度，而是对于两者的划分具有相同的适宜性。[①] 当然，这并不是说200海里以内的海洋划界，只能采取单一边界的最终划界形态。只要200海里内的海区存在显著的海底地质构造差异，传统的大陆架划界方法——“自然延伸”标准就可以起到相应的作用。例如受帝汶海槽的影响，澳大利亚和东帝汶就在两国的海域之间划定了两条不同的专属经济区和大陆架海洋边界；而中日、中菲的东海、南海划界纠纷实则也面临着基本相同的划界情势，因为这两例海洋划界争议中都存在典型的海底地质地貌阻断，在东海划界问题上是琉球海槽，在中菲之间的南海划界问题中则存在马尼拉海沟。上述的海洋法理和实例表明，在200海里以内的海洋划界问题上，围绕海底地质构造的科学调查并非影响划界的关键因素。《奥本海国际法》对此也做了阐释，“从海岸量起直到200海里，海峡、深渊、深海槽、沙洲、洋脊等特点不是界限划定的决定因素”。[②] 因此即使是由非科学人士组成的国际司法机构，其对这方面海洋划界案例的审理，不仅有国际法上的明确授权，也有足够的知识背景与理解能力，故无须怀疑国际司法机构最终裁决的公正与公平。然而，正如《奥本海国际法》所指出的，“现在的情况看来是，自然延伸只有在大陆架伸展到200海里以外的情形才是重要的”。[③] 因此对于外大陆架划界问题而言，对其的终局性法律判断，明显受制于陆架边缘区域的相关科学资料的搜集与佐证程度。上述材料属于外大陆架划界工作所必需，在其对应的自然科学领域也称得上是较为精密复杂的，因此显然不适于全然由缺少对应知识结构和理解能力的国际法专家来单独加以操作。

① Declaration of the Maritime Boundary in th Gulf of Maine Area (Canada v. United States of America), Judgment, ICJ Reports 1984, p. 85, para. 194. 转引自黄瑶、廖雪霞：《国际法院海洋划界的新实践——2014年秘鲁诉智利案评析》，载《国际法研究》2014年第1期，第42页。

② [英] 詹宁斯、瓦茨修订：《奥本海国际法》(第一卷第二分册)，王铁崖、李适时、汤宗舜、周仁译，中国大百科全书出版社1998年版，第202页。

③ [英] 詹宁斯、瓦茨修订：《奥本海国际法》(第一卷第二分册)，王铁崖、李适时、汤宗舜、周仁译，中国大百科全书出版社1998年版，第202页。

所以说，外大陆架划界问题对科学性和法律性的要求俱高，任何一面的缺失都会带来有关决定的公信力存疑。因此适度调整大陆架界限委员会的相关职能，改进并丰富其人员组织结构，实现其科学性与法律性的聚合，这才有助于提升委员会在外大陆架划界问题上的权威地位，才便于委员会将审议外大陆架划界案的职能全部统一到自己手中，以增强海洋法规则的适用效果并优化《公约》所配设的制度体系。

最后，实现委员会职能的调整与改造，集中并强化委员会对外大陆架划界案的实质审议作用，并不会产生有悖于国际社会共同利益的后果。前文的第一点理由已经阐明，国际司法机构挤占委员会的部分职能范围，一方面会虚化委员会的在外大陆架划界进程中的地位和作用，另一方面，国际司法机构的行为相当于变相地为主权国家扩展其大陆架权利边界提供帮助，降低沿海国向委员会申请最终的外大陆架外部界限的难度。反观委员会的职能强化则不会带来这样的道德困扰。由于委员会的科学性和法律性已经统一，将国际司法机构从外大陆架划界领域中排除出去不仅可以降低国际司法机构的工作负荷，还可以明晰委员会和国际司法机构在不同领域的权责分工，提升《公约》各项制度的运行实效。而在外大陆架划界申请中，委员会的权力和权威上升，还可以强有力地制约有关国家出于政治投机而非严谨科学目的所提交的诉求主张（可以在委员会职能的调整与强化进程中，完善对类似行为的惩戒机制，如规定明显缺乏科学资料支撑的申请国，待驳回其主张后，可以在一定的时间段内，限制其就同一个海区外大陆架所提出的再次申请），从而为国际社会保留较大份额的国际海底区域，以更加公平的机制运作来造福于全人类。

当然，有关大陆架界限委员会的上述职能调整构想，也只能依托召开国际海洋法大会并在实质修改《公约》相关条款的前提下进行。因此，针对委员会职能的上述改进构想，倘若得以实现，则意味着通过国际海洋法大会来修改《公约》相关规则、制定“极地条款”等方面构想均有足够的条件转化为现实。这些构想如能相继实现，自然是对广大域外非北极国家而言最为有利的结果。

综合以上，在《联合国海洋法公约》体系下，大陆架界限委员会在现实层面已经历了整整 20 年的实践探索。回顾委员会这 20 年来外大陆架划界申请案的审议效果，我们不难得出其运作现状有待进一步改进和完善的结论。对联合国大陆架界限委员会有关职能的调整构想应属于开放性质的探讨，其目标是进一步改进委员会审议机制层面的执行效果。当然，无论是北极地区的外大陆架划界问题，还是委员会的职能调整和完善构想，在国际社会的现实面前如欲实现整体性的最终解决仍然尚需时日。而这一进程对于中国而言同样有着相当重要的价值。中国作为北极利益的重要攸关国，通过国际体制参与机制创新，探索近期和远期的北极实践，即包含了对北极外大陆架划界进展以及委员会在未来的可能调整和改革的关注，这正是将北极事务置于国家整体海洋战略之中进行通盘考虑所应有的题中之义。[①] 中国宜积极参与上述进程，在务实地推动北极外大陆架划界问题合理解决与大陆架界限委员会相关职能完善的同时，视情势时做出合适的应对之策，进而为增进各国之间围绕北极大陆架资源开发与《公约》体系下的机制合作提供更为稳固的制度保障。

第四节　加强针对北极地区外大陆架划界问题的回应能力

通观北极区域法制的建构路径，如前文所述，北极海域200海里外大陆架划界问题的进展将对北极诸多争端产生“牵一发而动全身”的影响。[②] 北极国家的数量虽少，但其在北极海域的外大陆架申请势必将影响为数众多的域外非北极国家的长远利益。而且北极国家的群体标签均为发达国家，美国、俄罗斯和加拿大更是国力强大、幅员辽阔的北极大国，它们在北极外大陆架划界进程中咄咄逼人的诉求主张、引人注目的强势表现不能不令非北极国家深感担忧。北极国家为了推动北极外大陆架划界工作的进展，而不惜重金投入了大量的人力物力。当前已有俄罗斯、挪威和丹麦(格陵兰)这三个北极国家提交了涉及北极的外大陆架划界申请案，美国、加拿大和冰岛的申请案也在紧锣密鼓的筹备之中(当然美国欲提交划界案还必须首先批准《公约》，但美国并未因其不是《公约》的缔约国而放松对北极的科考调查工作)。因此与北极外大陆架划界申请案相关的动态及后续进展值得关注。同时也需看到，北极国家的外大陆架划界申请仍然面临不少法律障碍。这些障碍有的源自北极地区的自然地理和气候条件，有的属于北极国家自身的相互掣肘；有的涉及对具体划界方式方法的理解与适用问题，有的则是划设领海基线及选取外大陆架外部界限定点的技术问题。上述障碍有的易于解决，有的不易克服；有的在理论上存在不小争论，但已有相应的实践对策。

---

① 白佳玉：《中国参与北极事务的国际法战略》，载《政法论坛》2017年第6期，第52页。

② Vladimir Jares, “Continental Shelf beyond 200 Nautical Miles: The Work of the Commission on the Limits of the Continental Shelf and the Arctic”, *Vand. J. Transnat'l L.*, Vol. 42 (2009), pp. 1265-1305.

然而与北极国家在北极外大陆架划界问题上的缜密筹划形成鲜明对照的是，反观广大非北极国家，对于北极国家紧锣密鼓的“北极圈地运动”，却至今没有任何一国拿起“法律武器”，按照《公约》《公约附件二》《联合国大陆架界限委员会程序规则》《联合国大陆架界限委员会科学与技术指南》等涉及大陆架划界的通用国际性法律规则的规定，向委员会提出反应照会和评论。究其原因，这主要是由于广大非北极国家在事实上不享有与北极国家相同的地位，不具有北极国家得天独厚的地理优势，掌握不了有关北极地区的详细信息资料，因此对于科学数据要求很高的外大陆架划界申请案，处于北极区域外的非北极国家也多有无从入手之惑，这也反衬出极地科考在战略意义上的重要性。而极地科学考察很大程度上也反映了一个国家的国力。国力有限的非北极国家一方面难以掌握精确的北极资料和信息，另一方面，由于国力的不足，也没有足够的意愿在北极议题上与都属于发达国家的北极国家相抗衡。因此，虽然非北极国家数量众多，但受限于信息资源、国家能力和意愿的不对称，真正能在北极议题上发出自己声音的则寥寥无几。而中国作为地理上靠近北极、在气候和农业生产上受北极影响极大的“近北极国家”，与北极存在多重意义上的关联，故而理应不能在北极问题上置身局外。而且作为为数不多的科考实力与相应国际话语权齐备的非北极大国，中国无论是基于自身的立场，还是出于为广大非北极国家谋求共同利益的角度，中国都需要在北极问题上保有更多的关注，借助科学考察和制度参与等形式，形成符合中国实际利益的北极政策和战略。而这正是本书在下一章中亟待重点探讨的主题。

一、适当限制北极国家外大陆架划界主张的法理依据

尽管环北极国家在北极开发上享有天然的优势并且拥有国家安全上的利益，但必须从法理上明确的一点是，《联合国海洋法公约》已经确定了超过200海里的外大陆架划界规则与200海里以内的大陆架制度的不同适用规则、标准与方法。因此，北极国家的200海里外大陆架划界主张必须受到合理的制约，而不能任其片面解释并以其国内单方立法的形式强加于国际社会的其他成员。北极国家在北极海域依然拥有固定的领海、专属经济区与200海里大陆架范围，但对其超过200海里的外大陆架划界主张，则应遵循从严适用《联合国海洋法公约》的价值尺度。超过200海里的外大陆架划界规则与200海里以内的大陆架制度的理论基础与法权依据需要经过详细审慎的辩证。

如果我们审视环北极国家200海里外大陆架划界申请的依据，它们只能是基于对北冰洋沿岸陆地的“先占”，再根据“陆地统治海洋原则”主张其对大陆

架甚至是200海里外大陆架的权利。根据国际法，沿海国对大陆架的权利是天然存在的“自然权利”，不因沿海国经济的落后或是人口的稀少而有所减损，也不取决于沿海国任何公开的宣告，即便是沿海国未对大陆架进行开发，其他国家也不能因此主张对该大陆架开发的权利。① 由此可见，在国际法上，大陆架权利的法理基础是强行法，有着固定的、不容改变的适用边界，任何国家如果侵害了沿海国的大陆架权利，都要承担相应的国家责任。天然就是强行法，不因任何行为而改变。但外大陆架划界规则设计的法理基础就明显不同：

其一，200海里外大陆架范围是界定本身就是一个法律与科学的混合体，而且其界定的标准不像大陆架那样是明晰的、确定的，主要是靠科技手段的勘测而不是法律意义的形成权，而科技手段本身就是可被人为操控的，外大陆架外部界限的最终确定，除了须经大陆架界限委员会的审议，最终还需通过相关国家的协商。以2012年孟加拉国与缅甸的海域划界案为例，虽有国际海洋法法庭的裁决，大陆架界限委员会仍继续推迟对孟缅划界案的审议。然而，200海里外大陆架划界规则之所以得以成为一项具有法律效果的规则体系，主要还是在于，由地球物理、地质科学等领域的专家所组成的大陆架界限委员会，其所最后公布的划界数据可以相应地影响外大陆架划界法律问题的走向。所以说，有关区域的200海里外大陆架划界规则只有通过经大陆架界限委员会认可后的数据公布才具有主权性质的效力，在公布之前，沿海国不得自行对属于外大陆架范围内的资源进行独占性开发，更不能通过官方的某一项权利独占的声明，排斥其他国家乃至整个国际社会对外大陆架区域的关注和介入。②

其二，纵观200海里外大陆架划界规则，其出台本身就是一个讨价还价的过程，在《联合国海洋法公约》通过之前，有关“外大陆架”甚至还不是一项单独的法律概念或法律术语，在国际实践中，也几乎找不到任何已得到普遍国际认同的有关超过200海里范围的外大陆架主张。这就使外大陆架划界规则绝然不同于200海里以内的大陆架制度，后者在最具代表性的《联合国海洋法公约》出台之前，已经有了《杜鲁门公告》《大陆架公约》乃至国际法院对北海大陆架案等司法判例加以裁决的各种国际性立法、司法渊源，这是前者所远远不具

① Victor Prescott, "National Rights to Hydrocarbon Resources of the Continental Margin Beyond 200 Nautical Miles", in Gerald Blake, Martin Pratt, Clive Schofield and Janet Allison Brown, et al., *Boundaries and Energy: Problems and Prospects*, The Hague: Kluwer Law International, 1998, pp. 51-82.

② Stephanie Holmes, "Breaking the Ice: Emerging Legal Issues in Arctic Sovereignty", *Chi. J. Int'l L.*, Vol. 9, Issue 1 (2008-2009), pp. 323-352.

备的条约法、习惯法、判例法等各类法律渊源的丰富积累。

其三，通过沿海国即便在拥有外大陆架之后还要向海底管理局缴纳费用的做法中看出，外大陆架划界规则的终极基础还是外大陆架属于国际共同体，只是由于沿海国可以举出足够的地理证据证明因而赋予该沿海国可对外大陆架享有基本等同于大陆架的主权性权利，这是一个非常清晰的逻辑脉络。不像200海里以内的大陆架，沿海国无须举证，即可以直接根据陆地统治海洋原则对大陆架进行支配，所以在《公约》中，有关外大陆架划界规则的条文，在权利基础上，并不能公然违背海洋自由和国际海底区域属全人类共同所有的原则性规定。虽然当代海洋法上许多既有的国际共同体权益优位的条文仅限于原则性的规定，但由于海洋法的性质是全体国家、全人类的海洋大宪章，这从海洋法的宣言中就可以看出，所以上下优位是很明显的，不能等同于个别国家签订的、为解决双边利益的划界协议，更足以说明北极国家单方面闭门制定的有关北极区域行为准则不能与《联合国海洋法公约》的主旨精神背道而驰。因此有关北极国家不应仅寻求海洋法中对己有利的个别条款，以行掠夺国际共同利益之实。有关北极国家的行为的实质是以其“内部共识”来约束其他非北极国家，以其单方面制定的对己有利的北极区域行为准则辅以若干有利于己的《公约》规定来取代意在促进全人类共同福祉的《联合国海洋法公约》，这无疑是对海洋法目的严重违背，理应不产生可约束非北极国家的真实的国际法效力。尽管在现行国际法制度下，北极地区的法律地位并无特异的规定，因此有关200海里外大陆架划界的法律规则理论上能在北极海域得到适用，这一点对于北极国家而言无疑是非常有利的。但按照北极地区的现实状况以及相应国际条约的规定，也并非所有有利的筹码尽归于北极国家一边。

由于北极海域200海里外大陆架划界问题并没有最终确定，而大陆架外部界限是沿海国具有主权管辖权利区域与国际海底区域的分界线。因此，在北冰洋地区有多大面积的区域属于国际海底区域，目前还未确定，只有等到环北冰洋各国200海里以外的大陆架外部界限全部确定之后，才能确定北极地区的国际海底区域范围。正是由于北极国家内部间的外大陆架划界主张互相严重对立，短期内无法获得较大的实质进展，因此北极国家掌控北极外大陆架划界问题走向的步伐在某种程度上已被大为延缓。

二、北极大陆架划界问题演变的长期性及其与北极区域治理走向的关联性

全球化的冲击使当今的世界处于一个大转折与大变动的时代，国际格局的

变化催生了不少区域秩序的重建。北极地区也不例外，北极地区错综复杂的各类法律争议和利益冲突正日益浮出水面。北极丰富的资源权属争议是北极争议的焦点所在，其法制化载体即为北极地区的大陆架划界法律问题。《联合国海洋法公约》中有关大陆架特别是200海里外大陆架的划界规则在北极地区的适用问题，正借助北极气候变暖和北极潜藏资源陆续被发现的“东风”，产生了越来越大的争议和讨论，因而引起了有关国家和国际组织机构的极大关注。以2001年俄罗斯率先提交北极地区200海里外大陆架划界申请案和2007年俄罗斯洋底插旗行动为标志，当今的北极大陆架划界问题已一跃成为国际法和世界政治中的一大热点问题。

作为一项演变中的国际法问题，北极地区的大陆架划界尤其是200海里外大陆架划界问题具有很强的国际海洋法专业属性，同时会对北极地区诸多争议的走向以及既有的国际格局利益分配产生实质性的影响，因而具有高度的战略意义。北极地区的大陆架划界纷争不仅直接关系到北极丰富资源开发利用的权属问题，同时还将牵涉到北极海域国际海底面积的大小的确定，这些都涉及国际社会中数量众多的非北极国家的切身利益。环北极国家围绕着大陆架划界问题所展开的紧锣密鼓的法律行动，其核心意图就是争夺北极地区的各类丰饶资源。因此，这一问题不应仅被视为是地区事务，而应是国际事务。促使北极区域的法制建构朝着有利于广大非北极国家以及国际社会共同体整体利益的方向良性发展，确保北极地区能在和平、环保的条件下得到有序开发和持续发展，乃是国际社会绝大部分成员共同期待。上述主体在北极地区合法权益的维护，最终仍取决于北极大陆架特别是200海里外大陆架划界问题的进展状况。

北极地区的大陆架划界法律问题与北极区域法制建构的路径选择有紧密关联。从国际社会的现实来看，这一问题的解决尚需时日，尤其是北极海域200海里外大陆架划界问题的解决是仍面临着重重困难，不仅需要考虑各种法律因素对北极国家200海里外大陆架划界申请的综合影响，还取决于有关国家之间及其与国际社会之间的利益协调与互动博弈。这如实地反映了“北极争夺战”日益升温的今天，北极国家之间、北极国家与非北极国家之间都是既有合作又有斗争，而北极问题的整体解决仍将是一个颇为漫长的进程。因此，推进北极区域的法制化治理进程，有助于为北极国家与非北极国家之间增进合作提供稳定的规范安排与制度保障，这也是避免北极地区大国角力走向无序和恶性竞争的必由之路。

三、加强对该问题回应能力的中国责任

实现北极资源的和平利用与妥善解决北极地区的大陆架划界争议，对于中国而言也有着相当重要的意义。中国在北极地区也有着日趋重要的国家利益和广泛的战略需求，北极形势的变化与中国未来的发展息息相关。因此，积极参与北极区域的国际事务，增强中国的话语权，是维护中国和广大非北极国家的根本利益的必由之路。中国可选择经济合作与法律博弈并举的现实应对策略，并利用好相关国际法资源，做好在相关议题上与北极国家进行法律博弈的准备，从而提升中国在北极事务上的参与能力和应对水平，维护中国以及国际社会共同体在北极地区所应有的法律权益，推动北极区域法制建构的良性发展。

目前北极未来的命运将在很大程度上取决于北极地区 200 海里外大陆架划界问题的具体走向。对于中国而言，应在维持北极地区各方相互依存与和平合作的前提下，根据中国的具体情况与北极区域法制建构的现实需要，在《联合国海洋法公约》的框架下更深层次地运用国际法资源来维护并扩展中国在北极的海外利益与法律权利。北极地位问题的走向与北极资源开发的前景事关中国未来的发展，中国在北极的相关权益不仅有明确的法律依据，而且与广大非北极国家的共同利益是保持一致的。因此，北极地区 200 海里外大陆架划界问题具有很强的法律属性的特点，中国有必要合理有效地利用国际法律资源来实现对中国在北极的国家安全利益的保护。故而需要中国高度重视北极地区 200 海里外大陆架划界问题的重要战略意义，在此问题上强化与既有国际体系的多方位互动，在北极区域法制建构议题上始终保持积极参与的建设性姿态，而不宜置自身于北极事务之外或仅对北极政治法律秩序的演化予以被动反应，即使各方面的条件对中国参与北极事务有所限制，中国也需要通过多管齐下的办法，来维护中国在北极地区所应有的法律权利和海外国家利益。党的十八大报告明确提出要坚定维护我国的国家利益以及我国公民、法人在海外合法权益，加强同世界各国交流合作，推动全球治理机制变革，积极促进世界和平与发展，并进一步增强在国际事务中的代表性和话语权，为改革发展争取有利的国际环境。① 十八大报告指出："我们将积极参与多边事务，推动国际秩序和国际体系朝着公正合理的方向发展。我们将扎实推进公共外交和人文交流，维护我国

---

① 胡锦涛：《坚定不移沿着中国特色社会主义道路前进 为全面建成小康社会而奋斗——在中国共产党第十八次全国代表大会上的报告》，载新华网：http：//www.xj.xinhuanet.com/2012-11/19/c_113722546.htm，2012 年 11 月 8 日。

海外合法权益。”①这表明，中国发展对外关系着眼于维护中国的海外合法权益以及推动国际秩序朝更加公正的方向发展，同时中国将致力于开展全方位、多层次的对外交流，中国必须抓住历史机遇，以主动进取的战略思维，改革全球治理和区域治理的国际体系，推动国际秩序向公平、公正、合理的方向发展。② 因此，积极参与北极地区的综合治理以及北极大陆架划界问题的解决进程，维护中国在北极地区事务上的合法权益，推动北极问题和该地区的法制建构朝着更加公平公正的发展方向演进，对于新时期的中国地区外交战略而言，属于势所必然的不二抉择。

放眼未来，以公平公正的方式解决北极地区大陆架划界问题的良好愿景，在目前现实主义国际政治的语境下，可以预计仍将是一项长期而艰巨的任务。③ 关于北极的命运和地位问题，只有在真正的国际多边合作的条件下才能得到圆满的解决。北极问题的解决需要多元合力，非北极国家既无法抛开北极国家来空谈北极资源的国际共享，北极国家也难以无视非北极国家的存在去瓜分和独占北极这一硕大的“蛋糕”，多元化合作乃是北极治理的必由之路。各国应依照国际法的有关程序，在协商的基础上，正确定位、理性思考和立足于长远考虑去谋划和处理北极地区的大陆架划界问题，一个和平、和谐与繁荣的北极地区才能为世界各国带来持久的共同实惠和利益。从这个应然的角度上说，在各国达成合作共赢的基础上将北极问题纳入制度化和规范化的轨道，不仅是国际社会共同体成员的公共责任，也是21世纪国际法和国际社会赋予中国所应有的角色期待。

① 胡锦涛：《坚定不移沿着中国特色社会主义道路前进 为全面建成小康社会而奋斗——在中国共产党第十八次全国代表大会上的报告》，载新华网：http://www.xj.xinhuanet.com/2012-11/19/c_113722546_11.htm，2012年11月8日。

② 何亚非：《对全球治理的一些思考——从二十国集团峰会谈起》，载王缉思主编：《中国国际战略评论2013年卷》，世界知识出版社2013年版，第7页。

③ Trevor H. Levere, “Vilhjalmur Stefansson, the Continental Shelf, and a New Arctic Continent”, *Br. J. Hist. Sci.*, Vol. 21, Issue 2 (Jun., 1988), pp. 233-247.

第五章 中国应对北极大陆架划界形势的对策研究

正如前文所述，北极地区在很长时间里一直是远离绝大多数观察者关注视线的边缘区域，但近年来随着北极气候转暖和科学技术的突破，各国战略学界的“北极热”已成为当前研究中不容轻忽的一个新动向。尽管“南北极是全人类共同财产”的理念号召在短期内很难转化为具有明确法律约束力的国际立法，但依然能够在国际上赢得较为广泛的认同。

同理，虽然中国不是北冰洋周边国家，在北极地区没有领土、领海和大陆架，但作为具有“近北极国家”身份的中国，在气候和地缘上受北极影响极大，且对海外能源供应和海上航运安全有重大需求，故北极的权益纷争关联到中国的切身利益。北极地区的气候变化、航道开通与资源开发都会对中国产生直接的影响。检视中国参与北极事务的法律基础可知，中国既是1920年《斯瓦尔巴德公约》的缔约国，也已于2013年5月15日，在北极理事会实现了观察员席位的成功“转正”。这都是中国参与北极事务的重要法律连接点。[①] 笔者认为，实现和拓展中国的北极利益需要充分重视和运用国际法的作用。国际法对中国海外利益的保护具有不可或缺的影响，未来中国海外利益的保护模式应当在构筑一套适合于实践的法律机制的目标下予以整合与完善。这将有助于我国应对飞速变化的国际政治、经济、安全形势，解决传统国际交往领域可能出现的实际问题，在实践上能为我国政府部门、外交机构和其他国家机关在与维护与捍卫国家安全利益相关问题的决策过程中提供明确系统的参考。

本章承接了上一章有关论述的研究进路，上一章是从理论探讨的角度设计了几类解决北极地区大陆架划界问题的构想，而本章则开始以中国的实际需要作为论证的起点，站在中国的立场上来阐述中国的北极利益与中国对北极事务的参与历程，以此来研讨北极相关问题之于中国的影响以及中国在其中的具体

---

① Olya Gayazova, “China’s Rights in the Marine Arctic”, *Int’l J. Marine & Coastal L.*, Vol. 28, Issue 1 (2013), pp. 61-96.

角色与应对思路。积极走进北极，既不回避北极问题可能给中国带来的各项重大挑战，也绝不错过北极局势发展可能给中国带来的良好发展机遇，不断增强对北极问题的正面应对，维护和拓展中国在北极的合法权益和战略利益，是中国北极战略思路中的必然抉择。

第一节　准确定位中国在北极地区的角色身份

在当代国际体系和国际格局中，中国是现存国际政治经济秩序的受益者、参与者和改革者，同时也受到西方主导的国际规则的明显制约。① 当前的中国已发展成为世界第二大经济体和一个举足轻重的世界性大国，在国际政治、全球经济与安全等领域发挥着越来越重要的作用。随着中国国力的提升以及与世界的联系和互动日益紧密和深化，在全球化大发展的时代背景之下，中国的国家利益正在全方位多领域地拓展，因此中国在相应区域的国家利益的内涵、空间、实现方式等也都有了纵深化的发展。国家利益可以从主要内容上分为国家的安全利益和国家的发展利益，前者是主权国家对生存的需求，后者是主权国家对发展的需要，两者是辩证统一的关系，共同构成国家利益的总和。② 按照中国国家利益的覆盖和辐射地域，又可将国家利益分为国内利益和海外利益。国内利益是一国基于国家主权在其领土范围内所享有的国家利益，而海外利益的存在区域则位于一国领土主权的覆盖范围之外，属于国家利益在其地域辐射上的延伸。中国的海外利益是中国国家利益外溢的必然产物，反映了中国国力强大后，在国家基本利益需求得到一定程度满足的基础上，对外部环境主动性需求的不断加强和延伸状态。③ 中国海外利益所在的地理区位是在中国国界之外，但会对中国的生存与发展，以及人民基本福利和生活状态的保持发挥关键性作用。以利益产生的时间界点是在冷战结束前还是冷战结束后为判定标准，中国的海外利益可分为传统的海外利益和非传统的海外利益。传统的中国海外利益主要包括：(1)周边地区的和平与稳定；(2)与中国密切相关的海上战略通道安全；(3)海外侨民和海外资产的安全；(4)中国对主要国际机制和相关

① 王缉思：《中国的国际定位与“韬光养晦、有所作为”的战略思想》，载《国际问题研究》2011 年第 2 期，第 6 页。

② 杨毅：《中国国家安全战略构想》，时事出版社 2009 年版，第 55 页。

③ 刘刚、杨文玲：《我国国家利益拓展分析》，载《教学研究资料》2007 年第 5 期，第 37 页。

地区组织的参与权和影响力等。非传统的中国海外利益主要包括：(1)环境和生态安全；(2)信息、网络与太空安全；(3)能源安全；(4)离岸货币金融安全；(5)中国国际形象的发展与推广；(6)国际制度体系的基本稳定和健康发展等。不过随着中国与国际体系的互动日益密切，延伸到海外的中国国家利益急剧扩大，传统海外利益与非传统海外利益的边界日趋模糊。在传统安全威胁以及非传统安全威胁双重威胁交织并存的形势下，制定具有中国特色的具有多维性、系统性、战略性和前瞻性的安全战略和发展战略，是实现中国海外国家利益保护的有效的政策和法律因应之道。而近年来北极地区快速升温所导致的极冰大量融化，使有关北极权属地位的错综复杂的争议逐渐浮出水面，由此也使得中国与北极地区之间的联系变得更加密切和复杂，中国在该地区的海外国家利益也日渐上升。

一、界定中国在北极地区合法权益的必要性

当前，中国已成为世界第二大经济体和一个举足轻重的世界性大国，在国际政治、全球经济与安全等领域发挥着重大作用。如今，海洋安全在中国的国家安全中已具有越来越重要的地位，世界各国间的经济联系更为紧密、相互合作更加深入。高度开放且与外界深度融合的中国经济，其发展离不开海洋经济的大力支撑。故对之全面认识与筹划，是中国发展的当务之急。① 而北极问题的诸多方面都牵涉到海洋领域和中国的国家利益，因此中国的国家利益边界向北极地区延伸也是势所必然。尽管当前中国的周边环境受到部分困扰，但这并非中国进军北极的障碍。美国前国务卿亨利·阿尔弗雷德·基辛格(Henry Alfred Kissinger)指出，“如果欧洲人当初只想着先解决欧洲内部的问题，就永远发现不了新大陆”。② 中国国际政治学者王缉思也指出，“中国不应因周边问题的困扰，而在地区治理、全球治理领域缩手缩脚，而应更加主动地提供国际公共产品，积累有利于解决周边问题的战略资源和国际政治资本”。③ 由此可以看出，界定中国在北极地区的合法权益并采取相应行动，既是客观形势发展的必然结果，中国也拥有维护自身北极权益及发展需求的必要主观理由。

① 张沱生：《挑战、机遇与对策》，载王缉思主编：《中国国际战略评论 2013 年卷》，世界知识出版社 2013 年版，第 37 页。

② [美]亨利·基辛格：《基辛格回忆录：白宫岁月(1968—1973)》(节译本)，刘觉俦、张维等译，世界知识出版社 1979 年版，第 152 页。

③ 王缉思：《东西南北，中国居“中”——一种战略大棋局思考》，载王缉思主编：《中国国际战略评论 2013 年卷》，世界知识出版社 2013 年版，第 29 页。

中国现阶段在北极虽然没有直接的权利声索，但北极整体局势和法律地位的改变将严重影响中国的利益与国家安全态势，这点将在下文有所陈述。鉴此，与几个北极大国汲汲于大陆架法权利益的具体声索不同，中国在北极的有关主张可以“重在谋势”而非“谋局”，在北极地区主动营造可以容纳各方的对话合作氛围，倡导北极区域互信互利机制在操作层面上的构建，在积极发展与北极国家之间的关系的同时，借局布势，以更加积极主动的姿态来参与北极地区事务，并充分运用中国日益增强的国家影响力，在适当时机，可以考虑主动谋划提供有中国参与并施加影响力的北极地区公共安全产品，以维护北极地区的安全稳定，同时监控该地区的风险演化。①

更何况，从地理位置上看，中国虽然没有属于北极地区范围内的领土、领海或大陆架，但中国在客观上属于各方面与北极息息相关的“近北极国家”这一身份怠无疑义。所谓“近北极国家”是指靠近北极地区的一类国家，这个概念符合中国与北极地区的位置关系的现实，又将中国等国家从更广泛的非北极国家中分离开来，表明中国等国家与北极地区之间存在特殊的地缘政治联系，不能被简单地排除在北极地区事务之外。② 中国宜以近北极国家、利益攸关方为介入北极地区事务的主要抓手，在实践中加强与世界各国的合作，以共推北极问题朝积极的方向发展。

二、明晰中国在北极地区的主要权益内容

中国在北极的现实国家利益主要可以分为：海上战略通道安全利益、资源能源安全利益、中国对北极区域国际机制的参与权利、北极气候变化带来环境和生态安全利益、北极空域的信息与太空安全利益、与原住民及北极国家的北极行政区发展交往的利益等。与中国在北极地区日益显性化的多重利益相对应，中国参与当今的北极事务面临着各种有利因素与不利因素相交织的复杂局面。

（一）中国在北极的航道权益

北极局势发展变化给中国带来的最直观影响体现在北极航道方面。能源运输安全问题是当前中国所面临的最严峻安全挑战之一。中国作为世界上最大的

① 秦天：《中国崛起进程中的军事安全分析及对策思考》，载王缉思主编：《中国国际战略评论 2013 年卷》，世界知识出版社 2013 年版，第 309 页。

② 陆俊元：《北极地缘政治与中国应对》，时事出版社 2010 年版，第 339 页。

发展中国家，同时也是能源资源消费大国，在国家发展过程中，对主权管辖范围之外的海外能源资源及其海上运输的依赖程度有了显著增加。截至 2015 年 2 月，中国的原油进口量和成品油进口量分别为 2555 万吨和 268 万吨，总价值分别为近 96 亿美元和 12 亿美元，其中 90%以上的进口石油需要通过海上油轮运输。① 因此维护好中国海上能源运输通道的安全生命线对于中国而言是怎么强调其重要意义都不为过。倘若北极海域在法理上完全被纳入环北极国家的主权管辖范围，势必给中国以及广大发展中国家带来极大的消极影响。中国目前推行的“一带一路”大战略中的“海上丝绸之路”部分的经济效益，也可能会受到北极航道开通所带来的不利后果的冲击。当然，如果未来北极航道的商业价值得到进一步的开发，中国也可以考虑将当前推行的“21 世纪海上丝绸之路”战略构想延伸至北极海域，从而开辟出加强中国与欧洲、俄罗斯以及北极海域沿线地区联系的新路径，降低经济联系的成本，减少并化解现有航路的安全风险，优化中国在世界航路变局中的地位。

本书第一章已经述及，北极航道的全面开通，将使在北极国家中拥有最长极北海岸线的俄罗斯和加拿大成为国际航运大动脉变迁的最大赢家，位于北大西洋两侧的欧美发达国家也将成为北极航道的主要受益者，而分布在苏伊士运河—印度洋—太平洋—巴拿马运河航线上的众多发展中国家的发展权利则将遭到明显的损抑。相对于北极航道开通给前两者带来的“冰火两重天”局面，中国所面临的情势则可谓是利弊参半。中国一方面可借助北极航道，与世界上经济形态最为成熟发达、海上贸易经济价值最高的北大西洋两岸地区（西欧国家及美国加拿大东海岸）实现更为便捷的联通；另一方面，中国原有的海上贸易和能源布局也不可避免地面临重大调整，与现有的亚非拉能源产地的联系将受到一定程度的冲击和削弱。而且由于通航后的北极航道事实上将为西方发达国家（包括俄罗斯）全面掌控，无论是从中面临利弊参半情势的中国等东亚国家，还是将承受更多不利后果的南方国家和南半球国家，都不得不加深同北极航道沿线国家之间的外交关系（抑或可说是某种程度上的依赖关系）。

除却北极航道开通和运营给中国带来的战略机遇和挑战，中国参与北极航运所面临的现实性操作难题还包括目前中国在北极地区的适航船只数量不足。在北极国家中，除了冰岛和丹麦，俄罗斯、美国、加拿大、挪威包括瑞典和芬兰在内的北极六国都拥有一支强大的破冰船队。其中，俄罗斯所拥有的破冰船

① 杨泽伟主编：《中国海上能源通道安全的法律保障》，武汉大学出版社 2011 年版，前言第 1 页。

只数量最多，达到 20 艘，并含 7 艘核动力破冰船，加拿大和美国分别有 6 艘和 4 艘破冰船。地处亚洲的韩国在冰区船舶设计建造方面有较强的竞争力，日本和新加坡亦有较好表现。而中国造船界对于极地船舶的研究开发虽然处于后来居上的赶超态势，但要想稳固自身在未来极地船舶市场的订单份额，仍需付出更多的努力。

(二) 中国在北极的环境安全权益

对于中国而言，北极问题牵涉到广泛意义的环境安全。如果北极的气候和生态系统发生剧变，那么格陵兰冰盖的融化所引发的世界海平面上升将对中国沿海经济发达地区造成直观的现实威胁。中国极地研究中心主任杨惠根说，“根据测算，假如整个北极格陵兰冰盖和南极大陆冰盖完全融化，中国的海岸线将退后 400 公里。中国沿海地区最富饶、人口最密集的地区，如广州、上海、天津等地将会被淹没，成为海底城市”。①

事实上，北极还是我国冬季寒潮的主要来源地，北极大气系统的任何微小异动，都会对中国的农林牧业生产安全和环境评估带来相当大的影响。中国大部分地区处于东亚季风区，作为极地和中高纬地区的一个重要气候系统，北极涛动(Arctic Oscillation，AO)与位于中低纬度的东亚季风之间存在密切的相关关系并特别体现在年代际关系之上。研究表明当 AO 指数偏强时，我国大部分地区冬季气温偏高，同时降水也偏多。北极涛动和西伯利亚高压对我国冬季气候的影响在年际和年代际尺度上有不同的特征。②

(三) 中国在北极地区的军事安全权益

北极地区的各项秩序演化同时还牵动着各国的诸多利益以及国家安全，中国对此也无法置身事外。作为北极地区的近邻国家，中国无疑在北极地区议题的安全化过程中兼具安全指涉对象和安全化行为体的双重身份。③ 从军事利益和国防安全的角度来看，北极空域的信息及位于其上的太空安全也因此是中国国家国防安全利益的有机组成部分。在未来的军事冲突中，敌对国家有可能从

---

① 陈君怡：《中加专家聚会研讨共话推进北极科研》，载《中国海洋报》2015 年 3 月 31 日。

② 邓伟涛：《夏季北极涛动(AO)、东亚夏季风与中国东部降水的年代际变化关系》，南京信息工程大学 2005 年硕士学位论文，第 3 页。

③ 王传兴：《北极地区安全维度变化与北极地区议题安全化》，载《国际安全研究》2013 年第 3 期，第 114 页。

隐蔽于北极雾霾和海冰之下的导弹发射阵地向中国发起武力攻击甚至是核袭击，也可能在北极上空对中国的卫星和其他太空设施采取电磁、激光甚至是导弹袭击等进攻方式，中国不能不对此保持高度关注并做好相应的预警与防御措施。

(四)中国在北极地区的科考研究权益

科考研究权利是《联合国海洋法公约》赋予给缔约国的一项法定权利。中国在北极地区也依法享有相应的科考研究利益。

尽管经过近20年的努力，中国的北极考察事业已取得了显著的成果，但无论是与中国的现实国家利益需要还是与相关国家的北极科考实力相比较，中国都需要进一步加大对北极科考的关注与投入。这其中，尤其以建造能承载更多科研任务和更高科考要求的冰区船舶最为关键，特别是在北极冰融加速的气候环境下，北极海区的永冻冰层发生断裂崩解，在海上漂移游动的碎片化浮冰数量增加，如果在北极海域活动的各国科考船只和商业船舶性能较为有限或陈旧，那么现阶段北极极冰融化的形势给其带来的威胁将比所谓的潜在机遇来得更为直接。中国现有的北极科考调查作业以及未来可能参加在北极航道的商业运营均面临冰区船舶建造稍显滞后的问题。符合北极适航条件的科考船只在数量和性能上的不足，将制约中国科考范围的扩展与北极科研目标的实现。目前中国仅有的一艘“雪龙”号极地科学考察船，自1994年首航南极以来，已先后十余次赴南北极执行科学考察与补给运输任务，常年奔波在南北极之间“单兵作战”，已远远不能适应权益纷争时代的国际考察新形势的要求。① 因此全力打造具备更强破冰能力的船只，组建具有一定规模和国际领先地位的破冰船队，以因应当前北极科考和航运的“新高地”竞争，既是中国北极科考的当务之急，也是中国航运界和船建界所需予以重视并未雨绸缪的重大课题。

(五)中国在北极地区的资源能源开发权益

北极地区的各类资源能源极为丰富。中国是《斯瓦尔巴德公约》的缔约国，依照该条约的规定在斯瓦尔巴德地区享有勘探和开发资源能源的合法权益。中国还可以通过同北极国家合作的方式共同开发北极地区的丰厚资源能源。目前中国与丹麦(格陵兰)、挪威、冰岛、俄罗斯等国在合作开发北极地区资源能源的议题上进展良好。2015年1月9日，丹麦格陵兰岛自治政府宣布，曾规

① 张俊杰：《北极船型破冰来》，载《中国船检》2013年第7期，第18~21页。

划投入 23 亿美元、储量超过 10 亿吨的伊苏华大型铁矿探矿权由中国大型煤炭及铁矿石进口商俊安集团接手。① 在俄罗斯开发北极资源的计划中，中国的中石油、中石化和中海油都是其准备予以邀请的合作伙伴。挪威和冰岛等国也对中国参与北极地区的资源能源开发持欢迎态度。

(六) 中国对北极区域国际机制的参与权益

北极理事会是中国参与北极事务所能依托的最主要机制平台。在北极国际组织和区域机制的参与方面，目前中国在北极权益上遇到的最大问题是“基本参与权”问题，即由于北极国家对于圈外国家所抱有的排斥态度使得中国很难全面参与到北极国际事务中去。② 但由于中国北洋政府早在 1925 年就签字加入了 1920 年缔结的《斯瓦尔巴德公约》，这一资格为后来的中华人民共和国政府所继承，因此中国属于《斯瓦尔巴德公约》缔约国，依照公约的规定享有在北极有关地区从事科学考察研究的法律权利。中国于 2006 年申请加入北极理事会，一年后成为北极理事会的临时观察员，2013 年 5 月 15 日，中国获得了北极理事会的正式观察员国资格。③ 按照北极理事会的章程规定，观察员国不具备与北极理事会成员国完全平等的地位。但中国仍需积极介入北极问题。中国在北极地区的发言权和影响力，实际上是会随着中国在北极事务上的实际作为而发生相应的消长变化的。因此中国继续保持目前的发展势头，并采取积极参与北极地区事务的策略以争取参与各项北极事务的准入资格，将有助于中国在今后获得更多相关区域议题的参与机遇。

在务实地认同北极国家在有关北极事务上的优先权利的同时，中国可以充分利用气候变化这一主题来阐释中国对于北极的发言权和参与依据，并在实践中加强自身参与北极事务的综合能力。因为在国际法上，气候变化属“全球共同关注事项”，况且作为全球气候循环系统中的重要一环，北极地区所有纷争的产生和趋热，大多与北极气候变化这一背景性诱因存在密切的联系，而无论是作为自然科学讨论范畴下的北极气候的改变，还是具有政治和地缘意义的北极问题，确实都已构成了全球性的挑战，通过全球力量的广泛参与来寻求全球

---

① 张涵：《中企北极圈“23 亿美元”铁矿项目存变数》，载《21 世纪经济报道》2015 年 1 月 15 日，第 008 版。

② 刘惠荣、董跃、侯一家：《保障我国北极考察及相关权益法律途径初探》，载《中国海洋大学学报》(社会科学版) 2010 年第 6 期。

③ 和苗、付一鸣：《中国成为北极理事会正式观察员国，将享合法权利》，载中新网：http://www.chinanews.com/gj/2013/05-15/4822384.shtml，2013 年 5 月 15 日。

性解决办法，属于北极问题的客观内在需求。而且，将北极气候变化作为国际共同治理的对象，亦无须以否定北极各国对北极相关区域的主权管辖及权利要求为前提。这就是中国介入北极问题的一个主要抓手，既有助于增强中国对北极事务的实际参与能力，又可避免中国与北极国家的立场诉求发生正面冲突。

中国还应充分利用非政府组织和软法来介入北极问题，并重视软性国际法工具在中国参与北极事务中的作用。中国目前是带有政府性的非政府组织北极科学委员会的正式成员国，这一委员会拟定的大量规则从国际法角度都属于非条约性的“软法”，目前基于北极法律秩序的特殊性，这些软法发挥了重要作用。中国应当以保护北极为最根本的工作宗旨，进一步加强参与拟定这些层次上的软法，以增强自身在北极事务中的参与权和发言权，并与国际社会携手努力，为实现北极区域内有关各方间的良性互动发挥应有的角色和作用，以确保北极地区的海洋划界和资源开发工作能始终以和平、可持续的方式进行。通过上述渠道来保障北极地区的可持续发展，无疑将符合世界各国的共同利益。完善北极区域法制的“软法”属性，淡化有关议题的“硬法”分歧，同时积极探寻其他相关类型的软法参与途径，将是笔者所认为的中国参与北极事务的重心所在。

当前中国在有关北极事务的议题上，主要还是集中于北极科考和北极资源开发等经济合作事项领域。中国尤须加强的地方则在于对北极问题的国际法参与能力，如何提出有利于中国的北极议题思路和路线图，并运用中国的影响力达到制定有利于中国的北极国际规则目标，需要经过更为漫长的博弈。这也体现了在当代国际体系和国际格局中，中国是现存国际政治经济秩序的受益者、参与者和改革者，同时也受到西方主导的国际规则的明显制约的事实。①

（七）中国与原住民及北极国家的北极行政区发展交往的权益

北极地区的原住民族群有 20 多个，主要有因纽特人、萨米人、科米人、雅库特人、鄂温人、多尔干人、恩加纳桑人、恩特西人和南特西人等，原住民总人口约 35 万人。② 其中人口最多的是生活在加拿大、格陵兰和俄罗斯北极地区的因纽特人和生活在瑞典、挪威、芬兰和俄罗斯北极地区的萨米人。八个北极国家还在其本国内部设置了具体的北极行政区域。北极国家通过设置具体

① 王缉思：《中国的国际定位与“韬光养晦、有所作为”的战略思想》，载《国际问题研究》2011 年第 2 期。

② 潘敏：《北极原住民研究》，时事出版社 2012 年版，第 39、43 页。

的北极行政区，来管理北极地区的原住民并在有关行政区内实施仅适用于北极地区的政策法令。目前8个北极国家已经划出了30个北极行政区，其中包括俄罗斯的13个行政区(含7个自治区、3个共和国和3个州)、加拿大的5个地区、挪威的3个郡和1个斯瓦尔巴德群岛协定区、丹麦2个海外自治领、瑞典和芬兰的各2个省、美国1个州以及冰岛全国，总面积约1650多万平方公里。由于地区气候环境和历史开发滞后的原因，北极各国的原住民居住地区和具体北极行政区的经济人文社会面貌仍然相对闭塞，急需外部资金的注入以支持其发展。而中国文化从旧时代起直至今天，从来都不是封闭和孤立的。因此与相关国家具体北极行政区的当地政府合作，并加强同北极原住民社团的对话和交流，既是中国参与北极事务合法权利的有机组成部分，也不失为中国发挥自身优势扩大在北极地区影响力的一项可行策略。

三、从中国海外安全利益的高度擘画对北极区域治理的参与

众所周知，国家安全有不同维度的内涵划分。国家利益可以从主要内容上分为国家的安全利益和国家的发展利益，前者是主权国家对生存的需求，后者是主权国家对发展的需要。① 按照中国国家利益的覆盖和辐射地域，又可将国家利益分为涵摄本土安全的国内利益和海外安全的海外利益。国内利益是一国基于国家主权在其领土范围内所享有的国家利益，而海外利益的存在区域则位于一国领土主权的覆盖范围之外，属于国家利益在其地域辐射上的延伸。具体到北极区域治理问题上而言，由于北极问题事关未来世界的利益共享与再分配，更关系到全人类的命运与发展前景，而对于中国来说，北极气候的变化与可能的秩序变动对中国影响极大，更牵涉到中国能源战略布局的调整，太空战时代军事导航技术的发展也使中国不能不关注北极地区的重要军事价值。因此无论从哪个方面来看，北极地区都是中国海外安全利益的一大重要组成部分。中国不仅不能缺席北极区域治理问题，还应以主动的、建设性的姿态积极参与和介入当前的北极区域治理问题对话进程，并借助“一带一路”倡议构想积极推进与有关国家的北极合作尤其是经济层面的合作，从而在树立合作共赢新理念的同时利用差异化策略发挥自身作为新兴经济体的比较优势。②

2015年7月1日新通过并公布的《国家安全法》是维护中国国家安全的法

---

① 杨毅：《中国国家安全战略构想》，时事出版社2009年版，第55页。

② 郑国姣、杨来科：《我国在全球价值链中的地位评价及提升策略》，载《广西大学学报》(哲学社会科学版)2016年第3期，第95~100页。

律基石和里程碑，对中国在极地的海外安全利益的性质、目标和内涵做了清晰的法律界定。新《国家安全法》第 32 条规定：“国家坚持和平探索和利用外层空间、国际海底区域和极地，增强安全进出、科学考察、开发利用的能力，加强国际合作，维护我国在外层空间、国际海底区域和极地的活动、资产和其他利益的安全。”①这就使中国在北极地区的权益保障问题不再局限于纸面意义的宣示和理论性质探讨，而是正式提升为国家安全的高度和利益层级，从而为中国有效维护和发展自身在北极地区的海外安全利益提供了明确的法律依据和坚强的战略屏障。

因此，我们需要以战略性、全局性、前瞻性的眼光来看待中国在北极地区的海外安全利益统筹问题。中国如何在日趋复杂的全球化大背景中，实现坚持国际关系的基本准则与维护中国国家利益的有效兼顾，并在照顾自身利益的基础上尽到国际道义责任，也是中国在新时期改革与开放进程中所面临的必然议题。② 中国在北极区域治理问题上有所作为，不仅是从战略的层次和高度来维护中国的国家利益、以积极前瞻的视野把握未来世界之于中国的战略机遇，也可在北极问题的“法律战”中检验中国的议题设定与制度参与能力。

同时，北极区域治理问题也是中国体现自己作为新兴的世界性大国的全球视野与道义担当的机会。新时期的中国对于此类地区性重大事务问题宜以这种积极进取、有所作为的态度去着力应对，这既可充分反映中国把握时代脉变、抓牢战略发展机遇期的奋进精神，也符合当代中国积极开拓海外利益、从全球地缘和能源战略角度进行谋篇布局的现实需要。中国历史上一直以地区性大国的面貌存在，而且中国的文明传统与发展眼光是内向、封闭自守而非外向、开拓进取的。中国在 21 世纪成长为全新的世界性大国并且深度融入世界经济与文明的交互进程之中，是中国选择改革开放道路与冷战结束后全球化进程在世界范围内迅猛铺开的必然结果。中国不仅是东方的一部分，同时也是世界的一部分。中国对于传统上不属于其关注视野但实际上对中国自身利益影响极大的北极区域治理问题的重视与参与，既可在北极地区展示中国作为世界性大国的力量存在，也能够在全面清晰的战略统筹下，依据不同层次的问题分别寻求不同的策略，如北极航道问题、北极大陆架划界问题、北极科考和资源开发等问题等，来保障中国在北极地区的自身安全利益。此外，中国早已是世界第一捕

① 《中华人民共和国国家安全法》第 32 条，2015 年 7 月 1 日起公布施行。

② 曾令良、章成：《曾令良：新时期改革开放的国际法视野》，载《检察风云》2014 年第 11 期，第 4~5 页。

鱼大国，无论是船队规模还是捕捞能力都已远远超过包括欧盟、美国等在内的传统渔业强国。[①] 随着北极变暖的加速和北极渔业可捕量的不断上升，可以预计中国远洋渔业早晚也将涉足此区域，因此也需对我国远洋渔业在北极地区的涉外安全问题及早未雨绸缪。而对于北极区域治理问题的关注重点，中国自身的立场诉求及其作为负责任大国身份所应体现的道义担当，也决定了中国必须倡导各方应从国际社会利益共同体的高度协调统筹北极问题的全局，共同维护北极地区的和平、安宁及生态社会的健康发展。

四、阐明中国对北极问题的基本原则立场

正如前文所述，作为在地理距离上与北极地区接近、在社会生产生活各方面受北极自然环境及地缘形势变动影响极大的一个典型“近北极国家”，中国理应是北极事务中不可或缺的一大利益攸关方。作为一个以负责任姿态深度参与地区和国际事务，同时亦在北极地区拥有重大国家利益的全球性大国，中国不可能自置于北极事务的变迁进程之外。因此，中国有必要保持对北极事务地区进程的密切关注，并采取适当的应对策略阐明自身的基本立场，尽可能推动该进程的演进朝有利于国际社会整体利益的方向发展。因此，积极参与北极事务，维护中国在北极地区的合法权益，推动北极问题和该地区的法制建构朝着更加公平公正的方向发展，对于新时期中国的地区外交战略而言势所必然。结合当前北极形势的发展以及与中国联系愈益密切的现实状况，中国自然有必要进一步阐述自身参与北极事务的政策立场，并寻求适当的时机进一步细化对中国的北极政策的系统化表达。2017 年 1 月 18 日，中国国家主席习近平在联合国日内瓦总部发表了题为《共同构建人类命运共同体》的主旨演讲，明确指出“要秉持和平、主权、普惠、共治原则，把深海、极地、外空、互联网等领域打造成各方合作的新疆域，而不是相互博弈的竞技场”。[②] 2018 年 1 月 26 日，在习主席日内瓦演讲一周年之际，中国国务院新闻办公室受权发布了《中国的北极政策》白皮书，这是中国政府制定的第一份官方北极政策指导性文件。这份白皮书更加清晰和全面地介绍了中国参与北极事务的理念和路径，将中国北极政策的目标界定为“认识北极、保护北极、利用北极和参与治理北极，维护

① 薛桂芳、房旭：《我国远洋渔业涉外安全事件及安全生产的保障措施研究》，载《广西大学学报》(哲学社会科学版) 2017 年第 1 期，第 74~81 页。

② 新华社：《习近平主席在联合国日内瓦总部的演讲(全文)》，载新华网：http://www.xinhuanet.com/world/2017-01/19/c_1120340081.htm，2017 年 1 月 19 日。

各国和国际社会在北极的共同利益，推动北极的可持续发展”。[①] 白皮书深刻指出，中国加强对北极事务的参与与北极国家在北极的利益关切并不矛盾，中国的参与并不会否定和削弱北极国家的优先利益，而是为了更好地保障自身应有的北极权益，并促进各方参与北极事务的有效性，从而寻求更加公平的机会来协调所有国家在北极治理框架下的机遇共享。

中国政府高度重视北极问题发展走向对于中国的影响，同时基于全球视野倡导通过和平与合作的方式来推动北极区域治理机制的开放性、包容性建构，从而最终实现北极问题的良性发展以及参与各方的互利共赢。各方在北极地区的一切行为应具有和平性质，相互承认和尊重彼此的权利，同时照顾到全世界和全人类的共同利益，这是中国政府对于北极问题的基本立场，也理应是北极合作的最重要理据基础。2015 年 10 月 16 日中国外交部部长王毅在第三届北极圈论坛大会开幕式上通过视频致辞做了明确阐述，“中国是北极的重要利益攸关方。尊重、合作与共赢是中国参与北极事务所秉承的三大政策理念。其中尊重是中国参与北极事务的重要基础，合作是中国参与北极事务的根本途径，共赢是中国参与北极事务的最终目标”。[②] 在《中国的北极政策》白皮书中，中国政府对上述关键词做了进一步地确认，明确了自身在北极治理中的“重要利益攸关方”定位以及“尊重、合作、共赢和可持续”的参与原则。同时，白皮书将北极事务和北极治理所涉及的相关问题嵌入整个全球治理体系之中，从而站在更高的视野，更加全面地阐释了中国参与北极治理的必要性以及促进各方在北极治理进程中实现合作共赢的重要意义。如今的中国一方面需要在实践中走进北极、深入北极，在实践中逐步明晰自身在北极地区的主要权益内容，另一方面需要将中国在北极地区的利益增进与全方位推进北极事务的国际交流与合作协调起来，与有关各国携手应对北极问题所带来的非传统安全挑战，从而维护北极区域合作的和平友好局面，推动北极治理体制的可持续发展，并通过上述努力来巩固和加强中国在北极事务中的话语地位。

中国已与瑞典、冰岛等北欧国家一道建立了北极海洋合作平台等机制化的合作性机构，与北极国家共同实施一部分合作项目，中国在北极开展相应活

---

① 中国国务院新闻办公室：《中国的北极政策》白皮书(全文)，载中华人民共和国国务院新闻办公室网站：http：//www. scio. gov. cn/zfbps/32832/Document/1618203/1618203. htm，2018 年 1 月 26 日。

② 王毅：《王毅部长在第三届北极圈论坛大会开幕式上的视频致辞》，载中华人民共和国外交部网站：http：//www. fmprc. gov. cn/web/wjbzhd/t1306854. shtml，2015 年 10 月 17 日。

动，离不开北极国家的合作与支持。在有效保护北极生态和合理开发利用北极资源的前提条件下，中国提倡和谐海洋、和谐北极的价值理念，期冀与其他国家共同开辟北极区域经济合作的新领域，实现各方间的和平友好、互利共赢。同时中国将积极推动北极地区的海洋合作，以与世界各国共同应对北极生态系统的退化、开发利用北极资源等事项所带来的生态挑战和风险，保护北极地区的生态系统和生物多样性，实现北极地区的可持续发展并促进中国与北极国家及具体北极行政区的友好往来，从而为北极地区的和平、稳定与发展做出更大的贡献。正如2013年时任中国外交部部长杨洁篪在全国两会记者招待会上所强调的，“21世纪的国际多边体系应当扩大代表性，提升公正性，增强实效性。中国是国际体系的参与者、建设者、贡献者，我们将以更加积极的姿态参与国际事务，为使国际体系朝着更加公正合理的方向发展而发挥应有的作用”。①

第二节 全面提升中国对北极事务的法律参与水平

中国在有关北极事务的议题上，当前主要还是集中于北极科考和北极资源开发等经济合作事项领域。中国尤须加强的地方则在于对北极问题的国际法参与能力，如何提出有利于中国的北极议题思路和路线图，并运用中国的影响力达到制定有利于中国的北极国际规则目标，需要经过更为漫长的博弈。本节将详述中国在具体法律参与问题上的路径选择，以分析中国在北极地区所需着手实施的主要目标和任务。

一、以北极科考实力的提升助推中国对北极事务的法律参与

鉴于北极地区自然气候条件和地理环境的特殊性，世界上任何一个国家在北极地区进行活动并提出权益主张的现实前提，均不可脱离其自身的北极科研资质。世界各国向北极派遣的科考队实际上也是国家北极权益诉求的活性载体，各国科考队承担的北极科考任务本质上皆服务于本国的现实利益需要。所以说，国家在北极地区的科考活动进展到哪儿，受国力辐射的国家北极利益边疆就拓展到哪儿。北极科考能力和水平较高的国家，受益于强大科技实力所提

① 杨洁篪：《2013年全国两会杨洁篪就中国外交政策和对外关系答记者问实录》，载中华网：http：//news. china. com/focus/2013lh/news/11136226/20130309/17720177_1. html，2013年3月9日。

供的科学与技术支持，其北极权益主张必然拥有更加精确、细致、完备的事实依据，自然也就能展现该国在北极的角色、地位和作用，并强化其在北极事务上的话语权与行动能力。换言之，北极地区的自然条件决定了北极科考是各国参与北极事务的现实前提，不具备北极科考实力的国家，实际上在具体的北极议题上难有作为，更不可能在现实之中制约得了北极科考实力更强、水平更高的国家。

因此，中国逐步实现自身的北极权益诉求、并在北极事务上努力发出自己的声音，实则也是以中国渐长的综合国力及中国在北极地区的科考进展为基础的。虽然在法理上，中国早在民国时期就已加入规制北极特定地区的《斯瓦尔巴德公约》(1980 年，中华人民共和国政府照会挪威王国政府，宣布继承了这一条约)。按照《斯瓦尔巴德公约》的规定，中国公民可以自由进入斯瓦尔巴德地区并从事合法的科考与生产商业活动。但在很长时间内，受限于自身国力和北极科研水平，中国并无任何参与北极事务相关实践的实际机会。即使是与中国在遥远的南极所投入的科研实践相比，中国对同处北半球、与自身联系更密切的北极地区的关注也略显滞后。① 直至 20 世纪晚期，北极地区气候变暖的联动效应日趋外溢，远征北极进行科考实践的方案至此提上议程。中国政府组织的大规模北极考察活动正是始于 20 世纪末期，1994 年，中国开始派遣科研人员赴北极地区考察。② 目前中国已累计完成六次大规模的北极科学考察活动，对北极的了解正不断深入和丰富。但与北极国家相比，中国的北极科考实践已足足滞后了至少 300 多年，不仅远远落后于在北极地区拥有丰富实践经验的北极国家，也逊色于长期活跃在北极地区的英、德、日诸国。

1996 年，中国加入了国际北极科学委员会(International Arctic Science Committee，IASC)。1999 年 7 月 1 日，由政府资助支持的首支中国北极科学考察队赴北极远征。③ 2002 年，中国政府再次派出了第二支北极科考队，并于 2004 年在约北纬 78°、位于挪威斯瓦尔巴德群岛的朗伊尔城(Longyearbyen)建立了中国在北极地区的第一个永久性科考站——“黄河站”(Yellow River Station)。2008 年中国的第三次北极科考活动是 2007—2008 年度“国际极地

① Olya Gayazova, “China's Rights in the Marine Arctic”, *Int'l J. Marine & Coastal L.*, Vol. 28, Issue 1 (2013), pp. 61-96.

② 梁西主编、曾令良修订主编：《国际法》(第三版)，武汉大学出版社 2011 年版，第 145 页。

③ 刘惠荣、董跃、侯一家：《保障我国北极考察及相关权益法律途径初探》，载《中国海洋大学学报》(社会科学版)2010 年第 6 期，第 2 页。

年”(International Polar Year)活动的组成部分，考察作业向北大幅推进至北纬87°01′的北极浮冰之上。从这次科考活动开始，中国的北极科考形成了两年一次、每次历时两到三个月的固定化、常态化工作框架机制。2010 年 9 月 2 日，中国完成了第四次北极科学考察，实现了依靠自己的力量到达北极点开展科考的历史性突破。2012 年 7 月 2 日，中国开启了第五次“雪龙号”(Snow Dragon)北极科考之旅。这是中国第一次成功横穿北冰洋的科考探险之旅，考察区域南北纵贯 2350 海里、东西横跨 4050 海里，首次实现了对北极五大区域的准同步观测，是到目前为止的中国北极科考史上学科门类最为齐全、调查区域最为广泛的一次详尽探索。① 2014 年 7 月到 9 月，中国第六次北极科考队在遭遇各种极端气候条件下仍然超额完成了历时两个半月的北极科考任务，这次科考的考察海域与第三、四次北极科考区域比较接近，科考重点位于北冰洋太平洋扇区，包括白令海盆、白令海陆架、楚科奇海、楚科奇海台和加拿大海盆等海域。② 此外，中国还参加了其他与北极自然科学领域相关的国际论坛和组织，例如中国是 1992 年成立的北太平洋海洋科学组织(PICES)的六大创始国(中、美、加、俄、日、韩)成员之一。PICES 是北太平洋区域最为重要的政府间科学组织，保持着世界领先的海洋科学研究水平。虽然该组织的研究区域设定为北纬 30°以北的北太平洋区域，但也有相当一部分研究范围涉及北极圈附近区域及其毗邻海区，有助于北极科考工作的开展。2015 年 3 月，该组织的中国委员会正式成立。③ 委员会由当时的国家海洋局牵头，统合了包括国家海洋局、中科院、教育部、农业部在内的相关部委、高校及科研机构的专业力量。

应当说，中国持续的北极科考与项目研究活动成效显著，大幅提升了中国的极地与海洋科研能力水平。中国第六次北极科考队领队曲探宙总结认为，北极科考有助于进一步加强中国对北极环境变化的了解，对于提升中国在北极事务中的国际地位具有重要战略意义。④

从现阶段的情况来看，中国在北极地区的工作重点主要还是以科考活动为

① 马德毅主编：《中国第五次北极科学考察报告：首次北极五大区域准同步观测》，海洋出版社 2013 年版，序言第 3 页。

② 董冠洋：《中国第六次北极科考结束 2 万里航程，实现多个“首次”》，载中新网：http://www.chinanews.com/gn/2014/09-23/6622148.shtml，2014 年 9 月 23 日。

③ 范思翔：《北太平洋海洋科学组织中国委员会成立》，载《人民日报》2015 年 3 月 27 日，第 13 版。

④ 董冠洋：《中国第六次北极科考结束 2 万里航程，实现多个“首次”》，载中新网：http://www.chinanews.com/gn/2014/09-23/6622148.shtml，2014 年 9 月 23 日。

主，在北极地区开展科学考察与研究工作是我国在北极地区的重要权益之一。而中国在北极地区的科研目标也比较集中，主要是北极海冰的快速变化以及其对我国及全球气候系统的影响。① 但中国在北极地区的国家权益远不限于上述方面，这表明未来中国在北极地区经营和拓展自身的国家利益还有很大的发展提升空间。面对当前的国际极地形势和国家重大战略需求，国家在"十二五"期间设立了"南北极环境综合考察及资源潜力评估"专项基金(简称"南北极专项")，这在中国极地事业的发展征程中具有里程碑性质的意义。② "南北极专项"的实施目标是充分调动国内外优势资源与力量，切实提高应对气候变化的能力，促进我国极地科技和事业的跨越式发展，维护我国的极地国家利益和国际社会的共同发展利益，提升我国在国际极地事务中的话语权。③

二、依托北极理事会平台参与北极区域规范的创制构建

北极理事会是中国参与北极事务所能依托的最主要机制平台。在北极国际组织和区域机制的参与方面，目前中国在北极权益上遇到的最大问题是"基本参与权"问题，即由于北极国家对于圈外国家所抱有的排斥态度使得中国很难全面参与到北极国际事务中去。④ 但由于中国北洋政府早在 1925 年就签字加入了 1920 年缔结的《斯瓦尔巴德公约》，这一资格为后来的中华人民共和国政府所继承，因此中国属于《斯瓦尔巴德公约》缔约国，依照公约的规定享有在北极有关地区从事科学考察研究的法律权利。中国于 2006 年申请加入北极理事会，一年后成为北极理事会的临时观察员，2013 年 5 月 15 日，中国获得了北极理事会的正式观察员国资格。⑤ 按照北极理事会的章程规定，观察员国不具备与北极理事会成员国完全平等的地位。但中国仍需积极介入北极问题。中国在北极地区的发言权和影响力，实际上是会随着中国在北极事务上的实际作

① 刘惠荣、董跃、侯一家：《保障我国北极考察及相关权益法律途径初探》，载《中国海洋大学学报》(社会科学版)2010 年第 6 期，第 3 页。

② 王晓鹏：《〈极地国家政策研究报告(2012—2013)〉出版》，载人民网：http://news.ifeng.com/gundong/detail_2014_02/26/34210454_0.shtml，2014 年 2 月 26 日。

③ 马德毅主编：《中国第五次北极科学考察报告：首次北极五大区域准同步观测》，海洋出版社 2013 年版，第 2 页。

④ 刘惠荣、董跃、侯一家：《保障我国北极考察及相关权益法律途径初探》，载《中国海洋大学学报》(社会科学版)2010 年第 6 期，第 4 页。

⑤ 和苗、付一鸣：《中国成为北极理事会正式观察员国，将享合法权利》，载中新网：http://www.chinanews.com/gj/2013/05-15/4822384.shtml，2013 年 5 月 15 日。

为而发生相应的消长变化的。因此中国继续保持目前的发展势头并采取积极参与北极地区事务的策略，将有助于中国在今后获得更多相关区域议题的参与机遇。

因此结合前文所述的各项国际法理来说，中国都需积极争取参与各项北极事务的准入资格。在务实地认同北极国家在有关北极事务上的优先权利的同时，中国可以充分利用气候变化这一主题来阐释中国对于北极的发言权和参与依据，并在实践中加强自身参与北极事务的综合能力。因为在国际法上，气候变化属"全球共同关注事项"，况且作为全球气候循环系统中的重要一环，北极地区所有纷争的产生和趋热，几乎都与北极气候变化这一背景性诱因存在密切的联系，而无论是作为自然科学讨论范畴下的北极气候的改变，还是具有政治和地缘意义的北极问题，确实都已构成了全球性的挑战，通过全球力量的广泛参与来寻求全球性解决办法，属于北极问题的客观内在需求。而且，将北极气候变化作为国际共同治理的对象，亦无须以否定北极各国对北极相关区域的主权管辖及权利要求为前提。这就是中国介入北极问题的一个主要抓手，既有助于增强中国对北极事务的实际参与能力，又可避免中国与北极国家的立场诉求发生正面冲突。

三、加强软性国际法工具在中国应对北极问题过程中的实践适用

中国还应充分利用非政府组织和软法来介入北极问题，并重视软性国际法工具在中国参与北极事务中的作用。中国目前是带有政府性的非政府组织北极科学委员会的正式成员国，这一委员会拟定的大量规则从国际法角度都属于非条约性的"软法"，目前基于北极法律秩序的特殊性，这些软法发挥了重要作用。中国应当以保护北极为最根本的工作宗旨，进一步加强参与拟定这些层次上的软法，以增强自身在北极事务中的参与权和发言权，并与国际社会携手努力，为实现北极区域内有关各方间的良性互动发挥应有的角色和作用，以确保北极地区的海洋划界和资源开发工作能始终以和平、可持续的方式进行。通过上述渠道来保障北极地区的可持续发展，无疑将符合世界各国的共同利益。完善北极区域法制的"软法"属性，淡化有关议题的"硬法"分歧，同时积极探寻其他相关类型的软法参与途径，将是笔者所认为的中国参与北极事务的重心所在。故此，中国可以继续深度参与诸如国际海事组织所制定的《极地水域作业船舶强制性守则》等适用于极地区域的共同行为准则的法制建构，为北极地区的和平、稳定和可持续发展做出贡献。

此外，中国还需通过各种媒介渠道，从自然科学、政治环境、法律环境等

方面对北极进行全方位的介绍，提升国内各界从政府官员到普通民众对北极的认识水平，缩小我们与北极国家的差距。从这点意义上讲，加强对北极地区大陆架划界问题的法理解读力度，将有助于提升日后中国在北极区域法律制度建构议题上的规范参与能力。同时中国国际法学界应注重从国际法应用的层面加强对北极问题的研究，从而为我国统筹和应对日趋激烈的北极地缘政治竞争提供相应的参考意见。这也是本书研究的现实意义之所在。

第三节　运筹多边外交铺设中国软介入北极之路

当前中国的发展及其与世界之间的互动关系均已步入了一个全新的阶段，时代的发展呼唤着中国以全新的理念、机制和战略来统筹运筹国家安全全局。在国内外安全环境均发生了历史性转变的时空条件下，党的十八大报告提出了具有历史性进步意义的“建设海洋强国”的伟大号召，这是对几千年传统中华农耕文明固有意识的新跨越。习近平总书记在2013年7月30日下午中共中央政治局就建设海洋强国研究所进行的第八次集体学习时，更进一步强调“海洋强国是中国特色社会主义事业的重要组成部分”。[①] 极地问题特别是北极问题与海洋领域关系密切，北极局势的变化对于海洋观测技术、海洋环境保护、海洋综合管理、海上航行与搜救等方面都有可据参考的价值，且北极地区作为一个具有高度战略属性与复合利益价值的敏感地域，既是中国国家利益的对外延伸部分，也关系着国际体系和格局在未来的演绎变迁。就目前的国际局势而言，大国综合国力竞争水涨船高，围绕地缘、经济、软实力、“全球公地”(网络、海洋、太空、极地)等的战略博弈更趋激烈。[②] 因而积极发展我国极地事业，也成为我们实现“海洋强国梦”的重要组成部分。[③]

一、国际合作原则在北极问题中的重要地位

北极地区是当前多边外交和国际区域治理的重要试验平台之一，传统的外

---

① 习近平：《进一步关心海洋、认识海洋、经略海洋，陆海统筹走依海富国、以海强国之路》，载新华网：http：//news. xinhuanet. com/mrdx/2013-08/01/c_132591590，2013年8月1日。

② 陈向阳：《习近平主持国安委第一次会议，首提总体国家安全观》，载中新网：http：//www. chinanews. com/gn/2014/04-21/6085880. shtml，2014年4月21日。

③ 王晓鹏：《〈极地国家政策研究报告(2012—2013)〉出版》，载人民网：http：//news. ifeng. com/gundong/detail_2014_02/26/34210454_0. shtml，2014年2月26日。

交运作手段和新兴的全球治理和区域治理方式都可以在北极事务中有所反映。可以确认的一点是，无论是保护北极环境还是开发北极资源，都需要有关国家和国际社会的共同合作。正如加拿大极地委员会理事、中国极地中心客座研究员大卫·西克博士(Dr. David Hik)所言，“保护北极环境，合理开发利用北极资源，仅靠一国之力是无法完成的”。①

深入参与北极各项事务的国际合作，尊重彼此的利益关切并寻找各方的利益契合点，可以为未来的北极开发和北极治理开拓更为广阔的发展空间。放眼全球，任何一个国家都不愿错失北极局势演变所带来的历史机遇，因此共同规划北极合作项目，夯实北极治理的经济基础与制度基础，是推动北极问题从失序走向有序的必由之路。因此在北极问题上，中国理应以相互依存的人类命运共同体的价值取向为出发点，在坚持多边主义、平等协商、合作共赢的原则下，充分发挥负责任大国的“正能量”，创新北极地区的治理理念、完善相关治理机制，在北极地区推动建立更加平等、包容、开放的新型国家伙伴关系和法律制度体系，与各方一道推进北极治理改革，共同应对北极气候变化所带来的挑战。② 因此，中国可以在多边国际场合，主动为有关北极问题的国际讨论提供相应的助力，以便进一步运筹北极问题，积累在北极对话中的博弈资本，同时更有效地汇集各方力量，推动各国在北极问题上的携手合作。

二、区分北极国家的不同情况实施相应的合作策略

中国应根据实际情况的需要，在确立促进、加强与北极国家之间合作关系的前提下，选择不同的合作策略。郑必坚指出，“扩大和深化同相关各方的利益汇合点、构建利益共同体，是一个全方位的战略构想。即是说，要把中国人民的利益同世界各国人们的共同利益结合起来，全方位地扩大同各方利益的汇合点，同一切相关国家和地区建立并发展不同领域、不同层次、不同内涵的利益共同体，推动实现中国和世界各国的共同和平发展”。③

---

① 陈君怡：《中加专家聚会研讨共话推进北极科研》，载《中国海洋报》2015 年 3 月 31 日。

② 何亚非：《对全球治理的一些思考——从二十国集团峰会谈起》，载王缉思主编：《中国国际战略评论 2013 年卷》，世界知识出版社 2013 年版，第 7~8 页。

③ 郑必坚：《在和平发展中构建利益共同体》，载《人民日报》2013 年 3 月 17 日，第 9 版。

(一)中国与美俄加等北极大国在北极问题上的合作

中美关系被公认为是当今世界上最重要、最复杂、对国际社会影响最大的大国关系。① 美国是现行国际秩序的主要构建者和主导者，仍将长期保持中国所不具备的制度性权力和影响力。中美之间有巨大而广泛的合作空间，保持中美关系持续稳定健康发展，是事关中国和平发展、维系中国战略机遇期的重要前提。② 目前北极议题已是中美年度高层对话内容的组成部分。中美两国在北极地区存在一定的原则共识，如均不认可俄加丹等国对北冰洋核心地带的瓜分意图，这为两国往后可能深化在北极地区的共同合作提供了可能性。

和谐稳定的中俄关系可以说是保障中国陆地边界安全的最基本保证，中俄在地缘战略上的"背靠背"也是凝聚两国合力、确保欧亚大陆内部安宁、戒绝外部势力在欧亚大陆心脏地带制造动荡因素的战略基石。在平等尊重和遵循国际法的基础上，两国应照顾彼此的利害关切和共同的利益需要。可以说，现有的中俄关系仍然大有向上提升的合作空间，两国目前的战略协作模式愈加成熟且极有前途，双方都把对方看作是营造有利外部环境的一个关键因素。弗拉基米尔·弗拉基米罗维奇·普京(Vladimir Vladimirovich Putin)在 2012 年 2 月 27 日论述俄外交政策纲领的《俄罗斯和变化中的世界》一文中指出，俄罗斯应借助中国的潜力振兴西伯利亚和远东地区，在尖锐的地区和全球问题上，本着高度互信的战略协作伙伴关系精神，在务实和照顾彼此利益的基础上行事。③ 因此在北极问题上，中国宜着眼长远，处理好中俄在北极地区的利益协调工作，细化双方的具体北极事务合作。

作为地区大国，加拿大是北极事务的重要参与方，在北极地区扮演着举足轻重的角色。中国如欲更加积极地参与北极事务离不开加拿大的支持与合作，加拿大也欣赏和欢迎中国在国际舞台上发挥日益重要的作用。2013 年 5 月 15 日，就在中国被批准成为北极理事会正式观察员国的同时，加拿大开始了其第二次担任北极理事会轮值主席国的任期。中加在北极地区的双边合作与区域合作有良好的机遇和前景，两国合作潜力巨大。双方的合作目前集中于北极科考

---

① 章成、顾兴斌：《中美关系中的台湾因素及其变迁研究》，载《理论导刊》2013 年第 6 期，第 106 页。

② 何亚非：《对全球治理的一些思考——从二十国集团峰会谈起》，载王缉思主编：《中国国际战略评论 2013 年卷》，世界知识出版社 2013 年版，第 12 页。

③ 盛世良：《普京三任：让俄罗斯强大起来》，载王缉思主编：《中国国际战略评论 2013 年卷》，世界知识出版社 2013 年版，第 187 页。

科研、气象、冰盖及地质监测、环境生态保护等领域，但具有开发潜力的合作领域和项目则不限于此，对加拿大北极地区的资源开发与基建投资建设、西北航道的商业运营、在北极海域的渔业及海洋科研合作都是值得中加两国深入探讨的潜在合作议题。2015 年 3 月 18 日，加拿大驻华大使馆举办了一场北极科学主题活动，加拿大驻华大使赵朴(Guy Saint Jacques)高度称赞了中国的极地科研实力，表示“加拿大乐于在北极问题上加深与中国的关系，我们期盼在未来继续与中国合作”。① 中国自然资源部极地考察办公室党委书记秦为稼也认为，“加拿大身为北极国家，对北极科学研究合作秉持开放思维，以国际姿态考虑北极问题，是整个国际社会的福音。加拿大拥有国际顶尖的设备，如果双方能够加强合作，这对中国深入研究北极有着重要的推动作用”。②

(二)中国与挪丹冰等北欧国家在北极问题上的合作

在“北极八国”之中，俄、美、加三国一直处于强势地位，挪威、瑞典、冰岛、丹麦和芬兰这五个邻接北极的北欧小国则有意借助中国的力量来平衡三个咄咄逼人的北极大国。因此早在中国成为北极理事会正式观察员国之前的一两年里，冰岛、瑞典等北欧国家就纷纷表态支持中国。挪威驻华大使司文(Svein O. Saether)表示，中挪在北极问题上的合作势头良好，“挪威有三分之一的国土位于北极圈内。北极是挪威对外政策的首要重点之一，我们的目标是确保北极能够继续保持稳定、和平，以及可预测性。北极是中挪合作中最有潜力的领域。挪威对中国参与北极事务持积极态度，挪威支持了中国在 2013 年提出成为北极理事会观察员的申请。我们认为让亚洲国家参与这个机制的合作很重要。中挪之间也开展了积极合作，包括在北极理事会层面以及在科研领域”。③ 挪威海运公司还很早就宣布将通过北冰洋向中国运送铁矿石。④ 2013

---

① 郭婧:《加中强化北极科研领域合作——加拿大北极研究站将正式运作》，载《中国环境报》2015 年 3 月 26 日，第 004 版。

② 陈君怡:《中加专家聚会研讨共话推进北极科研》，载《中国海洋报》2015 年 3 月 31 日。

③ 孙莹:《挪威大使：确认申请加入亚投行》，载凤凰网：http://news.ifeng.com/a/20150402/43473093_0.shtml，2015 年 4 月 2 日。

④ 王欢:《挪威海运公司将通过北冰洋航线向中国运输铁矿石》，载环球网：http://world.huanqiu.com/roll/2010-08/1051549.html，2010 年 8 月 27 日。

年 12 月 10 日，中国—北欧北极研究中心正式成立。[①] 上述事实说明，通过投入科研、资金和技术上的支持，中国与北极国家中的北欧国家可以达成相当广泛的合作共识，两者在北极问题中有着相当广阔的相互扶持空间，中国即可以此为抓手来扩大在北极地区的存在感并从中寻求自身的国际利益。中国不仅有权亦有能力在未来的北极事务议程及资源能源开发活动中争得属于自己的一席之地，也可以在不同类型的北极国家之间寻求一种动态平衡，以确保中国以及广大非北极国家的北极利益。

笔者在此仅以冰岛为例，用以说明中国与环北极地区的北欧国家有着巨大的合作潜力和利益互补空间。在策略选择上，中国甚至可以与冰岛在北极 200 海里外大陆架划界问题上合作。作为北极国家 A8 圈子中最为弱小的一方，冰岛对于北极海区也有一部分海洋划界诉求。目前冰岛已与英国和挪威(扬马延)划定了相互间的海洋边界，未解决的划界诉求则包含了三部分的内容：(1)冰岛对其北部海岸的 200 海里外大陆架划界主张，这部分诉求跨过北极圈线延伸至北冰洋海区内；(2)冰岛与丹麦(格陵兰)之间的海洋划界；(3)冰岛与挪威本土之间的 200 海里外大陆架划界争议(这部分面积很小)。但受限于弱小的整体国力，冰岛的声音在北极理事会内部不一定能得到其他北极大国的重视。因此冰岛始终期待和欢迎中国参与北极事务，对中国在北极问题上发挥的作用一向持积极正面的评价，其给予中国的支持走在所有北极国家的前列。中冰在北极问题上的双边合作进展势头良好，堪为中国与北极国家、域外国家与北极国家合作共赢的典范。

冰岛前总统奥拉维尔·拉格纳·格里姆松(Olafur Ragnar Grimsson)是中冰北极合作的积极倡导者。2011 年 9 月，时任冰岛总统的格里姆松向中国科学家发出邀请，表示“两国正在讨论一道发展海洋技术，在冰岛建立联合研究中心，旨在研究北极海冰和极地海洋生态系统，并探讨有关北极地区的政策和法律问题”。[②] 中国和冰岛还签署了在北极和西藏喜马拉雅山区相互合作进行冰雪研究的协议备忘录。2012 年 4 月，时任中国总理温家宝访问冰岛，冰岛支持中国参与北极地区的和平开发利用，两国签署了《中冰关于北极合作的框架

① 仇江涛：《中国—北欧北极研究中心成立，召开首次成员机构会议》，载中国政府网：http://www.gov.cn/gzdt/2013-12/12/content_2546677.htm，2013 年 12 月 12 日。

② 朱盈库：《冰岛总统邀请中国科学家开发北极 称中国经济举足轻重》，载环球网：http://world.huanqiu.com/roll/2011-09/2020218.html，2011 年 9 月 20 日。

协议》。[①] 同年8月17日，在中国第五次北极科考队穿过东北航道抵达冰岛雷克雅未克港期间，格里姆松总统参观了“雪龙号”并邀请中国科考队员到总统官邸做客。他表示，冰岛是现代地球的重要实验场，也是研究海洋环流、冰川融化、渔场迁移、火山活动等影响的良好平台，中国和冰岛在冰岛筹建了中冰联合极光观测台，同时也合作研究清洁能源的利用。[②] 2013年10月12日至14日，格里姆松还邀请了中远集团总经理李云鹏出席在冰岛举行的首届北极圈论坛，在试水北极的共同愿景下，中冰航运和物流企业之间的相互合作迈上了一个新台阶。[③]

中国与冰岛在北极问题上良好互动局面的形成，与北极理事会各成员之间的内部关系有很大的关联。北极国家组成的A8圈子实际是一个强弱对开、泾渭分明的国家群体。美国和俄罗斯的实力地位无须赘述，加拿大也是不可小觑的北极大国，丹麦名义上虽是小国，但格陵兰的存在也使丹麦在北极问题上颇具分量，以上四国可谓是北极国家群体内部最为强势的四个国家。而剩余四国，挪威、冰岛、瑞典和芬兰虽然在数量上占到了北极国家总数的一半，但这几个国家无论是自身国力还是在北极海域的诉求主张，都无法和前述北极四强国等量齐观。挪威和冰岛在北极海域的声索范围都不大，不像前述四国那样有将其200海里外大陆架划界诉求延伸至北极点的宏大计划，而瑞典和芬兰甚至不具备对北极海域提出主权性权利主张的资格。至于在北极地区比拼“秀肌肉”的国力，这几个国家即使联合起来也不是美俄等北极大国的对手，自然也就不可能像美国、俄罗斯、加拿大等国那样，耗费大量人力物力去展示并维持在北极地区的军事存在，即使是民用意义上的科学考察和商业开发，仅以这几个国家的自身实力加以承担也难以达到最好的效果。因此，这些北极小国、弱国特别重视寻求同域外国家尤其是域外大国之间的合作共赢之道，并期待后者能助其在北极理事会内部平衡北极大国的势力，为其自身在北极的诉求主张求取得外部支持。冰岛对这方面特征的体现最为明显。

冰岛本身是一个僻处欧洲西北边陲的面积较小的岛屿，在所有八个北极国家之中，冰岛的国力无疑处于最弱势的地位。并非是冰岛不想强化对北极的投

---

① 张朔：《温家宝与冰岛总理会谈，签署北极合作框架协议》，载中新网：http：//www. chinanews. com/gn/2012/04-21/3836192. shtml，2012年4月20日。

② 崔鲸涛：《“中国在北极事务中起到积极作用是非常重要的”》，载《中国海洋报》2012年8月22日，第001版。

③ 仲远轩：《李云鹏总经理在冰岛出席北极圈论坛并应邀拜会冰岛总统》，载《中国远洋报》2013年10月18日，第A01版。

入力度，但经营北极是一项完整的系统工程，其所需实现的各项目标及环节一方面难凭冰岛的自身国力加以充分完成，另外北极科考和开发工作的诸多方面都具有国际合作的性质。2008 年世界金融危机期间冰岛政府一度濒于破产，现在冰岛的经济虽有复苏，并在 2014 年摆脱赤字实现了财政盈余，但近几年明显注重财政收支平衡的冰岛政府，长期投资并维持全程风险高、投入成本浩大且前期产出极为有限的北极项目，显然不是其施政的优先选择。但倘若在北极科考和开发活动中持续缺席，自然将削弱本国在北极事务上的地位和分量，因此冰岛施展其北极抱负始终离不开外部的支持与合作。这也就成了中国得以打开与北极国家合作之门、打破北极区域治理机制闭锁化的重要突破口。

在北极的海洋划界问题上，冰岛的实际处境更加虚弱。冰岛对北冰洋外缘海域提出了一部分 200 海里外大陆架划界主张，但总面积很小，不可与其他北极五国同日而语，更不具备将其外大陆架划界诉请延伸至北极点的自然地理条件。按理说，冰岛的北极外大陆架划界主张之于北极地区整体而言是“无足轻重”的，且冰岛的外大陆架划界诉请并不存在实质的竞争性异议方，但正是因为冰岛的国力及其北极划界主张过于有限，所以冰岛的声音在北极国家群体内部并不受重视。除了上文述及的国力缘故之外，由于北极八国之中的瑞典和芬兰不是北冰洋沿海国，而与冰岛在北极外大陆架划界问题上的情形相似、并已在 2006 年的划界案中实现了其划界目标的挪威，则与冰岛曾长期存在大面积的海洋划界纠纷，直至目前，两国仍未解决在挪威海南部的外大陆架划界争议，① 因此冰岛如正式提出在北极海区的外大陆架划界申请案，不仅在北极国家内部难觅支持者，冰岛周边的挪威、丹麦（格陵兰）出于能源、渔业等资源利益及战略上的考量可能会提出反对意见，而且在非北极国家中，与冰岛曾爆发过激烈渔业冲突的英国也很可能加入反对阵营。而在事实上，四面临海、区位敞阔、所声索的北极外大陆架面积又极为有限的冰岛，却迟迟无法向委员会提交 200 海里外大陆架划界申请，也恰恰能反映冰岛自身国力弱小的问题。但对于非北极国家和国际社会的共同利益而言，冰岛的 200 海里外大陆架划界主张对北极海区大陆架的整体权属的影响是极小的。倘若能从技术上确定冰岛所处的北极海区的地质构造性质，从而对冰岛所适用的外大陆架划界标准做出较为准确的界定，那么有条件地支持冰岛的外大陆架划界诉求，应是可供非北极

① Bjørn Kunoy, “Agreed Minutes on the Delimitation of the Continental Shelf beyond 200 Nautical Miles between Greenland and Iceland in the Irminger Sea”, *Chinese Journal of International Law*, Vol. 12 (2013), pp. 125-142.

国家在实践中加以参考的一个选项。因此在北极问题上加强与冰岛的科考合作，在资金和技术上加大对冰岛的投入和扶持，既有利于冰岛完善其划界主张的证据资料部分，也可以为中国自身北极战略的实施打造一个稳固的支点，以便于中国日后在北极地区进一步拓展利益边界的活动，能得到来自北极国家圈子内部成员的支持，并通过这一支点在北极区域治理内部逐渐发挥更大的作用和影响力。

三、强化非北极国家之间的立场呼应与利益协调

目前大部分非北极国家并不十分关注北极问题的进展，但与北极距离较近、且多与中国一道参加了北极区域国际组织或对话平台的少数非北极国家，同样对北极显示了浓厚的兴趣。例如韩国目前也是在北极地区较为引人注目的一大利益参与方。2014 年 10 月 30 日至 11 月 2 日，一个由来自韩国外交部(Ministry of Foreign Affairs)、海洋水产部(Ministry of Oceans and Fisheries)、极地研究所(Korea Polar Research Institute，KOPRI)、海洋研究所(Korea Maritime Institute，KMI)、釜山市政府(Busan City Government)、大宇造船海洋株式会社(Daewoo Shipbuilding & Marine Engineering)和其他相关机构的官方及科研人员共同组成的庞大韩国代表团出席了在冰岛雷克雅未克举行的第二届北极圈大会，对韩国的北极政策进行了介绍。韩国外交部时任第二次官赵兑烈(Cho Tae-yul)也于 2014 年 9 月被世界经济论坛全球日程理事会(World Economic Forum's Global Agenda Council)任命为北极两年项目的负责人，赵兑烈活跃于许多北极事务的讨论之中，其参与的工作项目包括关于北极地区的经济发展计划等内容。

因此在处理北极地缘政治关系时，中国可以尝试倡导“近北极国家”这一身份概念，在重点强化发展与北极国家关系的同时，注意发展同日本、韩国、英国、德国、法国及欧盟等近北极国家(含欧盟这一超国家区域组织)之间的关系。① 中国可以在北极议题上通过与有兴趣参与北极事务的其他非北极国家及国际组织保持呼应与联络的方式，来交换和协调彼此在北极问题上的主张与立场，突出非北极国家在北极问题上的诉求共性，同时力促更多的非北极国家加入对北极问题的国际讨论之中，逐步形成有较广泛数量和代表性的非北极国家参加的“北极国际化”统一战线，从而坐实非北极国家在北极问题上的价值同盟，为北极问题最终走向国际化预热氛围，以提升在北极区域实现专门化国

① 陆俊元：《北极地缘政治与中国应对》，时事出版社 2010 年版，第 339 页。

际立法的可行性，为中国在北极问题上坚持自身的原则立场建立更加稳固有效的战略支柱。当然我们也要看到，在立场相近的同时，非北极国家之间各自的北极利益诉求也具有一定的竞争性。总而言之，中国在北极问题上需要与利益诉求不同的各方之间保持多边合作关系，以在相互间形成更高水平的利益置换，最终促进多边的合作共赢，这也是当代中国外交强化创造性介入之软实力的努力方向。

第四节　中国加强应对北极地区大陆架划界问题的具体策略

现阶段中国对北极地区现存的大陆架划界纠纷暂无具体观点，就北极国家向大陆架界限委员会提交的200海里外大陆架划界申请案，中国也暂无向委员会提交评论的打算。不过显而易见的是，在各国围绕北极的博弈中维护中国的自身国家利益，同时促进北极争端各方朝着构建一个互利互惠、共同发展、团结合作应对北极气候和环境变化的命运共同体方向相向而行，应是中国因应北极地区大陆架划界问题所带来的北极区域安全形势整体挑战的总体思路选择。正如中国常驻联合国副代表王民大使在2011年12月6日第66届联大全会关于“海洋和海洋法”议题中的发言所阐述的那样，“中国政府支持大陆架界限委员会严格按照《公约》及议事规则履行职责，希望外大陆架划界平衡处理沿海国合法权益和国际社会整体利益。海洋是人类发展与进步的重要基础。国际社会应进一步加强合作，团结互助，共同应对海上挑战，共享海洋机遇和财富，共谋海洋永续发展，让海洋永远造福于人类”。①

因此，中国一方面需要以务实的态度不断拓宽自身在北极地区的现实活动空间，另一方面中国对于北极国家的如意算盘也是心知肚明。坚持自身的原则立场，与在实践中采取务实的渐进型北极策略两者之间并不矛盾。而且只有中国坚持在涉及北极法律地位归属这一原则问题上的立场，中国才有可能在现实主义主导下的国际政治博弈中不致丧失国际道义上的号召力，才更有分量促使

① 王民：《中国代表在第66届联大全会关于“海洋和海洋法”议题的发言》，载中国国际法学会主办：《中国国际法年刊2011年卷》，世界知识出版社2012年版，第557~559页；王民：《常驻联合国副代表王民大使在第66届联大全会关于“海洋和海洋法”议题的发言》，载中华人民共和国常驻联合国代表团网：http：//www.china-un.org/chn/zgylhg/flyty/hyfsw/t884954.htm，2011年12月6日。

北极国家在闭门规划北极问题出路时，不得不给中国预留出以与其实力和立场相匹配的利益共享份额。中国也需要多从国际法的角度密切关注北极地区的大陆架划界进展，以中国的国家利益和全人类所关注的共同利益为导向，加强国际法手段的运用，对北极国家的大陆架划界特别是200海里外大陆架划界申请案施以影响，从而为维护中国在北极地区的相关海外安全与发展利益形成相对完整的现实策略与观点鲜明的法理思路。

一、中国应对北极大陆架划界进程的总体思路

就中国应对北极大陆架划界问题的实践策略而言，必须确认的一点是，中国绝不能仅仅局限于就《公约》现有的大陆架划界规则进行单纯性的文本分析，否则不具备自足性且部分条文内容有行使实效缺憾的《公约》规则，在法律秩序失位的北极地区片面适用的后果就将难以避免。如果无法破解"北极国际公域私有化"所带来的法律、道德及战略意义上的三重困境，几个北极大国就将卡住中国及广大非北极国家在未来发展的命运大动脉，使后者在事关各国未来整体命运的竞争和较量中陷于不利的被动地位。所以针对这部分问题的策略应对构想建议，必须实现法律规范分析和政治战略运作层次上的结合。既要着重探讨北极形势变化、北极地区大陆架特别是200海里外大陆架划界问题对中国国家利益的影响，又要切实考虑中国保护和增进自身北极利益的途径方式，还要设法突出北极区域法制建构作为21世纪国际社会多元化合作共治的重要试验场的功能平台，更要加强多重手段的综合运用。

2013年5月15日，在瑞典基律纳召开的北极理事会第八次部长会议上，中国被批准为北极理事会正式观察员国。① 虽然按照《北极理事会观察员国手册》规定，北极理事会观察员国须承认并遵守北极国家制定的北极区域行为准则，包括承认北极国家对北极区域的"主权及管辖权"，但在经济合作与机制参与的同时，中国仍然拥有在法理上与北极国家200海里外大陆架划界诉求进行法律博弈的空间。承认北极国家在北极地区的"主权及管辖权"不等于认同北极国家在该区域的过度圈地，更不能被视为是任由极少数国家以200海里外大陆架划界的形式将其瓜分北极的主张"合法化"的理由所在，如若仅由北极国家来主宰北极问题的走向并根据其利益需要来解释《联合国海洋法公约》在北极地区的适用问题，势必将造成国际规则适用实效的不公平，有关建立21

① 和苗、付一鸣：《中国成为北极理事会正式观察员国，将享有法权利》，载中新网：http：//www.chinanews.com/gj/2013/05-15/4822384.shtml，2013年5月15日。

世纪公平公正国际体系的目标就将更加遥遥无期。因此综上言之，虽然现有的国际法体系和国际政治现实很难阻止《联合国海洋法公约》框架下的 200 海里外大陆架划界规则在北极海域的适用，但对于中国自身来说，目前的北极形势仍然有利于中国的参与。因为国际海底区域是属于全人类的共同财产，由国际海底管理局代表全人类进行管理，为整个国际社会所共有，国际海底区域开发所得的利益，可由世界各国共享，因此中国在这里也有权益。而且中国已于 2013 年 5 月成为北极理事会的正式观察员，对于日后北极事务的参与以及北极区域性制度规则的制定，中国将享有范围更大的知情权与参与权，而这正是中国以有效策略与北极国家展开法律博弈所需的制度空间。

有鉴于此，中国可以更为积极和建设性的姿态加大对北极事务的参与力度，并充分利用现有各项规则提供的机会，依据《公约》附件二以及联合国大陆架界限委员会的《议事程序规则》的有关规定，针对北极国家的 200 海里外大陆架划界申请案提交相应的评论意见，从而在国际海洋法规则的理解与适用问题上积极发出中国自己的声音，并对北极国家的外大陆架划界申请进程起到相应的制约作用。在阐释中国自身的原则立场的同时，增强中国在北极外大陆架划界问题上的法律博弈能力，进而通过各类北极事务的参与机制来提升中国在北极议题上的实践参与和应对水平。由于非北极国家当前在北极区域内所应重点参与的议题，应落实于科考自由以及北极航道实现常态化运营之后的航行自由，并在气候变化和环境保护问题上与北极国家深入合作，以此来进一步推动北极区域国际合作与法制建构的有序进行，并确保非北极国家对北极事务的参与度，这也是现阶段中国最直接的北极利益所在。所以当前中国应对北极问题的主要方式还是加强对现有北极区域国际机制的广泛和深度参与。积极参与各种类型的北极区域性国际组织与对话平台，对于属于北极域外国家的中国而言极有必要，这属于广义上的中国海外安全与发展利益，有利于增强中国在北极事务上的发言权和实际权利。其主要抓手即为维护北极地区的和平与稳定。而且还需进一步强调的一点是，中国加强对北极事务的参与，以及视情形积极介入北极地区外大陆架划界进程，并不是为了否定北极国家在北极地区的优先利益，而是为了非北极国家能有效参与北极事务寻求更加公平的机会。通过中国的参与，值得期待的前景是在北极地区最终实现国际合作型区域的法制建构目标，进而为北极地区的和平利用和共同开发提供有效的制度保障。而在此进程之中，通过发挥自己的独特作用来做出积极贡献，也是时代对于中国的责任赋予。

二、中国应对北极大陆架划界形势的现实选择

北极问题很好地体现了当代国际法在其发展进程中所面临的主要挑战，北极地区的规则设计议程仍在不断完善与衍化之中，围绕北极事务的域内及域外参与方几乎涵盖当前世界的主要大国及区域性国际组织，因此北极地区无疑是调整大国权力关系和规范区域制度设计的一块重要试验场。就仍处于变动中的北极国际法律秩序而言，强化以北极理事会为核心的规则安排的有效性构成了当前北极区域制度设计的核心。① 但这一由北极国家所主导的北极区域制度安排虽然符合当前的北极事实现状，却难以回避外界对其在规则机制设置上有所偏差的诟病。但符合更广大域外非北极国家共同利益的构想方案，暂时还无法落到实处，只能由有实力参与北极事务及对话进程的域外大国，来自主确定其北极战略与实际参与策略，从而以不断拓宽其在北极地区事实存在的办法来缓慢改变北极地区国际合作机制的闭锁现状，为今后北极政治与法律秩序朝更加公平和开放的方向发展奠定基础。而这正是时代赋予中国在北极事务上的应有期待。

由于前一章从理论构想的角度出发，设计了部分有利于非北极国家的北极大陆架划界问题解决方案，但从目前的北极地区政治和法律现状来看，上文所述的修改《联合国海洋法公约》以及制定“极地条款”或《北极公约》的构想不可能在短期内迅速实现。因此在相对封闭的北极区域内，非北极国家在现实当中实难取得与北极国家平起平坐的法律地位。北极国家的相互主张虽然存有巨大的分歧，但在应对广大的非北极国家的利益诉求方面，北极各国尤其是北极“核心五国”的态度却是空前一致地抱团。北极诸国一方面极力寻找有利于己的科考证据，另一方面则强化了北极区域法律与政策配套措施的相互对接步调。近几届北极理事会的外长会议先后通过了多份声明文件，以环北极国家集体诉求的姿态向国际社会展示其对北冰洋海区的“固有”权利主张，同时特别着重强调北极各国将以《联合国海洋法公约》作为表达其利益声索与处理其相互争议的法理依据和共同准则。② 而且在最为敏感的资源开发问题上，北极国家特别是俄、美等国的技术优势十分明显，试图直接从法律上否定北极国家的

① Timo Koivurova, “Limits and Possibilities of the Arctic Council in a Rapidly Changing Scene of Arctic Governance”, *Polar Record*, Vol. 46, Issue 237 (2010), pp. 146-156.

② 韩逸畴：《论联合国与北极地区之国际法治理》，载《中国海洋大学学报》(社会科学版)2011 年第 2 期，第 5~12 页。

区位优势，对于期待实现北极区域资源共享的广大非北极国家而言并无现实增益。

因此，中国在现实中应对北极200海里外大陆架划界问题所能采用的策略基轴，应当是在绝不放弃“尽力维护北极核心地带国际公域地位”的理想主义长远目标前提下，采取与北极国家进行经济合作与法律博弈并举的现实主义策略。中国之所以不能放弃对北极问题的理想主义远景追求，是因为这一长远目标具有国际道义的价值标尺，维护人类在北极的共同利益，既是中国义不容辞的责任所系，也是为建立更加公正合理的国际体系所应具备的道义自觉。“必须切记的是，我们毕竟身处全球政治时代。因此，在参与北极地区议题安全化的过程中，唯有包括超越国家利益的人类利益关怀，中国在关注自身国家安全利益的同时，才能够兼具全球政治时代的正当性。”①更何况，中国在参与北极地区议题安全化的过程中，一方面将不可避免地理应受自身国家利益考虑的影响，另一方面，全球政治背景使得中国在参与北极地区议题安全化的过程中，必须考虑超越国家层次之上的区域利益和人类利益以及国家层次之下的群体利益和个体利益。② 中国作为北极的区域外国家，虽然中国与北极各方面关联紧密，北极问题的发展演变与中国未来的发展息息相关，但中国既不牵涉北极国家之间因历史和现实形成的复杂利益纠葛，又在大方向上与属于非北极国家的广大发展中国家利益诉求一致，因此中国可以较为超脱的姿态，在一定程度上摆脱以国家主权和国家利益为主导范式的话语窠臼，在大力推动北极多边合作共同治理的过程中逐渐形成中国自身的北极安全利益保护的话语图谱，从而实现北极利益各方在北极区域多元治理结构中的良性衡平。

而在参与处理北极事务具体方面的过程中，中国则需要更多地考虑如何以现实主义的策略来因应北极国家在200海里外大陆架划界上的诉求。这就要求中国在维持与北极国家整体关系的政治前提下，尽量采取与北极国家进行经济合作与法律博弈并举的方式。站在统筹全局的战略高度来应对北极地区外大陆架划界问题，这是新时期中国所必须具有的大国战略博弈思路。中国采取上述应对方略的依据可以归纳为两个方面：一方面，在生态环境极为脆弱的北极大陆架上勘探和开发资源需要足够的资金和技术支持，也需要充分的科考信息数

① 王传兴：《北极地区安全维度变化与北极地区议题安全化》，载《国际安全研究》2013年第3期，第114页。

② 王传兴：《北极地区安全维度变化与北极地区议题安全化》，载《国际安全研究》2013年第3期，第114页。

据，这就为中国在北极资源开发问题上寻求与北极国家的多边合作提供了现实可行性；另一方面，在推动有关北极问题的国际交流与合作的同时，中国有必要从法理上和现实中做好与北极国家展开法律博弈的“后手准备”，以从容应对200海里外大陆架划界规则适用于北极海域可能对中国海外安全与发展利益带来的消极影响。无论如何，正如前文所述，北极国家无法从法理上否定和取消中国及域外非北极国家在整个北极地区的资源开采权益以及其他经济利益，因此在经济领域，在北极地区“享有稀有资源机会”乃是北极国家和非北极国家共同的期待。①

综上以言之，对于中国而言，北极并非一个遥远的地理存在，而是与中国各方面的利益休戚相关。北极地区大陆架划界特别是200海里外大陆架划界问题的走向，会对中国及全人类的共同利益带来显著而深远的影响。21世纪是人类全面认识、开发利用和保护海洋的新世纪，海洋在促进国际成员间的交往与联系，实现国际社会的繁荣共荣以及推动人类文明的发展等方面起到了巨大的作用。而1982年《联合国海洋法公约》创立了有关专属经济区、200海里外大陆架划界规则等海洋法上前所未有的制度安排，并随之设置了联合国大陆架界限委员会、国际海洋法法庭等一系列专业及司法机构来推进《公约》体系下各项法律制度的现实执行，从而引发了有史以来世界上最大规模的海权地图的重新调整，一场针对大陆架特别是200海里外大陆架划界的新的一轮海洋圈地运动已愈演愈烈，这给整个国际社会带来了全新的机遇和挑战。而在北极地区，北极国家意欲独享北极地区大陆架资源及其所衍生利益的企图也早已昭然若揭。面对如此情形，中国必须深刻认识到，积极参与北极事务是中国经略北极的必由之路，也是由区域性海洋大国向全球性海洋强国迈进的重要举措。为了能在激烈的北极大陆架划界及资源开发争夺战中占据先机，也为将来可以在该领域取得与自身国际地位相符的一席之地，中国应该积极投身到与北极相关的各类政治与法律事务中，主动参与到北极事务的规则制定与博弈进程中去，实现北极区域法制与治理体系的改良，为中国在北极这块国际法治新高地上赢得更公平、更舒展的发展空间。

中国已于2013年5月15日正式获得了北极理事会正式观察员的资格，②

---

① 王传兴：《北极地区安全维度变化与北极地区议题安全化》，载《国际安全研究》2013年第3期，第109页。

② 姚冬琴：《加入北极理事会，对中国的考验才刚开始》，载新华网：http：//news. xinhuanet. com/fortune/2013-05/21/c_124740289. htm，2013年5月21日。

这也代表着中国在北极事务上迈出了正式性制度参与的关键一步。从 2007 年成为北极理事会的临时观察员到 2013 年的“转正”，中国用了六年的时间走完了参与北极区域制度建构的第一步。今后，中国仍需抓住积极参与北极事务的各种机会，从国家层面上下好北极“一盘棋”，对涉及国内多个部门事务的北极工作应有整体规划和统筹处理，进而为维护中国和广大非北极国家在北极地区的合法权益求取更为有利的制度保障。

参考文献

一、中文部分

(一)专著

[1][澳] 维克托·普雷斯科特、克莱夫·斯科菲尔德:《世界海洋政治边界》,吴继陆、张海文译,海洋出版社 2014 年版。
[2]白佳玉:《船舶北极航行法律问题研究》,人民出版社 2016 年版。
[3]北极问题研究编写组:《北极问题研究》,海洋出版社 2011 年版。
[4]陈德恭:《现代国际海洋法》,海洋出版社 2009 年版。
[5]陈立奇:《北极海洋环境与海气相互作用研究》,海洋出版社 2003 年版。
[6]崔建远:《论争中的渔业权》,北京大学出版社 2006 年版。
[7]崔丕:《近代东北亚国际关系史研究》,东北师范大学出版社 1992 年版。
[8][德]沃尔夫刚·格拉夫·魏智通:《国际法》,吴越、毛晓飞译,法律出版社 2002 年版。
[9]段洁龙:《中国国际法实践与案例》,法律出版社 2011 年版。
[10]俄罗斯国际事务委员会主编:《北极地区:国际合作问题(第一卷)》,熊友奇等译,世界知识出版社 2016 年版。
[11]俄罗斯国际事务委员会主编:《北极地区:国际合作问题(第二卷)》,熊友奇等译,世界知识出版社 2016 年版。
[12]俄罗斯国际事务委员会主编:《北极地区:国际合作问题(第三卷)》,熊友奇等译,世界知识出版社 2016 年版。
[13]方连庆、王炳元、刘金质主编:《国际关系史》(战后卷),北京大学出版社 2006 年版。
[14][斐济]南丹:《〈1982 年联合国海洋法公约〉评注》,焦永科等译,海洋出版社 2009 年版。
[15]冯梁等:《中国的和平发展与海上安全环境》,世界知识出版社 2010

年版。
[16]冯梁主编：《亚太主要国家海洋安全战略研究》，世界知识出版社 2010 年版。
[17]傅崐成编译：《美国海岸警卫队海上执法的技术规范》，中国民主法制出版社 2013 年版。
[18]傅崐成等编译：《弗吉尼亚大学海洋法论文三十年精选集(1977—2007)》，厦门大学出版社 2010 年版。
[19]傅崐成：《海洋法相关公约及中英文索引》，厦门大学出版社 2005 年版。
[20]傅崐成：《国际海洋法衡平划界论》，台北三民书局 1992 年版。
[21]高健军：《国际海洋划界论——有关等距离/特殊情况规则的研究》，北京大学出版社 2005 年版。
[22]高健军：《〈联合国海洋法公约〉争端解决机制研究》，中国政法大学出版社 2010 年版。
[23]高健军译：《200 海里外大陆架外部界限的划定：划界案的执行摘要和大陆架界限委员会的建议摘要》，海洋出版社 2014 年版。
[24]高健军：《中国与国际海洋法》，法律出版社 2004 年版。
[25]高伟浓：《国际海洋法与太平洋地区海洋管辖权》，广东高等教育出版社 1996 年版。
[26]国家海洋局国际合作司海洋勘测专项领导小组办公室编：《联合国大陆架界限委员会技术文件汇编》，海洋出版社 2000 年版。
[27]国家海洋局国际合作司、中国大洋协会办公室、中国极地办公室编：《国际海洋组织议事规则选编》(上)，海洋出版社 2004 年版。
[28]国家海洋局国际合作司、中国大洋协会办公室、中国极地办公室编：《国际海洋组织议事规则选编》(中)，海洋出版社 2004 年版。
[29]国家海洋局国际合作司、中国大洋协会办公室、中国极地办公室编：《国际海洋组织议事规则选编》(下)，海洋出版社 2004 年版。
[30]国家海洋局海洋发展战略研究所课题组编：《中国海洋发展报告》(2013)，海洋出版社 2013 年版。
[31]郭培清等：《北极航道的国际问题研究》，海洋出版社 2009 年版。
[32]郭培清、石伟华：《南极政治问题的多角度探讨》，海洋出版社 2012 年版。
[33]黄凤志主编：《东北亚地区政治与安全报告》(2012)，社会科学文献出版社 2012 年版。

[34]黄伟:《单一海洋划界的法律问题研究》,社会科学文献出版社 2011 年版。
[35]胡波:《中国海权策》,新华出版社 2012 年版。
[36][加] 巴里·布赞著:《海底政治》,时富鑫译,三联书店 1981 年版。
[37]极地测绘科学国家测绘局重点实验室编制:《南北极地图集》,中国地图出版社 2009 年版。
[38][加]E. M. 鲍基斯:《海洋管理与联合国》,孙清、吕春花、孙洪、王宏、董伟译,海洋出版社 1996 年版。
[39]季国兴:《中国的海洋安全和海域管辖》,上海人民出版社 2009 年版。
[40]金永明:《东海问题解决路径研究》,法律出版社 2008 年版。
[41]金永明:《国际海底制度研究》,新华出版社 2006 年版。
[42]金永明:《海洋问题专论》(第二卷),海洋出版社 2012 年版。
[43]金永明:《海洋问题专论》(第一卷),海洋出版社 2011 年版。
[44]鞠海龙:《亚洲海权地缘格局论》,中国社会科学出版社 2007 年版。
[45]鞠海龙:《中国海权战略》,时事出版社 2009 年版。
[46]鞠海龙:《中国海权战略参照体系》,中国社会科学出版社 2012 年版。
[47]梁芳:《海上战略通道论》,时事出版社 2011 年版。
[48]梁淑英主编:《国际法学案例教程》(第二版),知识产权出版社 2003 年版。
[49]梁西:《国际组织法总论》(修订第五版),武汉大学出版社 2001 年版。
[50]梁西主编、曾令良修订主编:《国际法》(第三版),武汉大学出版社 2011 年版。
[51]李浩培:《条约法概论》(第二版),法律出版社 2003 年版。
[52]李少军等:《国际体系:理论解释、经验事实与战略启示》,中国社会科学出版社 2012 年版。
[53]李双建主编:《主要沿海国家的海洋战略研究》,海洋出版社 2014 年版。
[54]刘德斌:《国际关系史》,高等教育出版社 2003 年版。
[55]刘惠荣、董跃:《海洋法视角下的北极法律问题研究》,中国政法大学出版社 2012 年版。
[56]刘惠荣、李浩梅:《国际法视角下的中国北极航线战略研究》,中国政法大学出版社 2019 年版。
[57]刘惠荣、杨凡:《北极生态保护法律问题研究》,知识产权出版社 2010 年版。

[58]刘志云：《当代国际法的发展：一种从国际关系理论视角的分析》，法律出版社2010年版。
[59]刘中民：《世界海洋政治与中国海洋发展战略》，时事出版社2009年版。
[60]陆俊元：《北极地缘政治与中国应对》，时事出版社2010年版。
[61]陆俊元、张侠：《中国北极权益与政策研究》，时事出版社2016年版。
[62]匡增军：《俄罗斯的北极战略：基于俄罗斯大陆架外部界限问题的研究》，社会科学文献出版社2017年版。
[63]马德毅主编：《中国第五次北极科学考察报告：首次北极五大区域准同步观测》，海洋出版社2013年版。
[64]马英杰、田其云：《海洋资源法律研究》，中国海洋大学出版社2006年版。
[65][美]阿尔弗雷德·塞耶·马汉：《海权对历史的影响(1660—1783)》，安常容、成忠勤译，解放军出版社1998年版。
[66][美]阿尔弗雷德·塞耶·马汉：《海权论》，萧伟中、梅然译，中国言实出版社1997年版。
[67][美]阿伦·弗里德伯格：《中美亚洲大博弈》，洪漫、张琳、王宇丹译，新华出版社2012年版。
[68][美]埃德加·博登海默：《法理学：法律哲学与法律方法》(修订版)，邓正来译，中国政法大学出版社2004年版。
[69][美]汉斯·摩根索著，[美]肯尼思·汤普森、[美]戴维·克林顿修订：《国家间的政治：寻求权力和和平的斗争》(第七版)，徐昕、郝望、李保平译，北京大学出版社2006年版。
[70][美]亨利·基辛格：《基辛格回忆录：白宫岁月(1968—1973)》(节译本)，刘觉俦、张维等译，世界知识出版社1979年版。
[71][美]杰克·L. 戈德史密斯、埃里克·A. 波斯纳：《国际法的局限性》，龚宇译，法律出版社2010年版。
[72][美]杰拉尔德·J. 曼贡：《美国海洋政策》，张继先译，海洋出版社1982年版。
[73][美]卡伦·明斯特、伊万·阿雷奎恩-托夫特：《国际关系精要》(第五版)，潘忠岐译，上海人民出版社2012年版。
[74][美]罗伯特·O. 基欧汉：《局部全球化世界中的自由主义、权力与治理》，门洪华译，北京大学出版社2004年版。
[75][美]路易斯·亨金：《真理与强权：国际法与武力的使用》，胡炜、徐敏

译，武汉大学出版社 2004 年版。
[76][美] 路易斯·亨金：《国际法：政治与价值》，张乃根、马忠法、罗国强、叶玉、徐珊珊译，中国政法大学出版社 2004 年版。
[77][美] 玛丽·A. 麦克惠妮：《南北极研究的现状和未来》，高玉香等译，海洋出版社 1981 年版。
[78][美] 玛莎·芬尼莫尔：《国际社会中的国家利益》，袁正清译，上海人民出版社 2012 年版。
[79][美]乔治·亚历山大·伦森编：《俄国向东方的扩张》，杨诗浩译，商务印书馆 1978 年版。
[80][美]斯塔夫里阿诺斯：《全球通史》，吴象婴、梁赤民译，上海社会科学院出版社 1992 年版。
[81][美] 索尔·伯纳德·科恩：《地缘政治学：国际关系的地理学》(第二版)，严春松译，上海社会科学院出版社 2011 年版。
[82][美] 托马斯·R. 戴伊：《理解公共政策》(第十二版)，谢明译，中国人民大学出版社 2010 年版。
[83][美] W. 迈克尔·赖斯曼、万鄂湘、王贵国、冯华建主编：《国际法：领悟与构建——W. 迈克尔·赖斯曼论文集》，法律出版社 2007 年版。
[84][美] 约瑟夫·奈、[加] 戴维·韦尔奇：《理解全球冲突与合作：理论与历史》(第九版)，张小明译，上海人民出版社 2012 年版。
[85][美] 兹比格涅夫·布热津斯基：《战略远见：美国与全球权力危机》，洪漫、于卉芹、何卫宁译，新华出版社 2012 年版。
[86][挪] 盖尔·荷内兰德：《促使渔业协议发挥作用——协议签署后巴伦支海上的讨价还价》，潘敏等译，海洋出版社 2016 年版。
[87][挪] 奥拉夫·施拉姆·斯托克、盖尔·荷内兰德主编：《国际合作与北极治理：北极治理机制与北极区域建设》，王传兴等译，海洋出版社 2014 年版。
[88]庞中英：《全球治理与世界秩序》，北京大学出版社 2012 年版。
[89]潘敏：《北极原住民研究》，时事出版社 2012 年版。
[90]蒲宁：《地缘战略与中国安全环境的塑造》，时事出版社 2009 年版。
[91]祁怀高：《构筑东亚未来：中美制度均势与东亚体系转型》，中国社会科学出版社 2011 年版。
[92]秦亚青：《关系与过程：中国国际关系理论的文化建构》，上海人民出版社 2012 年版。

[93]秦亚青：《权力·制度·文化：国际关系理论与方法研究文集》，北京大学出版社2005年版。
[94]秦亚青等：《国际体系与中国外交》，世界知识出版社2009年版。
[95][日]村瀬信也：《国际立法：国际法的法源论》，秦一禾译，中国人民公安大学出版社2012年版。
[96]邵沙平：《国际法院新近案例研究》，商务印书馆2006年版。
[97]邵沙平：《国际法专题研究》，中国人民大学出版社2009年版。
[98]邵沙平、余敏友：《国际法问题专论》，武汉大学出版社2002年版。
[99]沈伟烈、陆俊元：《中国国家安全地理》，时事出版社2001年版。
[100]石莉等：《美国海洋问题研究》，海洋出版社2011年版。
[101]史亚东：《全球环境治理与我国资源环境安全研究》，知识产权出版社2016年版。
[102]宋云霞：《国家海上管辖权理论与实践》，海洋出版社2009年版。
[103]苏长和：《全球公共问题与国际合作》，上海人民出版社2009年版。
[104]万鄂湘：《国际法与国内法关系研究》，北京大学出版社2011年版。
[105]汪段泳、苏长和主编：《中国海外利益研究年度报告》(2008—2009)，上海人民出版社2010年版。
[106]王铁崖：《中华法学大辞典》(国际法学卷)，中国检察出版社1996年版。
[107]王秀英：《海洋权益论——中日东海争议解决机制研究》，中国民主法制出版社2012年版。
[108]王义桅：《超越均势：全球治理与大国合作》，上海三联书店2008年版。
[109]王逸舟：《创造性介入：中国之全球角色的生成》，北京大学出版社2013年版。
[110]王泽林：《北极航道法律地位研究》，上海交通大学出版社2014年版。
[111]吴慧：《国际海洋法法庭研究》，海洋出版社2002年版。
[112]吴士存：《南沙争端的起源与发展》(修订版)，中国经济出版社2013年版。
[113]吴逊、[澳]饶墨仕、[加]迈克尔·豪利特、[美]斯科特·A. 弗里曾：《公共政策过程：制定、实施与管理》，叶林等译，上海人民出版社2015年版。
[114]吴征宇：《霸权的逻辑：地理政治与战后美国大战略》，中国人民大学出版社2010年版。
[115]肖建国：《国际海洋边界石油的共同开发》，海洋出版社2006年版。

[116]肖洋:《冰海暗战:近北极国家战略博弈的高纬边疆》,人民日报出版社2016年版。
[117]薛桂芳:《国际渔业法律政策与中国的实践》,中国海洋大学出版社2007年版。
[118]薛桂芳:《〈联合国海洋法公约〉与国家实践》,海洋出版社2011年版。
[119]薛桂芳、胡增祥:《海洋法理论与实践》,海洋出版社2009年版。
[120]徐祥民、孟庆垒:《国际环境法基本原则研究》,中国环境科学出版社2008年版。
[121]杨剑:《北极治理新论》,时事出版社2014年版。
[122]杨剑主编:《亚洲国家与北极未来》,时事出版社2015年版。
[123]杨毅:《中国国家安全战略构想》,时事出版社2009年版。
[124]杨泽伟主编:《中国海上能源通道安全的法律保障》,武汉大学出版社2011年版。
[125]杨泽伟:《主权论——国际法上的主权问题及其发展趋势研究》,北京大学出版社2006年版。
[126]颜运秋:《环境资源法学》,中南大学出版社2009年版。
[127]叶江:《全球治理与中国的大国战略转型》,时事出版社2010年版。
[128][英]彼得·J. 库克、克里斯·卡利通主编:《大陆架外部界限——科学与法律的交汇》,吕文正、张海文、方银霞、高金耀译,海洋出版社2012年版。
[129][英]戴维·赫尔德、[英]安东尼·麦克格鲁主编:《治理全球化——权力、权威与全球治理》,曹荣湘、龙虎译,社会科学文献出版社2004年版。
[130][英]J. G. 梅里尔斯:《国际争端解决》(第五版),韩秀丽、李燕纹、林蔚、石珏译,法律出版社2013年版。
[131][英]帕特莎·波尼、埃伦·波义尔:《国际法与环境》,那力等译,高等教育出版社2007年版。
[132][英]希金斯·哥伦伯斯:《海上国际法》,王强生译,法律出版社1957年版。
[133][英]伊恩·布朗利:《国际公法原理》,曾令良、余敏友等译,法律出版社2007年版。
[134][英]詹宁斯、[英]瓦茨修订:《奥本海国际法》(第一卷第一分册),王铁崖、陈公绰、汤宗舜、周仁译,中国大百科全书出版社1995年版。

[135][英]詹宁斯、[英]瓦茨修订：《奥本海国际法》(第一卷第二分册)，王铁崖、李适时、汤宗舜、周仁译，中国大百科全书出版社1998年版。
[136][英] 郑斌著：《国际法院与法庭适用的一般法律原则》，韩秀丽、蔡从燕译，法律出版社2011年版。
[137]余民才：《国际法的当代实践》，中国人民大学出版社2011年版。
[138]余潇枫主编：《中国非传统安全研究报告》(2011—2012)，社会科学文献出版社2012年版。
[139]余兴光：《中国第四次北极科学考察报告》，海洋出版社2011年版。
[140]俞正樑：《全球化时代的国际关系》(第二版)，复旦大学出版社2009年版。
[141]袁古洁：《国际海洋划界的理论与实践》，法律出版社2001年版。
[142]曾令良主编：《21世纪初的国际法与中国》，武汉大学出版社2005年版。
[143]曾令良、冯洁菡主编：《中国促进国际法治报告(2014年)》，武汉大学出版社2015年版。
[144]曾令良、余敏友主编：《全球化时代的国际法——基础、结构和挑战》，武汉大学出版社2005年版。
[145]张海文：《联合国海洋法公约释义集》，海洋出版社2006年版。
[146]张海文：《〈联合国海洋法公约〉图解》，法律出版社2010年版。
[147]张海文、[美] 彼德·达顿、[美] 陆伯彬、[挪] 奥伊斯腾·通什主编：《21世纪海洋大国海上合作与冲突管理》，张沱生等译，社会科学文献出版社2014年版。
[148]张卫彬：《国际法院证据问题研究：以领土边界争端为视角》，法律出版社2012年版。
[149]张文木：《论中国海权》(第二版)，海洋出版社2010年版。
[150]张文木：《全球视野中的中国国家安全战略》(中卷·上)，山东人民出版社2010年版。
[151]张文木：《全球视野中的中国国家安全战略》(中卷·下)，山东人民出版社2010年版。
[152]张文木：《世界地缘政治中的中国国家安全利益分析》(最新修订版)，中国社会科学出版社2012年版。
[153]张小平：《全球环境治理的法律框架》，法律出版社2008年版。
[154]张啸天：《国家利益拓展与军事战略》，时事出版社2010年版。
[155]张新军：《权利对抗构造中的争端：东海大陆架法律问题研究》，法律出

版社 2011 年版。
[156]张占海主编：《快速变化中的北极海洋环境》，科学出版社 2011 年版。
[157]赵理海：《海洋法问题研究》，北京大学出版社 1996 年版。
[158]赵隆：《北极治理范式研究》，时事出版社 2014 年版。
[159]中国现代国际关系研究院编：《国际战略与安全形势评估(2018—2019)》，时事出版社 2019 年版。
[160]中国现代国际关系研究院编：《国际战略与安全形势评估(2017—2018)》，时事出版社 2018 年版。
[161]中国现代国际关系研究院编：《国际战略与安全形势评估(2016—2017)》，时事出版社 2017 年版。
[162]中国现代国际关系研究院编：《国际战略与安全形势评估(2015—2016)》，时事出版社 2016 年版。
[163]中国现代国际关系研究院编：《国际战略与安全形势评估(2014—2015)》，时事出版社 2015 年版。
[164]中国现代国际关系研究院编：《国际战略与安全形势评估(2013—2014)》，时事出版社 2014 年版。
[165]中国现代国际关系研究院编：《国际战略与安全形势评估(2012—2013)》，时事出版社 2013 年版。
[166]中国现代国际关系研究院编：《国际战略与安全形势评估(2011—2012)》，时事出版社 2012 年版。
[167]周达军、崔旺来：《海洋公共政策研究》，海洋出版社 2009 年版。
[168]周建明主编：《美国的国防转型及其对中国的影响》，山东人民出版社 2005 年版。

(二)论文

[1]安芳：《俄(苏)美在白令海地区海洋划界问题及其发展趋势》，黑龙江大学 2014 年硕士学位论文。
[2]白佳玉：《北极多元治理下政府间国际组织的作用与中国参与》，载《社会科学辑刊》2018 年第 5 期。
[3]白佳玉：《北极航道沿岸国航道管理法律规制变迁研究——从北极航道及所在水域法律地位之争谈起》，载《社会科学》2014 年第 8 期。
[4]白佳玉：《北极航行特殊风险下船舶保险保证条款的适用与嬗变》，载《当代法学》2017 年第 1 期。

[5]白佳玉、冯蔚蔚：《以深化新型大国关系为目标的中俄合作发展探究——从“冰上丝绸之路”到“蓝色伙伴关系”》，载《太平洋学报》2019 年第 4 期。
[6]白佳玉、李俊瑶：《北极航行治理新规则：形成、发展与未来实践》，载《上海交通大学学报》(哲学社会科学版)2015 年第 6 期。
[7]白佳玉、李玲玉：《北极海域视角下公海保护区发展态势与中国因应》，载《太平洋学报》2017 年第 4 期。
[8]白佳玉、孙妍、张侠：《白令海峡治理的合作机制研究》，载《极地研究》2017 年第 1 期。
[9]白佳玉、王晨星：《以善治为目标的北极合作法律规则体系研究——中国有效参与的视角》，载《学习与探索》2017 年第 2 期。
[10]白佳玉：《我国科考船北极航行的国际法问题研究》，载《政法论坛》2014 年第 5 期。
[11]白佳玉：《中国参与北极事务的国际法战略》，载《政法论坛》2017 年第 6 期。
[12]白佳玉：《中日韩合作参与北极事务的可行性研究》，载《东北亚论坛》2016 年第 6 期。
[13]白佳玉、庄丽：《北冰洋核心区公海渔业资源共同治理问题研究》，载《国际展望》2017 年第 3 期。
[14]白蕾：《社会经济因素在国际海洋划界实践中的作用研究》，载陈泽宪主编：《国际法研究》(第七卷)，社会科学文献出版社 2012 年版。
[15]畅言：《北极烽火：俄美加等国北极争夺战及我国的对策》，载《舰载武器》2007 年第 10 期。
[16]程保志：《北极治理机制的构建与完善：法律与政策层面的思考》，载《国际观察》2011 年第 4 期。
[17]程保志：《北极治理论纲：中国学者的视角》，载《太平洋学报》2012 年第 10 期。
[18]陈京华：《中国出席国际海底管理局第 16 届会议大会发言》，载中国国际法学会主办：《中国国际法年刊 2010 年卷》，世界知识出版社 2011 年版。
[19]程群：《浅议俄罗斯的北极战略及其影响》，载《俄罗斯东欧中亚研究》2010 年第 1 期。
[20]邓伟涛：《夏季北极涛动(AO)、东亚夏季风与中国东部降水的年代际变化关系》，南京信息工程大学 2005 年硕士学位论文。
[21]邓肖亭：《北极地区探险、科考与国际关系》，武汉大学 2009 年硕士学位

论文。
[22]董跃、陈奕彤、李升成：《北极环境治理中的软法因素：以北极环境保护战略为例》，载《中国海洋大学学报》(社会科学版)2010 年第 1 期。
[23]董跃、黄旻：《北极地区各种形式冰的法律地位问题研究》，载《中国海洋大学学报》(社会科学版)2009 年第 6 期。
[24]董跃：《论海洋法视角下的北极争端及其解决路径》，载《中国海洋大学学报》(社会科学版)2009 年第 3 期。
[25]董跃：《论欧盟北极政策对北极法律秩序的潜在影响》，载《中国海洋大学学报》(社会科学版)2010 年第 3 期。
[26]董跃、宋欣：《有关北极科学考察的国际海洋法制度研究》，载《中国海洋大学学报》(社会科学版) 2009 年第 4 期。
[27]董跃、许宁宁、黄昇：《北极国家对北极考察管理制度之比较研究》，载《中国海洋大学学报》(社会科学版) 2010 年第 2 期。
[28][俄]谢尔盖·卡拉加诺夫：《当代世界的军事力量：俄罗斯的机遇和难题》，赵明昊译，载王缉思主编：《中国国际战略评论》(2013 年卷)，世界知识出版社 2013 年版。
[29]傅崐成：《中国周边大陆架的划界方法与问题》，载《中国海洋大学学报》(社会科学版)2004 年第 3 期。
[30]高健军：《200 海里以外大陆架外部界限的划定：目前为止的实践综述》，载《中国海洋法学评论》2008 年第 1 期。
[31]高健军：《国际法庭近来有关海洋划界裁判的述评》，载中国国际法学会主办：《中国国际法年刊 2011 年卷》，世界知识出版社 2012 年版。
[32]高建芝：《南海争端的前景——基于“求同存异”思想的路径分析》，载《广西大学学报》(哲学社会科学版)2016 年第 2 期。
[33]高岚君：《北极地区的安全治理问题：内涵、困境与应对》，载《求索》2015 年第 11 期。
[34]高云：《俄罗斯海洋战略研究》，武汉大学 2013 年博士学位论文。
[35]高之国：《关于外大陆架划界斗争的形势与展望》，载高之国、贾宇、张海文主编：《国际海洋法问题研究》，海洋出版社 2011 年版。
[36]高之国、密晨曦：《国际海洋法法庭及其 2009 年工作概述》，载中国国际法学会主办：《中国国际法年刊 2009 年卷》，世界知识出版社 2010 年版。
[37]葛勇平：《论“人类共同遗产”原则与相关原则的关系》，载《河北法学》2007 年第 2 期。

[38]苟海波、李虎：《〈斯匹茨卑尔根群岛条约〉初探》，载高之国、贾宇、张海文主编：《国际海洋法问题研究》，海洋出版社2011年版。
[39]苟海波：《中国参加北极事务涉及的国际法问题》，载高之国、贾宇、张海文主编：《国际海洋法问题研究》，海洋出版社2011年版。
[40]郭培清、管清蕾：《北方海航道政治与法律问题探析》，载《中国海洋大学学报》(社会科学版)2009年第4期。
[41]郭培清、管清蕾：《探析俄罗斯对北方海航道的控制问题》，载《中国海洋大学学报》(社会科学版)2010年第2期。
[42]郭培清、刘江萍：《曼哈顿号事件与加拿大西北航道主权权利的扩张》，载《中国海洋大学学报》(社会科学版)2009年第5期。
[43]郭培清、闫鑫淇：《环境非政府组织参与北极环境治理探究》，载《国际观察》2016年第3期。
[44]顾兴斌、章成：《对主权概念在国际法上地位的再认识》，载《南昌大学学报》(人文社会科学版)2011年第3期。
[45]顾兴斌、章成、涂娟：《论专属经济区的剩余权利及其主权内涵》，载《河北工业大学学报》(社会科学版)2015年第1期。
[46]顾兴斌、张杨：《论中国的海洋意识与和平崛起》，载《南昌大学学报》(人文社会科学版)2009年第2期。
[47]古祖雪：《国际法体系的结构分析》，载《政法论坛》2007年第6期。
[48]韩逸畴：《论联合国与北极地区之国际法治理》，载《中国海洋大学学报》(社会科学版) 2011年第2期。
[49]何秋竺：《争议区域石油资源共同开发法律问题研究》，武汉大学2010年博士学位论文。
[50]何亚非：《对全球治理的一些思考——从二十国集团峰会谈起》，载王缉思主编：《中国国际战略评论2013年卷》，世界知识出版社2013年版。
[51]黄德明：《北极地区法律制度的框架及构建模式》，载《求索》2015年第11期。
[52]黄德明、李若瀚：《论中国在钓鱼岛主权争端问题上的策略调整——以法律为导向的争端解决思路》，载《求索》2014年第4期。
[53]黄德明、卢卫彬：《国际法语境下的“人类命运共同体意识”》，载《上海行政学院学报》2015年第6期。
[54]黄德明、章成：《北极海域200海里外大陆架划界的法律问题与北极区域法律制度的建构》，载《法学家》2013年第6期。

[55]黄德明、章成：《中国海外安全利益视角下的北极外大陆架划界法律问题》，载《南京社会科学》2014 年第 7 期。
[56]黄华新、徐慈华：《论意义的“生命”历程》，载《哲学研究》2004 年第 1 期。
[57]黄伟：《论单一海洋划界的概念和特征》，载《武汉大学学报》(哲学社会科学版) 2010 年第 1 期。
[58]黄瑶、廖雪霞：《国际法院海洋划界的新实践——2014 年秘鲁诉智利案评析》，载《国际法研究》2014 年第 1 期。
[59]黄哲东：《气候变化趋势下海洋边界线位置面临的问题及应对》，载《华东理工大学学报》(社会科学版) 2019 年第 4 期。
[60]黄志雄：《北极问题的国际法分析和思考》，载《国际论坛》2009 年第 6 期。
[61]胡畔：《北冰洋外大陆架争端及其解决机制分析》，外交学院 2013 年硕士学位论文。
[62]贾桂德：《中国代表在纪念〈联合国海洋法公约〉开放签署三十周年特别会议上的发言》，载中国国际法学会主办：《中国国际法年刊 2012 年卷》，法律出版社 2013 年版。
[63]江凌飞：《当前和未来五年我国在国际安全上面临的挑战及应对思路》，载王缉思主编：《中国国际战略评论 2012 年卷》，世界知识出版社 2012 年版。
[64]贾宇：《200 海里外大陆架划界案的新问题》，载中国国际法学会主办：《中国国际法年刊 2013 年卷》，法律出版社 2014 年版。
[65]贾宇：《200 海里外大陆架划界的有关问题——以日本划界案为视角》，载高之国、贾宇、张海文主编：《国际海洋法问题研究》，海洋出版社 2011 年版。
[66]贾宇：《北极地区领土主权和海洋权益争端探析》，载《中国海洋大学学报》(社会科学版) 2010 年第 1 期。
[67]贾宇、毛丽斐：《200 海里外大陆架外部界限的法律问题》，载高之国、贾宇、张海文主编：《国际海洋法的新发展》，海洋出版社 2005 年版。
[68]贾宇、密晨曦：《2012 年国际海洋法法庭审理案件的新发展》，载中国国际法学会主办：《中国国际法年刊 2012 年卷》，法律出版社 2013 年版。
[69]贾宇、密晨曦：《外大陆架划界对国际海底区域的影响引起国际社会的高度关注》，载中国国际法学会主办：《中国国际法年刊 2009 年卷》，世界

知识出版社 2010 年版。
[70]金永明：《岛屿与岩礁的法律要件论析——以冲之鸟问题为研究视角》，载《政治与法律》2010 年第 12 期。
[71]金永明：《国际海底区域的法律地位与资源开发制度研究》，华东政法大学 2005 年博士学位论文。
[72]金永明：《人类共同继承财产法律性质研究》，载《社会科学》2005 年第 3 期。
[73]金永明：《日本海洋战略与海洋立法动向》，载徐祥民主编：《海洋法律、社会与管理》(第二卷)，海洋出版社 2010 年版。
[74]亢丽君：《评析日方关于东海大陆架划界问题立场的国际法依据》，武汉大学 2011 年硕士学位论文。
[75]匡增军：《2010 年俄挪北极海洋划界条约评析》，载《东北亚论坛》2011 年第 5 期。
[76]匡增军：《俄罗斯的外大陆架政策评析》，载《俄罗斯东欧中亚研究》2011 年第 2 期。
[77]匡增军：《俄美海洋划界争端：法律适用与政治前景》，载《国外社会科学》2012 年第 2 期。
[78]梁淑英：《人类共同继承财产原则的含义》，载《政法论坛》1990 年第 5 期。
[79]梁淑英：《我国南海诸岛领海基线的选择问题》，载中国国际法学会主办：《中国国际法年刊 2013 年卷》，法律出版社 2014 年版。
[80]李保东：《中国代表在第 67 届联大全会关于“海洋和海洋法”议题的发言》，载中国国际法学会主办：《中国国际法年刊 2012 年卷》，法律出版社 2013 年版。
[81]李伯军：《论战争法在促进国际安全中的作用》，载《湘潭大学学报》(哲学社会科学版)2013 年第 4 期。
[82]李慧：《2015：北极油气开发或将梦碎》，载《中国石化报环球周刊》2015 年 3 月 6 日。
[83]李金蓉、方银霞、周建平：《〈联合国海洋法公约〉三个制度的对比研究及其对海底资源影响分析》，载《中国海洋法学评论》2009 年第 1 期。
[84]李金蓉：《〈联合国海洋法公约〉大陆架制度法理研究及沿海国大陆架划界主张对中国大洋资源勘探矿区圈定的潜在影响分析》，国家海洋局第二海洋研究所 2010 年博士学位论文。

[85]李连祺：《俄罗斯北极政策新框架的法律分析》，载《太平洋学报》2012 年第 6 期。
[86]李若瀚、章成：《“一带一路”倡议视野下的恐怖主义威胁与安全应对》，载《中国海洋大学学报》(社会科学版)2019 年第 1 期。
[87]李学杰、万玲、万荣胜、韩冰、杨楚鹏、姚永坚：《北冰洋地质构造及其演化》，载《极地研究》2010 年第 3 期。
[88]李学杰、姚永坚、李刚、杨楚鹏、吴峤岐、张亚玲：《北冰洋大陆架划界现状》，载《极地研究》2014 年第 3 期。
[89]李奕：《利益分析框架下的欧盟北极政策研究及对中国的启示》，武汉大学 2013 年硕士学位论文。
[90]李毅：《论联合国大陆架界限委员会在外大陆架划界中的作用——兼谈中国及周边国家的外大陆架申请》，载《南洋问题研究》2010 年第 2 期。
[91]李振福：《北极航线的中国战略分析》，载《战略与决策》2009 年第 1 期。
[92]李振福、李漪、黄蕴青、姚丽丽：《海运航线战略对国家海洋建设的影响》，载《大连海事大学学报》(社会科学版)2014 年第 6 期。
[93]李志文、高俊涛：《北极通航的航行法律问题探析》，载《法学杂志》2010 年第 11 期。
[94]刘刚、杨文玲：《我国国家利益拓展分析》，载《教学研究资料》2007 年第 5 期。
[95]刘惠荣、陈奕彤：《北极法律问题的气候变化视野》，载《中国海洋大学学报》(社会科学版) 2010 年第 3 期。
[96]刘惠荣、董跃、侯一家：《保障我国北极考察及相关权益法律途径初探》，载《中国海洋大学学报》(社会科学版)2010 年第 6 期。
[97]刘惠荣、韩洋：《北极法律问题：适用海洋法基本原则的基础性思考》，载《中国海洋大学学报》(社会科学版)2010 年第 1 期。
[98]刘惠荣、李静：《论〈联合国海洋法公约〉第 234 条在北极海洋环境保护中的适用》，载《中国海洋大学学报》(社会科学版) 2010 年第 4 期。
[99]刘惠荣、林晖：《论俄罗斯对北部海航道的法律管制——兼论其与〈联合国海洋法公约〉的冲突》，载《中国海洋大学学报》(社会科学版)2009 年第 4 期。
[100]刘惠荣、刘秀：《西北航道的法律地位研究》，载《中国海洋大学学报》(社会科学版)2009 年第 5 期。
[101]刘惠荣、杨凡：《国际法视野下的北极环境法律问题研究》，载《中国海

洋大学学报》(社会科学版) 2009 年第 3 期。

[102]刘惠荣、张馨元：《斯瓦尔巴群岛海域的法律适用问题研究》，载《中国海洋大学学报》(社会科学版)2009 年第 6 期。

[103]刘玲、赵颖、张璐：《海洋法视角下的北极科考相关问题初探——以〈联合国海洋法公约〉76 条为例》，载《中国海洋大学学报》(社会科学版)2010 年第 2 期。

[104]刘睿：《从大陆架划界原则之关系看公平原则的适用》，武汉大学 2011 年硕士学位论文。

[105]刘新华：《试析俄罗斯的北极战略》，载《东北亚论坛》2009 年第 6 期。

[106]刘雪丽：《美国北极航道政策及其对我国的启示》，武汉大学 2013 年硕士学位论文。

[107]刘振民：《刘振民大使在第 64 届联大全会关于"海洋和海洋法"议题的发言》，载中国国际法学会主办：《中国国际法年刊 2009 年卷》，世界知识出版社 2010 年版。

[108]刘振民：《中国对北极合作的看法》，载中国国际法学会主办：《中国国际法年刊 2010 年卷》，世界知识出版社 2011 年版。

[109]陆建人：《21 世纪海上丝绸之路与中国和东盟的产业合作》，载《广西大学学报》(哲学社会科学版)2016 年第 6 期。

[110]吕文正：《俄罗斯 200 海里以外大陆架划界案的启示》，载高之国、贾宇、张海文主编：《国际海洋法的新发展》，海洋出版社 2005 年版。

[111]梅宏：《北极航道环境保护国际立法研究》，载《中国海洋大学学报》(社会科学版) 2009 年第 5 期。

[112]梅宏、王增振：《北极海域法律地位争端及其解决》，载《中国海洋大学学报》(社会科学版)2010 年第 1 期。

[113]牛启铭：《冷战时期美国极地政策研究综述》，东北师范大学 2009 年硕士学位论文。

[114]潘军：《俄罗斯 200 海里以外大陆架划界案介评》，载《中国海洋法学评论》2012 年第 1 期。

[115]潘军：《南海 200 海里以外大陆架划界案问题研究》，载中国国际法学会主办：《中国国际法年刊 2012 年卷》，法律出版社 2013 年版。

[116]潘敏：《论因纽特民族与北极治理》，载《同济大学学报》(社会科学版) 2014 年第 2 期。

[117]潘敏、张侠、凌晓良、李升贵：《论北极原住民的人口结构与社会问

题——以加拿大为例》，载《世界地理研究》2009 年第 3 期。
[118]彭学龙：《商标法基本范畴的符号学分析》，载《法学研究》2007 年第 1 期。
[119]秦树东、李若瀚：《新时期中国参与北极治理：身份、路径和方式》，载《华东理工大学学报》(社会科学版)2019 年第 5 期。
[120]秦天宝：《国际法的新概念“人类共同关切事项”初探》，载《法学评论》2006 年第 5 期。
[121]秦天：《中国崛起进程中的军事安全分析及对策思考》，载王缉思主编：中国国际战略评论 2013 年卷》，世界知识出版社 2013 年版。
[122]邱国兵：《金融危机背景下的全球治理：挑战与机遇》，载《长白学刊》2009 年第 5 期。
[123]丘君、张海文：《200 海里以外大陆架外部界限划界新动态》，载中国国际法学会主办：《中国国际法年刊 2011 年卷》，世界知识出版社 2012 年版。
[124][日]秋山昌广：《日本的海洋战略》，刘星译，载王缉思主编：《中国国际战略评论 2012 年卷》，世界知识出版社 2012 年版。
[125][日]小田滋：《海洋：法律和政治》，凌岩译，载《环球法律评论》1979 年第 5 期。
[126]盛世良：《普京三任：让俄罗斯强大起来》，载王缉思主编：《中国国际战略评论 2013 年卷》，世界知识出版社 2013 年版。
[127]沈鹏：《二战后国家主权管辖范围外区域美国外交决策研究——资源与利益的视角》，外交学院 2009 年博士学位论文。
[128]宋慧敏：《日本〈海洋基本法〉的制定及地位》，载徐祥民主编：《海洋法律、社会与管理》(第一卷)，海洋出版社 2010 年版。
[129]孙炳辉：《共同开发海洋资源法律问题研究》，中国政法大学 2000 年博士学位论文。
[130]孙凯：《国外学者对“中国参与北极事务”的不同解读及启示——基于三份研究报告的述评》，载徐祥民主编：《海洋法律、社会与管理》(第四卷)，社会科学文献出版社 2013 年版。
[131]孙凯、张亮：《北极变迁视角下中国北极利益共同体的构建》，载《国际关系研究》2013 年第 1 期。
[132]孙传香：《中日东海大陆架划界问题研究：法律与政治分析》，武汉大学 2011 年博士学位论文。

[133]孙豫宁：《北极治理模式研究》，外交学院 2012 年博士学位论文。
[134][苏]斯·维什涅波尔斯基：《论北极区域的法律制度问题》，张瑞祥译，载外交学院国际法研究室主编：《苏联国际法论文选》，世界知识出版社 1958 年版。
[135]唐文琳、唐明知：《中国—东盟命运共同体背景下互联互通的建设》，载《广西大学学报》(哲学社会科学版)2016 年第 3 期。
[136]陶平国：《北极主权权利争端研究》，复旦大学 2009 年硕士学位论文。
[137]王才玮：《北极主权与划界争端解决模式及可行性分析》，载《山西财经大学学报》2013 年第 S2 期。
[138]王晨光：《路径依赖、关键节点与北极理事会的制度变迁——基于历史制度主义的分析》，载《外交评论》2018 年第 4 期。
[139]王晨光：《"勉强大国"与"中等强国"：美加北极关系析探》，载《美国问题研究》2017 年第 2 期。
[140]王晨光：《中国"北极伙伴关系"：现实考量与建设构想》，载《中国海洋大学学报》(社会科学版)2018 年第 5 期。
[141]王晨光：《中国北极人文社科研究的文献计量分析——基于 CSSCI 期刊的统计数据》，载《中国海洋大学学报》(社会科学版)2017 年第 2 期。
[142]王传兴：《北极地区安全维度变化与北极地区议题安全化》，载《国际安全研究》2013 年第 3 期。
[143]王传兴：《北极治理：主体、机制和领域》，载《同济大学学报》(社会科学版)2014 年第 2 期。
[144]王建廷：《大陆架划界规则的司法考量及其发展》，载《苏州大学学报》(哲学社会科学版)2010 年第 4 期。
[145]王金强、王蔚：《美国对海底权利的诉求与国内利益的平衡——以海底界限的争论为中心(1969—1972)》，载《美国研究》2008 年第 3 期。
[146]王缉思：《东西南北，中国居"中"——一种战略大棋局思考》，载王缉思主编：《中国国际战略评论 2013 年卷》，世界知识出版社 2013 年版。
[147]王缉思：《中国的国际定位与"韬光养晦、有所作为"的战略思想》，载《国际问题研究》2011 年第 2 期。
[148]王孔祥：《西方"人的安全"理论与实践评析》，载《东南大学学报》(哲学社会科学版)2013 年第 3 期。
[149]王郦久：《北冰洋主权之争的趋势》，载《现代国际关系》2007 年第 10 期。

[150]王玫黎：《外大陆架争端解决机制探讨》，载《理论与现代化》2010年第5期。
[151]王明国：《失衡的对话：国际法学与国际制度理论的发展》，载《武大国际法评论》2013年第2期。
[152]王民：《中国代表在纪念〈联合国海洋法公约〉生效20周年特别会议上的发言》，载中国国际法学会主办：《中国国际法年刊2014年卷》，法律出版社2015年版。
[153]王民：《中国代表在第22届〈联合国海洋法公约〉缔约国会议上的发言》，载中国国际法学会主办：《中国国际法年刊2012年卷》，法律出版社2013年版。
[154]王民：《中国代表在第66届联大全会关于"海洋和海洋法"议题的发言》，载中国国际法学会主办：《中国国际法年刊2011年卷》，世界知识出版社2012年版。
[155]王琪、刘建山：《海洋软实力：国内界定与阐释》，载徐祥民主编：《海洋法律、社会与管理》（第四卷），社会科学文献出版社2013年版。
[156]王秀英：《国际法视阈中的北极争端》，载《海洋开发与管理》2007年第6期。
[157]吴迪：《北极地区外大陆架划界法律问题研究》，华东政法大学2010年硕士学位论文。
[158]吴慧：《"北极争夺战"的国际法分析》，载《国际关系学院学报》2007年第5期。
[159]吴慧：《美国批准加入〈联合国海洋法公约〉的影响》，载《世界经济与政治论坛》2012年第5期。
[160]吴继陆、陈维春：《北极地区的环境问题及其因应》，载高之国、贾宇、张海文主编：《国际海洋法问题研究》，海洋出版社2011年版。
[161]吴琼：《北极海域的国际法律问题研究》，华东政法大学2010年博士学位论文。
[162]肖洋：《北冰洋航线开发：中国的机遇与挑战》，载《现代国际关系》2011年第6期。
[163]徐崇利：《国际公共产品理论与国际法原理》，载刘志云主编：《国际关系与国际法学刊》（第二卷），厦门大学出版社2012年版。
[164]薛桂芳、房旭：《我国远洋渔业涉外安全事件及安全生产的保障措施研究》，载《广西大学学报》（哲学社会科学版）2017年第1期。

[165]薛桂芳、王大燕：《〈联合国海洋法公约〉三大海洋法机构及其最新发展》，徐祥民主编：《海洋法律、社会与管理》(第一卷)，海洋出版社2010年版。
[166]薛桂芳、王冠钰：《澳大利亚外大陆架划界初探》，载《中国海洋大学学报》(社会科学版)2009年第6期。
[167]徐莉：《日本外大陆架划界案中有关“冲之鸟”问题研究》，武汉大学2010年硕士学位论文。
[168]徐奇：《试析加纳/科特迪瓦划界案的实体裁决——兼论对我国海洋争端解决的启示》，载《亚太安全与海洋研究》2018年第6期。
[169]徐奇：《试析全球安全利益保护的新维度——以国际组织法为视角》，载《西北工业大学学报》(社会科学版)2014年第3期。
[170]徐奇、章成：《试论奥巴马政府的联合国政策及其对国际法的影响》，载《河南工业大学学报》(社会科学版)2013年第4期。
[171]杨凡：《生态保护视角下北极法律制度的缺失与完善》，载《中国海洋大学学报》(社会科学版) 2010年第3期。
[172]杨松霖：《美国智库对“冰上丝绸之路”倡议的认知及启示》，载《情报杂志》2019年第7期。
[173]叶江：《试论北极区域原住民非政府组织在北极治理中的作用与影响》，载《西南民族大学学报》(人文社会科学版)2013年第7期。
[174]尹丹阳：《解决北极争端的法律机制分析》，载《海洋开发与管理》2009年第9期。
[175]袁古洁：《对大陆架划界问题的思考》，载《中外法学》1998年第5期。
[176]袁古洁：《专属经济区划界问题研究——专属经济区划界与大陆架划界的关系》，载《中山大学学报》(社会科学版)1998年第4期。
[177]曾令良：《全球治理与国际法的时代特征》，载中国国际法学会主办：《中国国际法年刊2013年卷》，法律出版社2014年版。
[178]曾令良、章成：《曾令良：新时期改革开放的国际法视野》，载《检察风云》2014年第11期。
[179]章成：《北极治理的全球化背景与中国参与策略研究》，载《中国软科学》2019年第12期。
[180]章成：《北极地区大陆架划界问题研究》，武汉大学2015年博士学位论文。
[181]章成：《北极地区大陆架划界争议的法律问题及其应对思路》，载《武大

国际法评论》2016 年第 1 期。
[182]章成：《北极大陆架划界的法律与政治进程评述》，载《国际论坛》2017 年第 3 期。
[183]章成：《北极的区位价值探讨与中国北极权益的维护》，载《求索》2015 年第 11 期。
[184]章成：《北极地区 200 海里外大陆架划界形势及其法律问题》，载《上海交通大学学报》(哲学社会科学版)2018 年第 6 期。
[185]章成：《北极海域的大陆架划界问题——法律争议与中国对策》，载《国际展望》2017 年第 3 期。
[186]章成：《北极海域外大陆架划界问题研究》，南昌大学 2012 年硕士学位论文。
[187]章成：《北极外大陆架划界进程中的大陆架界限委员会：现状检讨与完善路径》，载《广西大学学报》(哲学社会科学版)2018 年第 1 期。
[188]章成：《国际法视阈下的北极地区 200 海里外大陆架划界问题介评》，载《河北法学》2018 年第 8 期。
[189]章成：《构建北极区域治理制度性框架的法律问题研究》，载《华东理工大学学报》(社会科学版)2019 年第 2 期。
[190]章成：《国家主权与全球治理：国际法视角下的互动问题再思考》，载《华北电力大学学报》(社会科学版)2014 年第 3 期。
[191]章成：《国际法建构逻辑与发展趋势的思考》，载《太原理工大学学报》(社会科学版)2014 年第 2 期。
[192]章成、顾兴斌：《国家主权的概念建构与行使实效经纬：张力下的发展与创新》，载《南昌大学学报》(人文社会科学版)2014 年第 3 期。
[193]章成、顾兴斌：《国际法视阈下的北极海域外大陆架划界问题论析》，载《国际论坛》2013 年第 4 期。
[194]章成、顾兴斌：《论北极治理的制度构建、现实路径与中国参与》，载《南昌大学学报》(人文社会科学版)2019 年第 5 期。
[195]章成、顾兴斌：《论中国对北极事务的参与：法律依据、现实条件和利益需求》，载《理论月刊》2017 年第 4 期。
[196]章成、顾兴斌：《中美关系中的台湾因素及其变迁研究》，载《理论导刊》2013 年第 6 期。
[197]章成、黄德明：《中国北极权益的维护路径与策略选择》，载《华东理工大学学报》(社会科学版)2015 年第 6 期。

[198]章成：《论北极区域的法律治理：框架建构与中国参与》，载《国际展望》2015年第6期。
[199]章成：《论专属经济区内的航行自由：法律边界与中国应策》，载《学习与实践》2017年第10期。
[200]章成：《全球化视野下的北极事务与中国角色》，载《当代世界与社会主义》2019年第3期。
[201]章成：《全球治理与国家主权理论》，载《重庆社会科学》2014年第2期。
[202]章成：《印度洋海区海洋划界争议的法律解决路径探究》，载《南京大学法律评论》2019年第1期。
[203]章成：《战争与和平主题下的国际法与传统安全》，载《中南大学学报》(社会科学版)2016年第3期。
[204]章成、郑金栋：《论中日东海大陆架划界的法律问题》，载《郑州轻工业学院学报》(社会科学版)2013年第5期。
[205]章成：《中国海外安全利益视角下的北极区域治理法律问题》，载《云南民族大学学报》(哲学社会科学版)2017年第5期。
[206]张楚莹：《冷战时期以来加拿大北极政策变迁研究：政策范式视角》，武汉大学2013年硕士学位论文。
[207]张海文：《划定200海里外大陆架外部界限规则的形成和发展》，载中国国际法学会主办：《中国国际法年刊2009年卷》，世界知识出版社2010年版。
[208]张佳佳、王晨光：《中国北极治理话语权：分类、评估与进路》，载《华东理工大学学报》(社会科学版)2019年第4期。
[209]张俊杰：《北极船型破冰来》，载《中国船检》2013年第7期。
[210]张磊：《国际法视野中的南北极主权争端》，载《学术界》2010年第5期。
[211]张璐晶：《谁在瓜分北极?》，载《中国经济周刊》2012年2月20日。
[212]张木进、王晨光：《中国建设“冰上丝绸之路”的战略选择——基于“态势分析法”(SWOT)的分析》，载《和平与发展》2018年第4期。
[213]张沱生：《挑战、机遇与对策》，载王缉思主编：《中国国际战略评论2013年卷》，世界知识出版社2013年版。
[214]张卫彬：《公平原则及相关情况规则探讨——兼析中国东海大陆架划界基本主张》，载《当代亚太》2010年第1期。
[215]张卫彬：《公平原则及有关情况规则若干问题刍议》，载武汉大学国际法研究所编：《2008全国博士生学术论坛(国际法)论文集》(国际公法、国

际私法分册)，武汉大学出版社 2008 年版。
[216]张卫彬：《海洋划界的趋势与相关情况规则——黑海划界案对我国海域划界的启示》，载《华东政法大学学报》2010 年第 2 期。
[217]张湘兰、叶泉：《论沿海国对其专属经济区内船舶污染的立法管辖权》，载《当代法学》2013 年第 3 期。
[218]张雪冬：《俄罗斯北极战略下的能源政策与航道政策》，中国海洋大学 2012 年硕士学位论文。
[219]张耀光、王圣云、宋欣茹、耿雅冬：《大陆架在国家可管辖海域划界问题研究》，载《地理与地理信息科学》2004 年第 3 期。
[220]张正、王爱芹：《论条约的“被当事国事后惯行修正”》，载《河北法学》2018 年第 7 期。
[221]赵丽霞：《浅析大陆架划界的一般国际法及其在南海争端中的适用》，武汉大学 2012 年硕士学位论文。
[222]赵颖：《浅析北极所面临的法律挑战及其对我国的影响》，载《海洋开发与管理》2009 年第 3 期。
[223]赵振飞：《沿海国对领海外国家管辖海域的管辖权》，载徐祥民主编：《海洋法律、社会与管理》(第一卷)，海洋出版社 2010 年版。
[224]郑国姣、杨来科：《我国在全球价值链中的地位评价及提升策略》，载《广西大学学报》(哲学社会科学版)2016 年第 3 期。
[225]郑清典：《中国代表在国际海底管理局第 17 届会议大会发言》，载中国国际法学会主办：《中国国际法年刊 2011 年卷》，世界知识出版社 2012 年版。
[226]朱杰进：《规范、理性与国际制度设计》，外交学院 2007 年博士学位论文。
[227]朱瑛：《北极地区大陆架划界的科学与法律问题研究》，中国海洋大学 2012 年博士学位论文。
[228]朱瑛、李金蓉：《北冰洋大陆架划界形势分析》，载《中南大学学报》(自然科学版)2011 年第 S2 期。

(三)网址

[1]联合国官方中文网址：http：//www. un. org/zh/
[2]联合国国际法委员会中文网址：http：//www. un. org/chinese/law/ilc/index. html

[3]上海交通大学极地与深海发展战略研究中心网址：http：//colp. sjtu. edu. cn/
[4]自然资源部网址：http：//www. mnr. gov. cn/
[5]自然资源部极地考察办公室网址：http：//chinare. mnr. gov. cn/
[6]中国极地研究中心网址：http：//www. pric. gov. cn/
[7]中国南北极数据中心网址：http：//www. chinare. org. cn/
[8]中华人民共和国常驻国际海底管理局代表处网址：http：//china-isa. jm. china-embassy. org/chn/
[9]中华人民共和国常驻联合国代表团网址：http：//www. fmprc. gov. cn/ce/ceun/chn/
[10]中华人民共和国外交部网址：http：//www. fmprc. gov. cn/chn/wjb/
[11]中华人民共和国外交部条约法律司网址：http：//www. fmprc. gov. cn/mfa_chn/wjb_602314/zzjg_602420/tyfls_603696/
[12]中华人民共和国中央人民政府门户网站网址：http：//www. gov. cn/

二、英文部分

I. Documents

1.The United Nations Convention on the Law of the Sea, UNCLOS, 1982.
  1) Scientific and Technical Guidelines of the Commission on the Limits of the Continental Shelf, 1999.
  2) Rules of Procedure of the Commission on the Limits of the Continental Shelf, 2008.
2.Other U.N. Documents
  1) Charter of United Nations, 1945.
  2) Convention on the Continental Shelf, 1958.
  3) Convention on the Territorial Sea and Contiguous Zone, 1958.
  4) Vienna Convention on the Law of Treaties, 1969.
3.Bilateral/Multilateral Treaties, Conventions and Agreements
  1) Great Britain and Russia, Convention between Great Britain and Russia concerning Limits of their Respective Possessions on the North-West Coast of America and the Navigation of the Pacific Ocean, 1825.
  2) Treaty Concerning the Cession of Russian Possessions in North America Treaty of

Cession, 1867.

3) The Spitsbergen Treaty, 1920.

4) Agreement between the Royal Norwegian Government and the Government of the Union of the Soviet Socialist Republic concerning the Sea Frontier between Norway and the USSR in the Varangerfjord, 1957.

5) Agreement between the Government of Canada and the Government of the Kingdom of Denmark Relating to the Delimitation of the Continental Shelf between Greenland and Canada, 1973.

6) The Agreement on the Conservation of Polar Bears and Their Habitats, 1973.

7) The Interim Practical Agreement between the Royal Norwegian Government and the Government of the Union of the Soviet Socialist Republic for Fishing in an Adjoining Area in the Barents Sea, 1978.

8) Agreement on Fishery and Continental Shelf Questions between the Royal Norwegian Government and the Government of the Iceland Republic, 1980.

9) Agreement on the Continental Shelf between Iceland and JanMayen, 1981.

10) Arctic Cooperation Agreement between the Government of the United States Federation and the Government of Canada, 1988.

11) Agreement between the United States of America and the Union of Soviet Socialist Republics on the Maritime Boundary, 1990.

12) Agreement between the Government of Canada and the Government of the Russian Federation on Cooperation in the Arctic and the North, 1992.

13) Agreement on the Continental Shelf and Fishery between Greenland and JanMayen, 1995.

14) Agreement on the Continental Shelf and Fishery between Greenland and Iceland, 1997.

15) Agreement on the Continental Shelf and Fishery between Greenland and Svalbard, 2006.

16) Agreement between the Kingdom of Norway and the Russian Federation on the Maritime Delimitation in the Varangerfjord Area, 2007.

17) Treaty between the Kingdom of Norway and the Russian Federation concerning Maritime Delimitation and Cooperation in the Barents Sea and the Arctic Ocean, 2010.

4. Applications for the OCS in the Arctic

1) Reaction of States to the Submission Made by the Russian Federation to the Commission on the Limits of the Continental Shelf. United Nations, New York, 2001.

2) Continental Shelf Submission of Norway in respect of Areas in the Arctic Ocean, the Barents Sea and the Norwegian Sea. United Nations, New York, 2006.

3) Summary of the Recommendation of the Commission on the Limits of the Continental Shelf in regard to the Submission Made by Norway in respect of Areas in the Arctic Ocean, the Barents Sea and the Norwegian Sea.

4) Summary of the Recommendations of the Commission on the Limits of the Continental Shelf in regard to the Submission Made by Norway in respect of Areas in the Arctic Ocean, the Barents Sea and the Norwegian Sea on 27 November 2006.United Nations, New York, 2009.

5) The North-Eastern Continental Shelf of Greenland, Partial Submission of the Government of the Kingdom of Denmark together with the Government of Greenland to the CLCS, 6 December 2013.

6) The Northern Continental Shelf of Greenland, Partial Submission of the Government of the Kingdom of Denmark together with the Government of Greenland to the CLCS, 15 December 2014.

5.Arctic Council's Documents

1) Declaration on the Establishment of the Arctic Council, 1996. (Ottawa Declaration)

2) Ilulissat Declaration, 2008.

3) Tromsø Declaration, 2009.

4) Nuuk Declaration, 2011.

6.Domestic Official Documents

1) British Adjacent Territories Order, 1880.

2) On Proclaiming Lands and Islands in the Arctic Ocean to be the Territory of the USSR, 1926.

3) Inuvialuit Final Agreement, 1948.

4) Territorial Sea and Fishing Zones, 1964.

5) Arctic Waters Pollution Prevention Act, 1970.

6) Greenland Home Rule Act, 1979.

7) On the Improvement of Protection of Nature in the Regions of the Far North and

Sea Areas Adjacent to the Northern Coastline of the USSR, 1984.
8) Regulation for Navigation on the Seaways of the NSR, 1990.
9) Law on the State Boundary of the Russian Federation, 1993.
10) Guide for Navigation through the NSR, 1996.
11) Regulation for Design, Equipment and Supply of Vessels Navigation the NSR, 1996.
12) Regulation for Icebreaker-Assisted Pilotage of Vessels on the NSR, 1996.
13) On Internal Seas, Territorial Seas and Contiguous Zone of the Russian Federation, 1998.
14) Act on the Delimitation of the Territorial Sea, 1999.
15) Tariff for Icebreaker Fleet Service on the Seaways of NSR, 2004.
16) Norwegian Government High North Strategy, 2006.
17) The Canada Shipping Act, 2007.
18) Basics of the National Policy of the Russian Federation in the Arctic for the Period until 2020 and for the Future, 2008.
19) The U.S. National Security and Homeland Security Directives, 2009.
20) Northern Strategy, 2009.
21) Iceland in the High North, 2009.
22) Sweden's Strategy for the Arctic Region, 2011.
23) The U.S. National Strategy for the Arctic Region, 2013.
7. Other Documents
1) Arctic Environment Protection Strategy, 1991.
2) The Nuuk Declaration on Environment and Development in the Arctic, 1993.
3) IMO Guidelines for Ships Operating in Polar Ice-Covered Waters, 2002.

II. Monographs

1. A. Boyle and D. Freestone, et al., *International Law and Sustainable Development: Past Achievements and Future Challenges*, Oxford: Oxford University Press, 1999.
2. A. Juda, *International Law and Ocean Use Management*, London: Routledge, 1996.
3. A. Kovalev, *Contemporary Issues of the Law of the Sea: Modern Russian Approaches*, The Hague: Eleven International Publishing, 2004.
4. Alex G. Oude Elferink and Donald Rothwell, *The Law of the Sea and Polar*

Maritime Delimitation and Jurisdiction, The Hague: Martinus Nijhoff Publishers, 2001.

5. Anne-Marie Slaughter, *A New World Order*, Princeton: Princeton University Press, 2004.

6. Anthony Clark Arend, *Legal Rules and International Society*, Oxford: Oxford University Press, 1999.

7. Arthur Eyffinger, *The International Court of Justice* (1946—1996), The Hague: Kluwer Law International, 1996.

8. В. Ю.Визе, Северный морской путь, М.-Л., 1940.

9. Charlotte Ku and Thomas Weiss, *Toward Understanding Global Governance: The International Law and International Relations Toolbox*, Waterloo: ACUNS, 1998.

10. David Armstrong, *Theo Farrell and Hélène Lambert, et al. International Law and International Relations*, Cambridge: Cambridge University Press, 2007.

11. David H. Ott, *Public International Law in the Modern World*, London: Pitman Publisher, 1998.

12. Davor Vidas and Willy Ostreng, et al., *Order for the Oceans at the Turn of the Century*, Boston: Martinus Nijhoff Publishers, 1999.

13. Donald K. Anton, Penelope Mathew and Wayne Morgan, et al., *International Law: Cases and Materials*, Oxford: Oxford University Press, 2005.

14. Donald R. Rothwell, *The Polar Regions and the Development of International Law*, Cambridge: Cambridge University Press, 1996.

15. Donat Pharand, *Canada's Arctic Waters in International Law*, Cambridge: Cambridge University Press, 1988.

16. Donat Pharand, *Polar Regions and the Development of International Law*, Cambridge: Cambridge University Press, 1996.

17. Dorinda G.Dallmeyer and Louis de Vorsey, *Rights to Oceanic Resources: Deciding and Drawing Maritime Boundaries*, The Hague: Martinus Nijhoff Publishers, 1989.

18. Duncan French, ed., *Global Justice and Sustainable Development*, The Hague: Martinus Nijhoff Publishers, 2010.

19. E. C. H. Keskitalo, *Negotiating the Arctic The Construction of an International Region*, London: Routledge, 2006.

20. E. D. Brown, *Seabed Energy and Minerals: The International Legal Regime*,

Boston: Martinus Nijhoff Publishers, 2001.

21. Eric A. Posner and Weisbach David, *Climate Change Justice*, Princeton: Princeton University Press, 2010.

22. Erik Franck, *Maritime Claims in the Arctic: Canadian and Russian Perspectives*, Boston: Martinus Nijhoff Publishers, 1993.

23. Erik J.Molenaar, Alex G. Oude Elferink and Donald R. Rothwell, et al., *The Law of the Sea and the Polar Regions: Interactions between Global and Regional Regimes*, The Hague: Martinus Nijhoff Publishers, 2013.

24. Errol Mendes and Ozay Mehmet, *Global Governance, Economy and Law: Waiting for Justice*, London: Routledge, 2003.

25. Francesco Francioni and Tullio Scovazzi, et al., *International Law for Antarctica*, 2nd Ed., The Hague: Kluwer Law International, 1996.

26. Franklyn Griffith, *Arctic Alternatives: Civility or Militarism in the Circumpolar North*, London: Westview, 1992.

27. G. Alex, O.Elferink and E. J. Molenaar, *The International Legal Regime of Areas Beyond National Jurisdiction: Current and Future Developments*, Boston: Martinus Nijhoff Publishers, 2010.

28. Gerald Blake, Martin Pratt, Clive Schofield and Janet Allison Brown, et al., *Boundaries and Energy: Problems and Prospects*, The Hague: Kluwer Law International, 1998.

29. Gillian D.Triggs, *The Antarctic Treaty Regime: Law, Environment and Resources*, Cambridge: Cambridge University Press, 1987.

30. Gordon Houlden and Hong Nong, et al., *Maritime Security Issues in the South China Sea and the Arctic: Sharpened Competition or Collaboration?* Beijing: China Democracy and Legal System Publishing House, 2012.

31. Graham Evans, *The Dictionary of World Politics: A Reference Guide to Concepts, Ideas, and Institutions*, New York: Simon & Schuster, 1990.

32. Gudmundur Alfredsson, Timo Koivurova and Natalia Loukacheva Akureyri, *The Yearbook of Polar Law*, Boston: Martinus Nijhoff Publishers, 2011.

33. Hans Joachim Morgenthau, *Politics among Nations: The Struggle for Power and Peace*, 5th Ed., New York: Alfred A. Knopf, 1978.

34. Harry N.Scheiber and Jin-Hyun Paik, et al., *Regions, Institutions and Law of the Sea: Studies in Ocean Governance*, The Hague: Martinus Nijhoff Publishers,

2013.
35.Harry N. Scheiber, ed., *Law of the Sea: The Common Heritage and Emerging Challenges*, Boston: Martinus Nijhoff Publishers, 2000.
36.Hedley Bull, *The Anarchical Society: A Study of Order in World Politics*, New York: Macmillan, 1977.
37.H.Morgenthau, *In Defence of the National Interest*, Knopt: Knopt, 1951.
38.H.Oxman Bernard, D. Careon David and L. O. Buderl Charles, *Law of the Sea: U.S. Policy Dilemma*, Piscataway: Transaction Publishers, 1983.
39.Ian Brownlie, *Principles of Public International Law*, 6th ed., Oxford: Oxford University Press, 2003.
40.I. A. Shearer, *the International Law of the Sea*, Oxford: Clarendon Press, 1982.
41.Ю.Ф.Лукин, Великий передел Арктики, Архангельск, 2010.
42.Jack L. Goldsmith and Eric A. Posner, *The Limits of International Law*, Oxford: Oxford University Press, 2005.
43.James M. Buchannan and Gordon Tullok, *The Calculus of Consent*, Ann Arbor: University of Michigan Press, 1962.
44.Janice Cavell and Jeff Noakes, *Acts of Occupation: Canada and Arctic Sovereignty*, 1918-25, Vancouver: University of British Columbia Press, 2010.
45.Joseph J. Norton, Mads Andenas and Mary Footer, et al., *The Changing World of International Law in the Twenty-First Century: A Tribute to the Late Kenneth R. Simmonds*, The Hague: Kluwer Law International, 1998.
46.Kazimierz Grzybowski, *Soviet International Law and the World Economic Order*, Durham: Duke University Press, 1987.
47. Kenneth N. Waltz, *Theory of International Politics*, Boston: Addison-Wesley Publishing Co., 1979.
48.Kurt M.Shusterich, *International Jurisdiction Issues in the Arctic Ocean: United States Arctic Interests in the* 1980*s and* 1990*s*, The Hague: Martinus Nijhoff Publishers, 1984.
49. L. C. Green, *International Law: A Canadian Perspective*, Toronto: Carswell Company Limited, 1984.
50.Louis Henkin, *International Law: Politics and Values*, Boston: Martinus Nijhoff Publisher, 1995.
51.Malcolm D. Evans, *Blackstone's International Law Documents*, 3rd Ed. Oxford:

Blackstone Press Limited, 1996.
52. Malcolm D. Evans, *International Law*, Oxford: Oxford University Press, 2003.
53. Malcolm D. Evans, *Relevant Circumstances and Maritime Delimitation*, Oxford: Clarendon Press, 1989.
54. Malcolm N. Shaw, *International Law*, 6th Ed. Cambridge: Cambridge University Press, 2008.
55. Mark W. Janis and John E. Noyes, et al., *Cases and Commentary on International Law*, 2nd Ed., Eagan: West Publishing Co., 2001.
56. Marlène Laruelle, *Russia's Arctic Strategies and the Future of the Far North*, New York: M.E. Sharpe, 2014.
57. Martin Dixon, Robert McCorquodale and Sarah Williams, et al., *Cases and Materials on International Law*, 5th Ed., Oxford: Oxford University Press, 2011.
58. Martin Dixon, *Textbook on International Law*, 7th Ed., Oxford: Oxford University Press, 2013.
59. Michael Byers, *Custom, Power and the Power of Rules: International Relations and Customary International Law*, Cambridge: Cambridge University Press, 1999.
60. Michael Byers and James Baker, *International law and the Arctic*, Cambridge: Cambridge University Press, 2013.
61. Michael D. Max, Arthur H. Johnson and William P. Dillon., *Natural Gas Hydrate-Arctic Ocean Deepwater Resource Potential*, Berlin: Springer, 2013.
62. Myron H. Nordquist, John Norton Moore, Aldo Chircop and Ronan Long, et al., *The Regulation of Continental Shelf Development: Rethinking International Standards*, The Hague: Martinus Nijhoff Publishers, 2013.
63. Myron H. Nordquist, John Norton Moore and A. S. Skaridov, et al., *International Energy Policy: The Arctic and the Law of the Sea*, Boston: Martinus Nijhoff Publishers, 2005.
64. Myron H. Nordquist, John Norton Moore and Tomas H. Heidear, et al., *Legal and Scientific Aspects of Continental Shelf Limits*, Boston: Martinus Nifhoff Publishers, 2004.
65. N. A. Maryan Green, *International Law*, 3rd Ed., London: Pitman Publishing, 1987.
66. Olav Schram Stokke and Davor Vidas, et al., *Governing the Antarctic: the Effectiveness and Legitimacy of the Antarctic Treaty System*, Cambridge: Cambridge

University Press, 1996.

67.Olav Schram Stokke and Geir Hønneland, *International Cooperation and Arctic Governance Regime Effectiveness and Northern Region Building*, London: Routledge, 2006.

68.Oran R. Young, *Creating Regimes: Arctic Accords and International Governance*, Ithaca: Cornell University Press, 1998.

69.O. Schachter, *International Law in Theory and Practice*, Boston: Martinus Nijhoff Publishers, 1991.

70.Pier Horensma, *The Soviet Arctic*, London: Routledge, 1991.

71. Rafael Domingo, *The New Global Law*, Cambridge: Cambridge University Press, 2010.

72. Richard A. Falk, *Law in an Emerging Global Village: A Post-Westphalian Perspective*, New York: Transnational Publishers, 1998.

73.Robert Bialik, Mariusz Majdański and Mateusz Moskalik, et al., *Achievements, History and Challenges in Geophysics 60th Anniversary of the Institute of Geophysics, Polish Academy of Sciences*, Berlin: Springer, 2014.

74.Robert Kolb, *Case Law Equitable Maritime Delimitation: Digest and Commentaries*, Boston: Martinus Nijhoff Publishers, 2003.

75.Robert Ludlum, *The Arctic Event*, Paris: Hachette, 2007.

76.Roland Kallenborn, Guido di Prisco, David Walton and Susan Barr, et al., *Adaptation and Evolution in Marine Environments, Vol.2: The Impacts of Global Change on Biodiversity*, Berlin: Springer, 2013.

77. R. P. Anand, *Origin and Development of the Law of the Sea*, Berlin: Springer, 1982.

78.R. R. Churchill and A. V. Lowe, et al., *The Law of the Sea*, Manchester: Manchester University Press, 1999.

79.R.S. Pathak and R.P.Dhokalia, et al., *International Law in Transition*, Boston: Martinus Nijhoff Publishers, 1992.

80.S. N. Nandan and S.Rosenne, et al., *United Nations Convention on the Law of the Sea 1982: A Commentary*, Vol.Two, Boston: Maritinus Nijhoff Publishers, 1993.

81. Stephen D. Krasner, ed., *International Regimes*, Ithaca: Cornell University Press, 1983.

82.Susan Joy Hassel, *Impacts of the Warming Arctic (ACIA)*, Cambridge: Cambridge

University Press, 2004.

83. Susanne Wasum-Rainer, Ingo Winkelmann and Katrin Tiroch, et al., *Arctic Science, International Law and Climate Change Legal Aspects of Marine Science in the Arctic Ocean*, Berlin: Springer, 2012.

84. The American Society of International Law and Nederlandse Vereniging voor Internationaal Recht, et al., *Contempory International Law Issues: Opportunities at A Time of Momentous Change*, 1993 *Joint Conference*, The Hague: Martinus Nijhoff Publishers, 1994.

85. The Curatorium of Xiamen Academy of International Law, ed., *Collected Courses of the Xiamen Academy of International Law*, Vol. One, The Hague: Martinus Nijhoff Publishers, 2008.

86. Thomas Risse and Beth Simmons, et al., *Handbook of International Relations*, London: SAGE Publications Ltd., 2002.

87. T.L.McDorman, *Salt Water Neighbors: International Ocean Law Relations between the United States and Canada*, Oxford: Oxford University Press, 2009.

88. Valerie Epps, *International Law*, 2nd Ed., Durham: Carolina Academic Press, 2001.

89. Victor Prescott and Clive Schofield, *The Maritime Political Boundaries of the World*, 2rd Ed., Boston: Martinus Nijhoff Publishers, 2005.

90. Victor Prescott and Gillian D. Triggs, *International Frontiers and Boundaries: Law, Politics and Geography*, Boston: Martinus Nijhoff Publishers, 2008.

91. W. B. Hogwood and B. G. Peters, *Policy Dynamics*, New York: St. Martin's Press, 1983.

92. Zhang Haisheng, Li Jiabiao, Gao Zhiguo and Zhang Haiwen, et al., *Technical and Legal Aspects of the Regimes of the Continental Shelf and the Area*, 2nd Album, Beijing: Science Press, 2012.

93. Z.P.Blishchenko, *The International Law of the Sea*, Moscow: Progress Publishers Press, 1988.

III. Articles

1. Adam Lajeunesse, "The Evolution of Canada's Arctic Maritime Sovereignty, 1880-1990", Calgary: Thesis Submitted for the Degree of Doctor of Philosophy at University of Calgary, 2012.

2.Alan D. Hemmings and Tim Stephens, "Australia's Extended Continental Shelf: What Implications for Antarctica?", *Public Law Review*, Vol.20 (2009), pp.9-16.

3.Andrea Beck, "China's Strategy in the Arctic: a Case of Lawfare?", *The Polar Journal*, Vol.4, Issue 2 (2014), pp.306-318.

4.Andrew C. Palmer, "Under What Conditions Can Oil and Gas Developments in the Arctic be Acceptable, and to Whom?", *Polar Record*, Vol.45, No.233 (2009), pp.113-117.

5. Arthur A. Stein, "Coordination and Collaboration: Regimes in an Anarchic World", in Stephen D. Krasner, ed. *International Regimes*, Ithaca: Cornell University Press, 1983, pp.115-140.

6.B.A.Nikitin and A.I.Perchik, "*Economical and Juridical Aspects of Organization of Russian Arctic Seas Continental Shelf Structures Design and Construction*", *Gidrotekhnicheskoe Stroitel'stvo*, Issue 3 (Mar. 1994), pp.9-11.

7. B. A. Nikitin, D. A. Mirzoev and E. V. Bogatyreva. "Offshore Oil and Gas Development in Russian Arctic Zones", *Gazovaya Promyshlennost*, Issue 8 (2005), pp.68-69.

8. Barry Hart Dubner, "On the Basis for Creation of New Method Defining International Jurisdiction in the Arctic Ocean", *Missouri Environmental Law & Policy Review*, Vol.13, Issue 12 (2005), pp.1-23.

9.Betsy B. Baker and Sarah Mooney, "The Legal Status of Arctic Sea Ice in the United States and Canada", *Polar Geography*, Vol.35, Issue 1 (2012), pp.1-20.

10.Betsy B. Baker, "Filling an Arctic Gap: Legal and Regulatory Possibilities for Canadian-U.S. Cooperation in the Beaufort Sea", *Vermont Law Review*, Vol. 34 (2009), pp.56-120.

11.Betsy B. Baker, "Law, Science, and the Continental Shelf: the Russian Federation and the Promise of Arctic Cooperation", *Am. U. Int'l L. Rev.*, Vol.25 (2010), pp.250-281.

12.Betsy B. Baker, "Uncommon Heritage: Elisabeth Mann Borgese, Pacem in Maribus, the International Ocean Institute and Preparations for UNCLOS III", *Ocean Yearbook*, Vol.26 (2011), pp.11-34.

13. Bettina Rudloff, "The EU as Fishing Actor in the Arctic-Stocktaking of Institutional Involvement and Existing Conflicts", *SWP Berlin*, No.1 (2010), pp. 111-124.

14. Bjarni Már Magnússon, "Is there a Temporal Relationship between the Delineation and the Delimitation of the Continental Shelf beyond 200 Nautical Miles?", *Int'l J. Marine & Coastal L.*, Vol.28 (2013), pp.465-483.

15. Björn Arp, "Introductory Note to the Agreement on Cooperation on Aeronautical and Maritime Search and Rescue in the Arctic & the Treaty between Norway and Russia on the Maritime Delimitation and Cooperation in the Barents Sea and the Arctic Ocean", *International Legal Materials*, Vol. 50, Issue 6 (2011), pp. 1110-1130.

16. Bjørn Kunoy, "Agreed Minutes on the Delimitation of the Continental Shelf beyond 200 Nautical Miles between Greenland and Iceland in the Irminger Sea", *Chinese Journal of International Law*, Vol.12 (2013), pp.125-142.

17. Brandon Luedtke and Adrian Howkins, "Polarized Climates: the Distinctive Histories of Climate Change and Politics in the Arctic and Antarctica since the Beginning of the Cold War", *WIREs Clim Change*, Vol.3 (Mar/Apr. 2012), pp. 145-159.

18. Carole St-Louis, "The Notion of Equity in the Determination of Maritime Boundaries and its Application to the Canada-United States Boundary in the Beaufort Sea", Ottawa: Thesis Submitted for the Doctorate of Law Degree at University of Ottawa, 2014.

19. C. B. Thompson, "International Law of the Sea/Seed: Public Domain versus Private Commodity", *Nat. Resources J.*, Vol.44 (2004), pp.841-866.

20. Christopher Kirkey, "Delineating Maritime Boundaries: The 1977-78 Canada-U.S. Beaufort Sea Continental Shelf Delimitation Boundary Negotiations", *Canadian Review of American Studies*, Vol.25, Issue 2 (Spring. 1995), pp.49-66.

21. C. Marcussen and R. Macnab, "Extending Coastal State Boundaries into the Central Arctic Ocean: Outer Continental Shelves Beyond 200 Nautical Miles and the Quest for Hydrocarbons", in A. M. Spencer, A. F. Embry and D. L. Gautier, et al., *Arctic Petroleum Geology*, London: Geological Society of London, 2011, pp.715-730.

22. Coalter Lathrop, "Continental Shelf Delimitation Beyond 200 Nautical Miles: Approaches Taken by Coastal States before the Commission on the Limits of the Continental Shelf", in D. A. Colson and R. W. Smith, et al., *International Maritime Boundaries*, Washington D.C.: The American Society of International

Law, 2011, pp.4139-4160.

23. David A. Colson, "The Delimitation of the Outer Continental Shelf between Neighboring States", *Am. J. Int'l L.*, Vol.97, Issue 1 (Jan., 2003), pp.91-107.

24. David H. Gray, "Canada's Unresolved Maritime Boundaries", *Geomatica*, Vol. 48, Issue 2 (1994), pp.131-135.

25. David Vanderzwaag and Donat Pharand, "Inuit and the Ice: Implications for Canadian Arctic Waters", *Can. Y.B. Int'l L.*, Vol.21, (1983), pp.53-84.

26. David Curtis Wright, "China's Growing Interest in the Arctic", *Journal of Military and Strategic Studies*, Vol.15, Issue 2, (2013), pp.50-70.

27. Deborah E. Perkins, Paul A. Smith and H. Grant Gilchrist, "The Breeding Ecology of Ruddy Turnstones (*Arenaria interpres*) in the Eastern Canadian Arctic", *Polar Record*, Vol.43, No.225 (2007), pp.135-142.

28. D.M. Filler, C.M. Reynolds, I. Snape, A. J. Daugulis, D. L. Barnes and P.J. Williams, "Advances in Engineered Remediation for Use in the Arctic and Antarctica", *Polar Record*, Vol.42, No.221 (2006), pp.111-120.

29. Donald E. Karl, "Islands and the Delimitation of the Continental Shelf: A Framework for Analysis", *Am. J. Int'l L.*, Vol.71, Issue 4 (Oct. 1977), pp. 642-673.

30. Donald R. Rothwell, "Arctic Ocean Choke Points and the Law of the Sea", *ANU College of Law Research Paper*, No. 10-81, in Ottawa: Canadian Council of International Law Annual Meeting, October 28-30, 2010, pp.1-24.

31. Donald R. Rothwell, "The Arctic in International Affairs: Time for a New Regime?", *ANU College of Law Research Paper*, No.08-37, December 10, 2008, pp.1-15.

32. Donat Pharand, "Canada's Arctic Jurisdiction in International Law", *Dalhousie L. J.*, Vol.7 (1982-1983), pp.315-342.

33. Donat Pharand, "Canada's Sovereignty over the Newly Enclosed Arctic Waters", *C.Y.I.L.*, Vol.25, (1987), pp.325-343.

34. Donat Pharand, "Canada's Sovereignty over the Northwest Passage", *Mich. J. Int'l L.*, Vol.10 (1989), pp.653-678.

35. Donat Pharand, "Contiguous Zones of Pollution Prevention", *Syracuse J. Int'l L. & Com.*, Vol.1 (1973), pp.257-263.

36. Donat Pharand, "Delimitation of Maritime Boundaries: Continental Shelf and

Exclusive Economic Zone, in Light of the Gulf of Maine Case, Canada v. U.S.A. (1984)", *Rev. Gen.*, Vol.16 (1985), pp.363-386.

37. Donat Pharand, "Freedom of the Seas in the Arctic Ocean", *U. Toronto L.J.*, Vol.19 (1969), pp.210-233.

38. Donat Pharand, "Historic Waters in International Law with Special Reference to the Arctic", *U. Toronto L.J.*, Vol.21 (1971), pp.1-14.

39. Donat Pharand, "Innocent Passage in the Arctic", *Can. Y.B. Int'l L.*, Vol.6 (1968), pp.3-60.

40. Donat Pharand, "Oil Pollution Control in the Canadian Arctic", *Tex. Int'l L. J.*, Vol.7 (1971), pp.45-72.

41. Donat Pharand, "Perspectives on Sovereignty in the Current Context: A Canadian Viewpoint", *Can.-U.S. L.J.*, Vol.20 (1994), pp.19-34.

42. Donat Pharand, "The Case for an Arctic Region Council and a Treaty Proposal", *R.G.D.*, Vol.23 (1992), pp.163-195.

43. Donat Pharand, "The Continental Shelf Redefinition, with Special Reference to the Arctic", *McGill L. J.*, Vol.18 (1972), pp.536-559.

44. Donat Pharand, "The Legal Status of Ice Shelves and Ice Islands in the Arctic", *C. de D.*, Vol.10 (1969), pp.461-475.

45. Donat Pharand, "The Northwest Passage in International Law", *Can. Y.B. Int'l L.*, Vol.17 (1979), pp.99-133.

46. Donat Pharand, "The Waters of the Canadian Arctic Islands", *Ottawa L. Rev.*, Vol.3 (Spr., 1969), pp.414-432.

47. Eero J. Manner, "Settlement of Sea-Boundary Delimitation Disputes According to the Provisions of the 1982 Law of the Sea Convention", in Jerzy Makarezyk, ed., *Essays in International Law in Honour of Judge Manfred Lachs*, The Hague: Martinus Nijhoff Publishers, 1984, pp.625-643.

48. Elana Wilson, "Arctic Unity, Arctic Difference: Mapping the Reach of Northern Discourses", *Polar Record*, Vol.43, No.225 (2007), pp.125-133.

49. Elana Wilson Rowe, "Arctic Hierarchies? Norway, Status and the High North", *Polar Record*, Vol.50, Issue 252 (2014), pp.72-79.

50. Elena B. Pospelova, Igor N. Pospelov, Alexander V. Zhulidov, Richard D. Robarts, Olga V. Zhulidova, Daniel A. Zhulidov and Tatyana Yu Gurtovaya, "Biogeography of the Byrranga Mountains, Taymyr Peninsula, Russian Arctic",

Polar Record, Vol.40, No.215 (2004), pp.327-344.

51.Emilie Maj, "Internationalisation with the Use of Arctic Indigeneity: the Case of the Republic of Sakha (Yakutia), Russia", *Polar Record*, Vol.48, No.246 (2012), pp.210-214.

52.Estella Weigelt, "Wilfried Jokat and Dieter Franke. Seismostratigraphy of the Siberian Sector of the Arctic Ocean and Adjacent Laptev Sea Shelf", *J. Geophys. Res. Solid Earth*, Vol.119 (2014), pp.5275-5289.

53.Е.Терещенко, "Влияние Климатических Изменений на Морские Перевозки в Арктике", Морский Сборник, Издательство: Редакция журнала "Морской сборник"(Москва), Номер: 9 Год: 2008 Страницы: 48-55.

54.Feng Qinghu, "On the Supremacy and Subjugation of the Doctrine of Natural Prolongation", *AALCO J. Int'l L.*, Vol.2, Issue 1(2013), pp.37-53.

55.Gareth Rees, Robert Headland, Ted Scambos and Terry Haran, "Finding the Arctic Pole of Inaccessibility", *Polar Record*, Vol.50, No.252 (2014), pp. 86-91.

56.Geir Hønneland, "Nuclear Safety Discourse in the European Arctic", *Polar Record*, Vol.40, No.212 (2004), pp.39-49.

57.Hannes Gerhardt, Philip E. Steinberg, Jeremy Tasch, Sandra J. Fabiano and Rob Shields, "Contested Sovereignty in a Changing Arctic", *Ann. Assoc. Am. Geogr.*, Vol.100, Issue 4 (2010), pp.992-1002.

58.Hari M. Osofsky, "The Inuit Petition as a Bridge? Beyond Dialectics of Climate Change and Indigenous Peoples'Rights", *American Indian Law Review*, Vol.31, No.2 (2009), pp.675-698.

59.H.D. Hedberg, "Ocean Boundaries and Petroleum Resources", *Science*, Vol.191 (1976), pp.1009-1018.

60.Heather A. Conley and Jamie Kraut, *U.S. Strategic Interests in the Arctic: An Assessment of Current Challenges and New Opportunities for Cooperation*, A Report of the CSIS Europe Program, (Apr. 2010), pp.1-28.

61.Heather A. Conley, Terry Toland, Mihaela David and Natalja Jegorova, *The New Foreign Policy Frontier: U.S. Interests and Actors in the Arctic*, A Report of the CSIS Europe Program, (Mar. 2013), pp.1-88.

62.Heather N. Nicol and Lassi Heininen, "Human Security, the Arctic Council and Climate Change: Competition or Co-existence?", *Polar Record*, Vol.50, Issue

252 (2014), pp.80-85.

63. Helga Haftendorn, "Arctic Policy for Canada's Tomorrow, A Review Essay", *International Journal* (2009), pp.1139-1146.

64. H. Rink, "On the Large Continental Ice of Greenland, and the Origin of Icebergs in the Arctic Seas", *Journal of the Royal Geographical Society of London*, Vol.23 (1853), pp.145-154.

65. H.R. Jackson, "Sedimentary and Crustal Structure from the Ellesmere Island and Greenland Continental Shelves onto the Lomonosov Ridge, Arctic Ocean", *Geophys*, Vol.84 (2010), pp.11-35.

66. H.R. Jackson, "The Structure of the Lomonosov Ridge, Arctic Ocean", *American Geophysical Union*, (Fall Meeting, 2010), pp.2032-2122.

67. Huang Deming and Zhang Cheng, "On Issues of Delimiting Outer Continental Shelves beyond 200 Nautical Miles in the Arctic Seas and Construction of the Arctic Regional Legal System", *Renmin Chinese Law Review: Selected Papers of the Jurist*, Volume 3, Edward Elgar Publishing, 2015, pp.337-357.

68. Jacqueline Carpine-Lancre, "The Arctic Cruises of Prince Albert I of Monaco", *Polar Record*, Vol.44, No.228 (2008), pp.1-14.

69. James Kraska, "A Way Out for Arctic Diplomacy", *Canadian Naval Review*, Issue 3 (2009), pp.17-22.

70. James Kraska, "From Pariah to Partner: Russian-American Security Cooperation in the Arctic Ocean", *ILSA J. Int'l & Comp. L.*, Vol.16, Issue 2 (2009), pp. 1-18.

71. James Kraska, "International Security and International Law in the Northwest Passage", *Vand. J. Transnat'l L.*, Vol.42 (2009), pp.1109-1132.

72. James Kraska, "The Law of the Sea Convention and the Northwest Passage", *The International Journal of Marine and Coastal Law*, Vol.22, No.2 (2007), pp. 257-281.

73. James Manicom, "Maritime Boundary Disputes in East Asia: Lessons for the Arctic", *Int. Stud. Perspect.*, Vol.12, Issue 3 (2011), pp.327-340.

74. James Manicom, "The Domestic Politics of Disputed Arctic Boundaries: the Canadian Case", *Polar Record*, Vol.50, Issue 253 (2014), pp.165-175.

75. James S. Baker and Michael Byers, "Crossed Lines: The Curious Case of the Beaufort Sea Maritime Boundary Dispute", *Ocean Development and International*

Law, Vol.43, Issue 1 (2012), pp.70-95.

76.Janice Cavell, "'A Little More Latitude': Explorers, Politicians, and Canadian Arctic Policy during the Laurierera", *Polar Record*, Vol.47, No.243 (2011), pp.289-309.

77.Janice Cavell, "Sector Claims and Counter-claims: Joseph Elzéar Bernier, the Canadian Government, and Arctic Sovereignty, 1898-1934", *Polar Record*, Vol. 50, Issue 254 (2014), pp.293-310.

78.J. Ashley Roach, "Excessive Maritime Claims",*Am. Soc'y Int'l L. Proc.*, Vol.84 (1990), pp.288-294.

79.Jeff W. Higdon and Stefan Romberg, "Observations of Juvenile Ivory Gulls (*Pagophila eburnea*) in Resolute Bay, Nunavut, Canada, August 2005", *Polar Record*, Vol.42, No.221 (2006), pp.170-172.

80.Jessica M. Shadian, "Of Whales and Oil: Inuit Resource Governance and the Arctic Council", *Polar Record*, Vol.49, No.251 (2013), pp.392-405.

81.Jessica M.Shadian, "Remaking Arctic Governance: the Construction of an Arctic Inuit Polity", *Polar Record*, Vol.42, No.222 (2006), pp.249-259.

82.John C. Roff and Mark E. Taylor, "National Frameworks for Marine Conservation: a Hierarchical Geophysical Approach", *Mar. Freshw. Ecosyst*, Vol.10 (2000), pp.209-223.

83.John E. Noyes, "Judicial and Arbitral Proceedings and the Outer Limits of the Continental Shelf",*Vand. J. Transnat'l L.*, Vol.42 (2009), pp.1211-1264.

84.John W. Chardine, Alain J. Fontaine, Hans Blokpoel, Mark Mallory and Theo Hofmann, "At-Sea Observations of Ivory Gulls (*Pagophila eburnea*) in the Eastern Canadian High Arctic in 1993 and 2002 Indicate a Population Decline", *Polar Record*, Vol.40, No.215 (2004), pp.355-359.

85.Jonathan M.Karpoff, "Public versus Private Initiative in Arctic Exploration: The Effects of Incentives and Organizational Structure", *Journal of Political Economy*, Vol.109, No.1 (2001), pp.38-78.

86.Jon D. Carlson, Kellen Minteer, Christopher Hubach, Joseph Long and Shane Young, "The Scramble for the Arctic: The United Nations Convention on the Law of the Sea (UNCLOS) and Extending National Seabed Claims", Chicago: Paper Prepared for Presentation at the 2009 Annual Meeting of the Midwest Political Science Association, IL April 2-5, 2009, University of California.

87.Kim K. Ménage, "High Ideals in the High North, Interdependence in a Territory Sui Generis ", MA Thesis: International Relations in Historical Perspective, 2012.

88.Klaus J.Dodds, "Anticipating the Arctic and the Arctic Council: Pre-emption, Precaution and Preparedness", *Polar Record*, Vol.49, Issue 249 (2013), pp. 193-203.

89.Klaus J.Dodds, "We are a Northern Country: Stephen Harper and the Canadian Arctic", *Polar Record*, Vol.47, Issue 243 (2011), pp.371-374.

90.Kristin Bartenstein, "What Legal Framework Governs the Division of the Arctic Continental Shelf?", *International Journal*, Vol. 65, Issue 1, UN Sanctions (Winter 2009-10), pp.187-206.

91.Kristine Offerdal, "The European Arctic in US Foreign Energy Policy: the Case of the Norwegian High North", *Polar Record*, Vol.45, No.232 (2009), pp. 59-71.

92. Leif Christian Jensen and Pål Wilter Skedsmo, " Approaching the North: Norwegian and Russian Foreign Policy Discourses on the European Arctic", *Polar Research*, Vol.29 (2010), pp.439-450.

93. Leif Christian Jensen, " Petroleum Discourse in the European Arctic: the Norwegian Case",*Polar Record*, Vol.43, Issue 226 (2007), pp.247-254.

94.Louis-Jacques Dorais, "Comparing Academic and Aboriginal Definitions of Arctic Identities", *Polar Record*, Vol.41, No.216 (2005), pp.1-10.

95.L. Schoenberg Pamela, "A Polarizing Dilemma: Assessing Potential Regulatory Gap-filing Measures for Arctic and Antarctic Marine Genetic Resources Access and Benefit Sharing", *Cornell Int'l L.J.*, Vol.42, Issue 1 (2009), pp.271-300.

96. Mamdouh G. Salameh, " China Eyes Arctic Access & Resources", *USAEE Working Paper*, No.2142182, September 5, 2012, pp.1-15.

97. Marcin Switoniak, Jerzy Melke and Piotr Bartminski, " The Differences in Cellulolytic Activity of the Arctic Soils of Calypsostranda, Spitsbergen", *Polar Record*, Vol.50, No.253 (2014), pp.199-208.

98. Mark Jarashow, Michael B. Runnels and Tait Svenson, " UNCLOS and the ARCTIC: the Path of Least Resistance", *Fordham Int'l L.J.*, Vol.30 (2007), pp.1587-1652.

99.M. D.Blecher, "Equitable Delimitation of Continental Shelf", *Am. J. Int'l L.*,

Vol.73, Issue 1 (Jan., 1979), pp.60-88.

100. Melissa A. Verhaag, "It is Not Too Late: The Need for a Comprehensive International Treaty to Protect the Arctic Environment", *Georgetown International Environmental Law Review*, Vol.15 (2002), pp.555-579.

101. Melissa Weber, "Comparing the Robustness of Arctic and Antarctic Governance through the Continental Shelf Submission Process", *Polar Record*, Vol.50, Issue 252 (2014), pp.43-59.

102. Mel Weber, "Delimitation of the Continental Shelves in the Antarctic Treaty Area: Lessons for Regime, Resource and Environmental Security", in Alan D. Hemmings, Donald R. Rothwell and Karen N. Scott, *Antarctic Security in the Twenty-First Century: Legal and Policy Perspectives*, London: Routledge, 2012, pp.172-196.

103. Members of the World Economic Forum Global Agenda Council on the Arctic, *Demystifying the Arctic*, A Report of the World Economic Forum, Davos-Klosters, Switzerland, (22-25 Jan. 2014), pp.1-17.

104. M. J. Dunbar, "Stability and Fragility in Arctic Ecosystems", *Commentary*, (Dec. 1972), pp.179-185.

105. M. J. Peterson, "Book Review about *Friends in Conflict: the Anglo-Icelandic Cod Wars and the Law of the Sea* (Hannes Jonsson), *La Delimitation du Plateau Continental et les Iles* (Huseyin Pazarci) and *The New Law of Maritime Zones* (P. Chandrasekhara Rao)", *Am. J. Int'l L.*, Vol.78, No.2 (Apr., 1984), pp. 549-551.

106. Natalia Loukacheva, "Arctic Indigenous Peoples' Internationalism: in Search of a Legal Justification", *Polar Record*, Vol.45, No.232 (2009), pp.51-58.

107. Nelson Fernando Coelho, "A Autoridade da Humanidade: Uma Análise à Proteção Institucional do Reduto Geográfico do Património Comum da Humanidade no Contexto Jurídico-Político do Fenómeno de Alargamento das Plataformas Continentais Além das 200 Milhas marítimas", *Estudos Doutoramento & Mestrado*, (Janeiro 2014), pp.7-53

108. Nick Sciullo, "Canada and Russia in the North Pole: Cooperation, Conflict, and Canadian Identity in the Interpretation of the Arctic Region", *Crossroads*, Vol.8, Issue 1 (2008), pp.93-109.

109. Nele Matz-Lück, "Planting the Flag in Arctic Waters: Russia's Claim to the

North Pole", *Göttingen Journal of International Law*, Vol.1, Issue 2 (2009), pp.235-255.

110.Njord Wegge, "The Political Order in the Arctic: Power Structures, Regimes and Influence", *Polar Record*, Vol.47, Issue 241 (2011), pp.165-176.

111. Nugzar Dundua, "Delimitation of Maritime Boundaries between Adjacent States", Toyko: Paper Submitted for the programme of the United Nations-The Nippon Foundation, 2006-2007.

112. Olya Gayazova, "China's Rights in the Marine Arctic", *Int'l J. Marine & Coastal L.*, Vol.28, Issue 1 (2013), pp.61-96.

113. Olya Gayazova, "The North Pole Seabed Nature Reserve as a Provisional Arrangement", *Int'l J. Marine & Coastal L.*, Vol.27, Issue 1 (2012), pp. 97-133.

114.Oran R. Young, "If an Arctic Ocean Treaty is not the Solution, What is the Alternative?", *Polar Record*, Vol.47, Issue 243 (2011), pp.327-334.

115. Øystein Jensen and Svein Vigeland Rottem, "The Politics of Security and International Law in Norway's Arctic Waters", *Polar Record*, Vol.46, Issue 236 (2010), pp.75-83.

116. Øystein Jensen, "Arctic Shipping Guidelines: Towards a Legal Regime for Navigation Safety and Environmental Protection?", *Polar Record*, Vol.44, Issue 229 (2008), pp.107-114.

117.Øystein Jensen, "The Delimitation of the Continental Shelf beyond 200 Nautical Miles: Norwegian and Russian Perspectives in Arctic Waters", *Internasjonal Politikk*, Vol.66, Issue 4 (2008), pp.563-597.

118. Paul Kendrick, "The Polar Invasion: An Examination of Canadian Policy Perspectives Associated with Arctic Governance", Halifax: Thesis Submitted for the Degree of Master of Marine Management at University of Dalhousie, 2013.

119. Paul Tempest, "Boundaries and Energy-Changing Attitudes of the World Petroleum Industry", in Gerald Blake, Martin Pratt, Clive Schofield and Janet Allison Brown, et al., *Boundaries and Energy: Problems and Prospects*, The Hague: Kluwer Law International, 1998, pp.43-50.

120.Peat, Markjick, Mitchell & CO., *Alaska OCS Socioeconomic Studies Program Beaufort Sea Region Socioeconomic Baseline*, Alaska OCS Socioeconomic Studies Program, Technical Report No. 11, (July, 1978), No. AA550-CT6-61, pp.

1-600.

121. Piotr Graczyk and Timo Koivurova, "A New Era in the Arctic Council's External Relations? Broader Consequences of the Nuuk Observer Rules for Arctic Governance", *Polar Record*, Vol.50, Issue 254 (2014), pp.225-236.

122. P. R. Vogt, P. T. Taylor and L. C. Kovacs, "The Canada Basin: Aeromagnetic Constraints on Structure and Evolution", *Tectonophysics*, Vol. 2 (1982), pp. 295-336.

123. P. R. Vogt, P. T. Taylor, L. C. Kovacs and G. L. Johnson, "Detailed Aeromagnetic Investigation of the Arctic Basin", *Geophys*, Vol.84 (1979), pp. 1071-1089.

124. Rebecca M.Bratspies, "Human Rights and Arctic Resources", *Sw. J. Int'l L.*, Vol.15 (2009), pp.251-281.

125. Rebecca M. Bratspies, "The Intersection of International Human Rights and Domestic Environmental Regulation", *GA. J. Int'l & Comp. L.*, Vol.38 (2010), pp.1-24.

126. Richard D. Parker and Zagros Madjd-Sadjadi, "Emerging Legal Concerns in the Arctic: Sovereignty, Navigation and Land Claim Disputes", *Polar Record*, Vol. 46, Issue 239 (2010), pp.336-348.

127. Richard Woodman, "A Medal for the Arctic?", *Polar Record*, Vol.43, No.226 (2007), pp.285-286.

128. Robert Hahn and PeterPassell, "The Economics of Allowing More Domestic Oil Drilling", *Reg-Markets Center Working Paper*, No.08-21, September 9, 2008, pp.1-36.

129. Robert L.Friedheim, "The U.S.-Canada Arctic Policy Forum: Impressions from the American Co-Chair", *Arctic*, Vol.39, Issue 4 (1986), pp.360-367.

130. Rob Huebert, "Canadian Arctic Sovereignty and Security in a Transforming Circumpolar World", *Canadian International Council*, 2009, pp.1-34.

131. Robin Kundis Craig, "Ocean Governance for the 21st Century: Making Marine Zoning Climate Change Adaptable", *Harvard Environmental Law Review*, Vol.36 (2012), pp.305-350.

132. Ron Macnab, "The Case for Transparency in the Delimitation of the Outer Continental Shelf in Accordance with UNCLOS Article 76", *Ocean Dev. & Int'l L.*, Vol.35, Issue 1 (2004), pp.1-17.

133. Scott J. Shackelford, "The Tragedy of the Common Heritage of Mankind", *Stanford Environmental Law Journal*, Vol.27 (2008), pp.101-157.

134. Scott J. Shackelford, "Was Selden Right? The Expansion of Closed Seas and its Consequences", *Stan. J Int'l L.*, Vol.47 (2011), pp.1-45.

135. Sidsel Saugestad, "Regional and Indigenous Identities in the High North: Enacting Social Boundaries", *Polar Record*, Vol. 48, No. 246 (2012), pp. 229-235.

136. Stephanie Holmes, "Breaking the Ice: Emerging Legal Issues in Arctic Sovereignty", *Chi. J. Int'l L.*, Vol.9, Issue 1 (2008-2009), pp.323-352.

137. Suzanne Robinson, "'Take it from the Top': Northern Conceptions about Identity in the Western Arctic and Beyond", *Polar Record*, Vol.48, No.246 (2012), pp.222-229.

138. Svein Vigeland Rottem, "The Arctic Council and the Search and Rescue Agreement: the Case of Norway", *Polar Record*, Vol.50, No.254 (2014), pp. 284-292.

139. Tammy Gibson, "An Assessment of the Interface Between Scientists and Policy Makers in the Context of Climate Change in Canada's Arctic", Winnipeg: Natural Resources Institute, University of Manitoba, 2008.

140. Tatiana Vlasova and Sergey Volkov, "Methodology of Socially-oriented Observations and the Possibilities of Their Implementation in the Arctic Resilience Assessment", *Polar Record*, Vol.49, No.250 (2013), pp.248-253.

141. Timo Koivurova and David L. Vanderzwaag, "The Arctic Council at 10 Years: Retrospect and Prospects", *U. B. C. L. Rev.*, Vol. 40, Issue 1 (2007), pp. 121-194.

142. Timo Koivurova, "Book Review about International Law and the Arctic (Michael Byers)", *Eur. J. Int'l L.*, Vol.25, Issue 1 (2014), pp.349-355.

143. Timo Koivurova, "Environmental Protection in the Arctic and Antarctic: Can the Polar Regimes Learn from Each Other?", *International Journal of Legal Information*, Vol.33 (2005), pp.204-210.

144. Timo Koivurova, "Governance of Protected Areas in the Arctic", *Utrecht Law Review*, Vol.5(2009), pp.44-60.

145. Timo Koivurova, "Integrated Maritime Policy of the European Union: Challenges, Successes, and Lessons to Learn", *Coastal Management*, Vol.40,

No.2 (2012), pp.161-171.

146. Timo Koivurova, Kai Kokko, Sebastien Duyck, Nikolas Sellheim, and Adam Stepien, "The Present and Future Competence of the European Union in the Arctic", *Polar Record*, Vol.48, Issue 247 (2012), pp.361-371.

147. Timo Koivurova, "Limits and Possibilities of the Arctic Council in a Rapidly Changing Scene of Arctic Governance", *Polar Record*, Vol. 46, Issue 237 (2010), pp.146-156.

148. Torbjørn Pedersen, "Denmark's Policies toward the Svalbard Area", *Ocean Dev. & Int'l L.*, Vol.40, Issue 4 (2009), pp.319-332.

149. Torbjørn Pedersen, "Norway's Rule on Svalbard: Tightening the Grip on the Arctic Islands", *Polar Record*, Vol.45, Issue 233 (2009), pp.147-152.

150. Trevor H. Levere, "Vilhjalmur Stefansson, the Continental Shelf, and a New Arctic Continent", *Br. J. Hist. Sci.*, Vol. 21, Issue 2 (Jun., 1988), pp. 233-247.

151. Trevor Lloyd, "Some International Aspects of Arctic Canada", *International Journal*, Vol.25, Issue 4 (1970), pp.717-725.

152. Troels Jacobsen and Ian R. Stone, "Kolbeinsey: Iceland's Arctic Island", *Polar Record*, Vol.42, No.221 (2006), pp.167-169.

153. T. Southall, P. Medley, G. Honneland, P. MacIntyre and M. Gill (Food Certification International Ltd.), et al., *The Barents Sea Cod & Haddock Fisheries: Final Report*, A Report of Ocean Trawlers / Three Towns Capital, (Oct. 2010), pp.1-188.

154. Victor Prescott, "National Rights to Hydrocarbon Resources of the Continental Margin Beyond 200 Nautical Miles", in Gerald Blake, Martin Pratt, Clive Schofield and Janet Allison Brown, et al., *Boundaries and Energy: Problems and Prospects*, The Hague: Kluwer Law International, 1998, pp.51-82.

155. Vladimir Jares, "Continental Shelf beyond 200 Nautical Miles: The Work of the Commission on the Limits of the Continental Shelf and the Arctic", *Vand. J. Transnat'l L.*, Vol.42 (2009), pp.1265-1305.

156. Vsevolod Gunitskiy, "On Thin Ice: Water Rights and Resource Disputes in the Arctic Ocean", *Journal of International Affairs*, Vol. 61, Issue 2 (Spring/Summer 2008), pp.261-271.

157. W. G. Rees, "Assessment of ASTER Global Digital Elevation Model Data for

Arctic Research",*Polar Record*, Vol.48, No.244 (2012), pp.31-39.

158.William V. Dunlap, "Regional and International Cooperation in the Regulation of Energy Resources in the Arctic", in Gerald Blake, Martin Pratt, Clive Schofieldand Janet Allison Brown, et al., *Boundaries and Energy: Problems and Prospects*, The Hague: Kluwer Law International, 1998, pp.297-318.

IV. Websites

1.Arctic Council, available at http://arctic-council.org/

2.Arctic Portal, available at http://www.arcticportal.org/iasc/

3.Arctic Summit of Economist Conferences (CEMEA), available at http://cemea.economistconferences.com/event/arctic-summit? utm_source = Economist&utm_medium=Banner&utm_campaign=ECOBAN#.UK5YNOS3-aV

4.Australian Government Department of Foreign Affairs and Trade, available at http://www.dfat.gov.au/pages/default.aspx

5.Commission on the Limits of the Continental Shelf (CLCS), available at http://www.un.org/Depts/los/clcs_new/clcs_home.htm

6.Council of Managers of National Antarctic Programs, available at https://www.comnap.aq/

7.EU Arctic Information Center, available at http://www.arcticinfo.eu/en/

8.European Union External Action for Northern Dimension, available at http://eeas.europa.eu/north_dim/index_en.htm

9.Foreign Affairs, Trade and Development Canada, available at http://www.international.gc.ca/international/index.aspx? lang=eng

10.Foreign & Commonwealth Office of the United Kindom, available at https://www.gov.uk/government/organisations/foreign-commonwealth-office

11.France Diplomatie, available at http://www.diplomatie.gouv.fr/en/

12.Government Office of Sweden, available at http://www.government.se/

13.International Boundaries Research Unit of Durham University, available at http://www.dur.ac.uk/ibru/resources/arctic/

14.International Court of Justice, available at http://www.icj-cij.org/homepage/index.php? lang=en

15.International Tribunal for the Law of the Sea, available at http://www.itlos.org/

16.Ministry for Foreign Affairs of Denmark, available at http://um.dk/en/

17. Ministry for Foreign Affairs of Finland, available at http://formin.finland.fi/public/default.aspx? culture=en-US&contentlan=2
18. Ministry for Foreign Affairs of Iceland, available at http://www.mfa.is/
19. Ministry for Foreign Affairs of Japan, available at http://www.mofa.go.jp/
20. Ministry for Foreign Affairs of Norway, available at https://www.regjeringen.no/en/id4/
21. Ministry for Foreign Affairs of Republic of Korea, available at http://www.mofat.go.kr/ENG/main/index.jsp
22. Ministry for Foreign Affairs of the Russian Federation, available at http://www.mid.ru/brp_4.nsf/main_eng
23. NSIDC Scientific Data Search, available at http://nsidc.org/
24. Permanent Court of Arbitration , available at http://www.pca-cpa.org/showpage.asp? pag_id=363
25. Scott Polar Research Institute, available at http://www.spri.cam.ac.uk/
26. United Nations, available at http://www.un.org/en/
27. United Nations-Office of Legal Affairs, available at http://legal.un.org/ola/
28. U.S. Department of State, available at http://www.state.gov/

附录　与本书相关的地图资料

地图 1：俄挪两国巴伦支海划界主张及存续于 1978—2010 年之间的“灰色地带”①

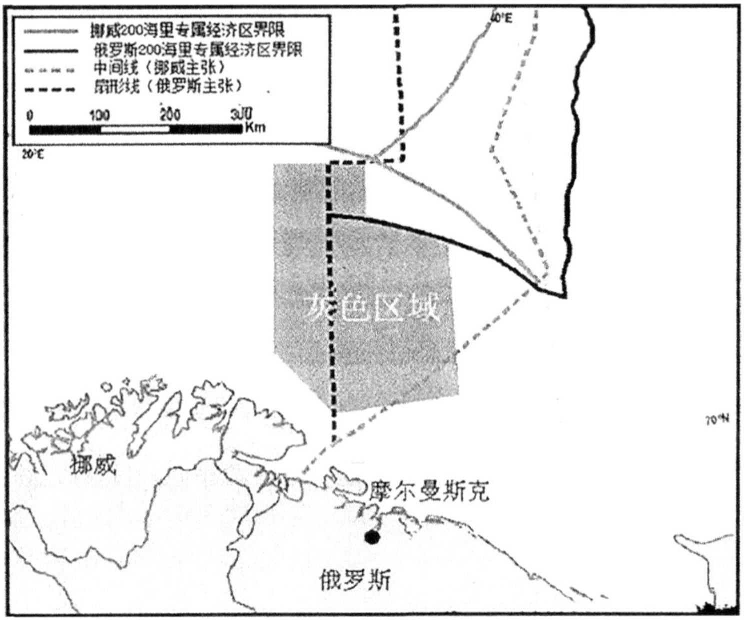

① 资料来源：姬中辉：《俄罗斯与挪威巴伦支海海洋划界研究——争端解决何以成为可能》，上海社会科学院 2014 年硕士学位论文，第 13 页。

地图 2：俄挪两国 2010 年巴伦支海划界协定确立的边界与两国之前划界主张的比较①

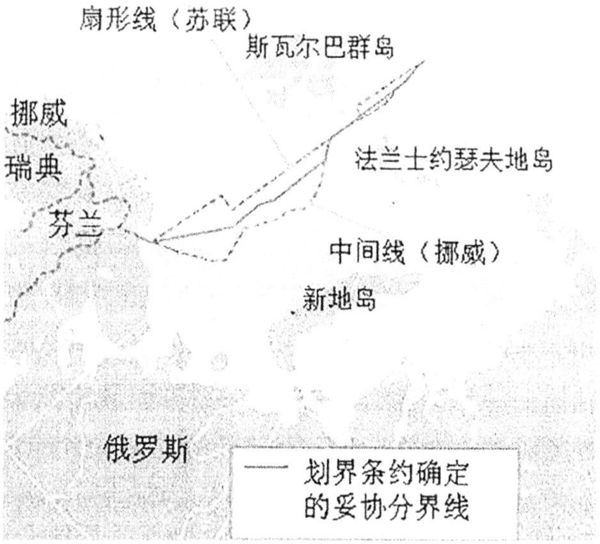

① 资料来源：姬中辉：《俄罗斯与挪威巴伦支海海洋划界研究——争端解决何以成为可能》，上海社会科学院 2014 年硕士学位论文，第 15 页。

地图 3：2010 年划界协定文本后附的俄挪巴伦支海边界地图①

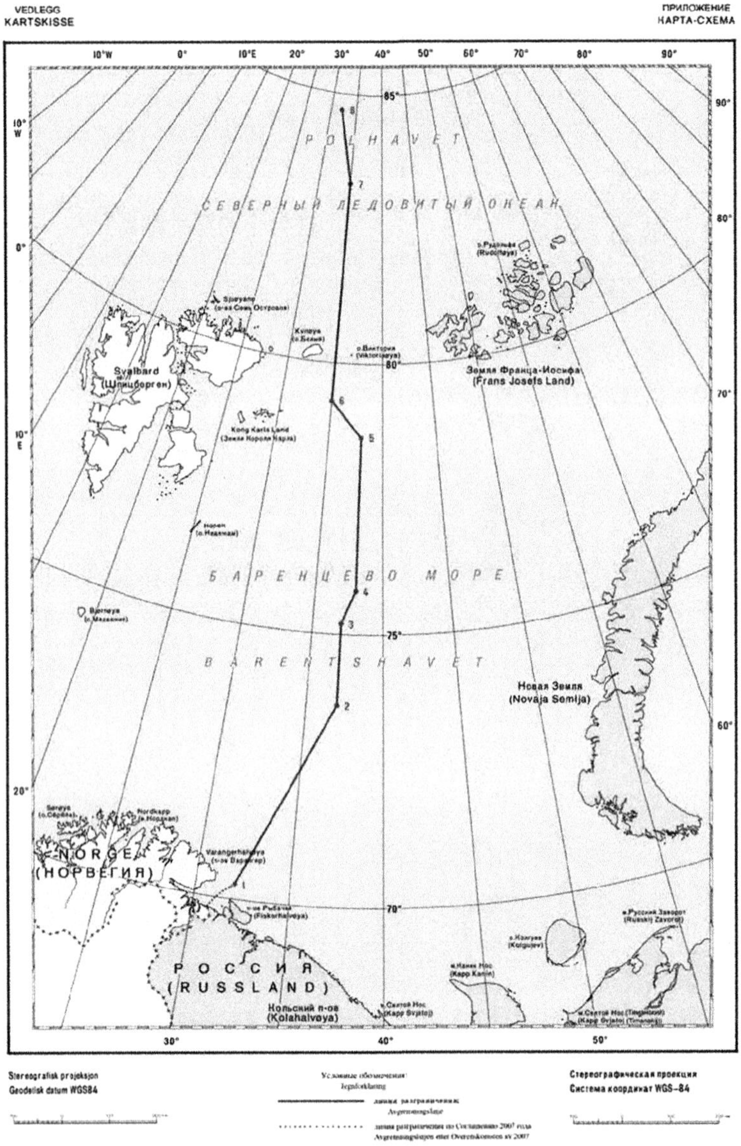

① 资料来源：See Treaty between the Kingdom of Norway and the Russian Federation concerning Maritime Delimitation and Cooperation in the Barents Sea and the Arctic Ocean, 2010, p. 16.

地图 4：加拿大与丹麦(格陵兰)之间的海洋边界示意图，图中的黑色实线，为1973 年《加丹海洋划界协议》所确定的两国海洋单一分界线，黑色虚线部分则是 2012 年《加丹海洋划界协议》所新增的两国海洋边界线，蓝色虚线是两国 200 海里管辖海区的各自外部界限(1. 林肯海 2. 内尔斯海峡 3. 巴芬湾 4. 戴维斯海峡 5. 拉布拉多海)①

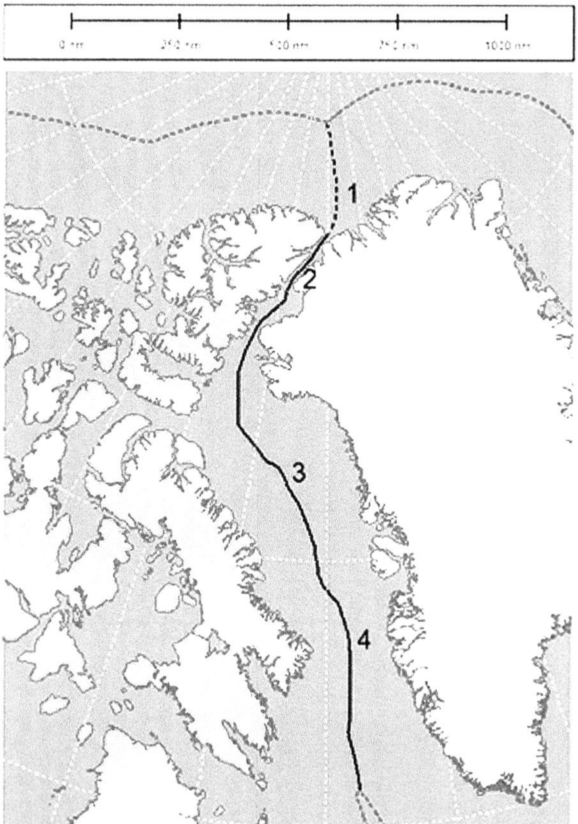

① 资料来源：贾宇：《从林肯海划界看北极的“和与争”——关于加拿大和丹麦/格陵兰海域划界的思考》，载《中国海洋报》2013 年 2 月 20 日，第 004 版。另可查询加拿大外交贸易和发展部官网新闻，“Canada and Kingdom of Denmark Reach Tentative Agreement on Lincoln Sea Boundary”, November 28, 2012. Available at http://www.international.gc.ca/media/aff/news-communiques/2012/11/28a.aspx?lang=eng.

地图 5：1867 年协定所划定的美俄两国海洋边界大致范围①

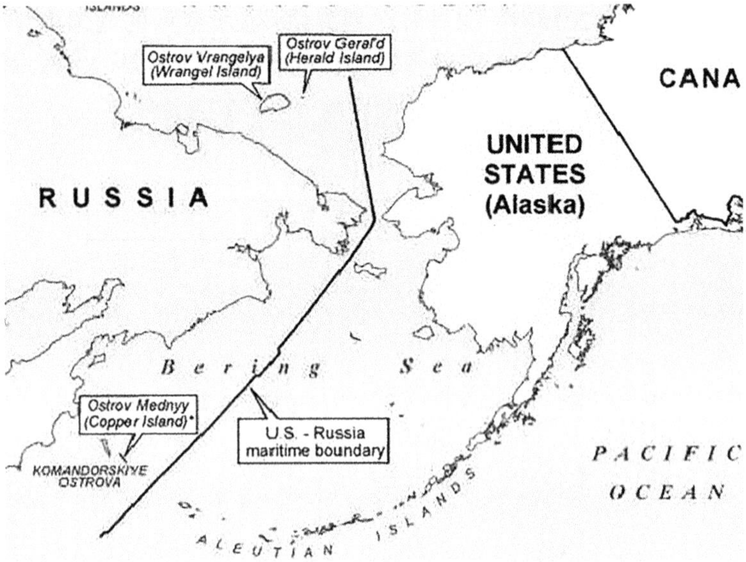

① 资料来源：维基百科，网址：http：//en. wikipedia. org/wiki/USSR% E2% 80% 93USA_Maritime_Boundary_Agreement.

地图 6：1990 年美苏海洋划界协定所划定的两国海洋边界及特别区域[1]

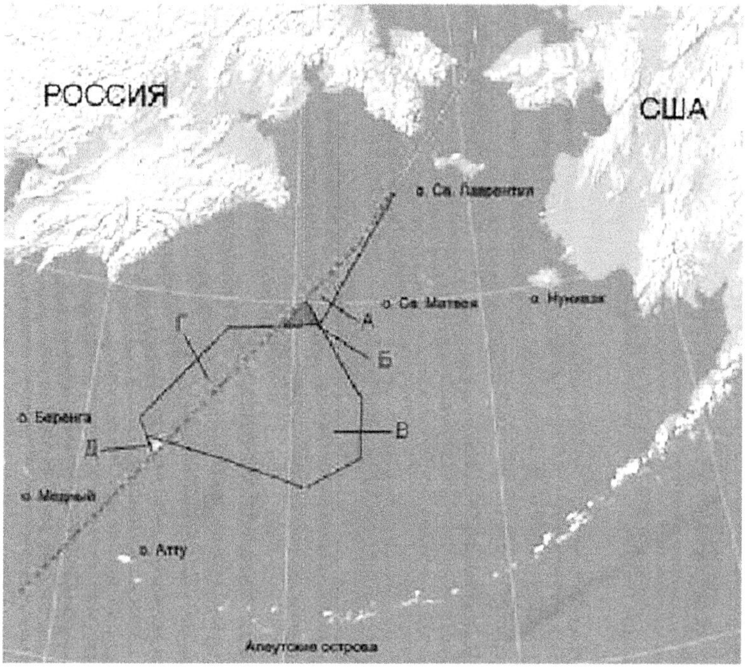

[1] 资料来源：See Website，available at http：//voprosik. net/kak-sssr-i-rossiya-otdavali-territorii-amerike/.

地图 7：2001 年俄罗斯外大陆架划界案申请区域(北冰洋及巴伦支海部分)①

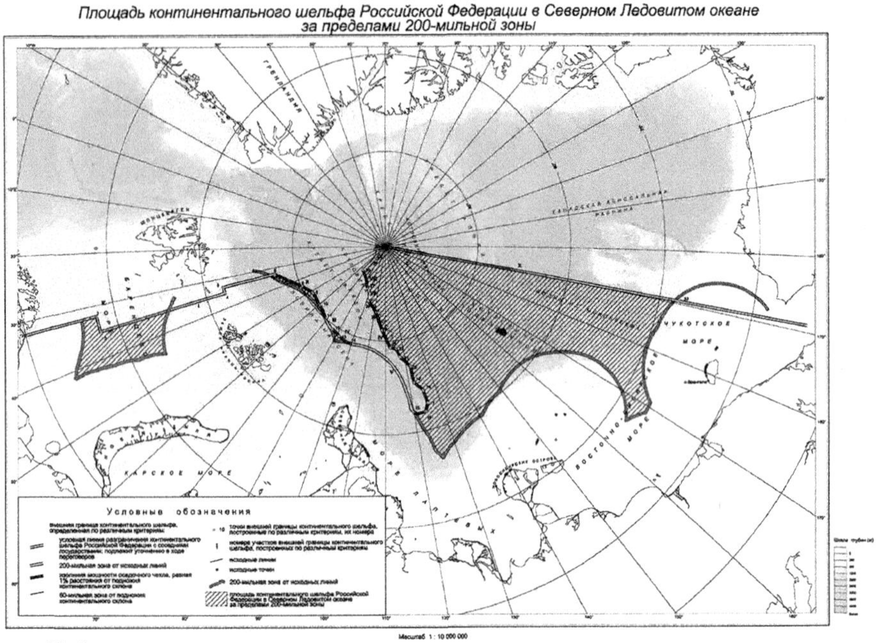

Map 2

① 资料来源：See Summary of the Recommendations of the Commission on the Limits of the Continental Shelf in regard to the Submission Made by Russia in respect of Areas in the Arctic Ocean and the Barents Sea on 21 December 2001.

地图 8：2015 年俄罗斯外大陆架补正划界案申请区域(北冰洋部分)①

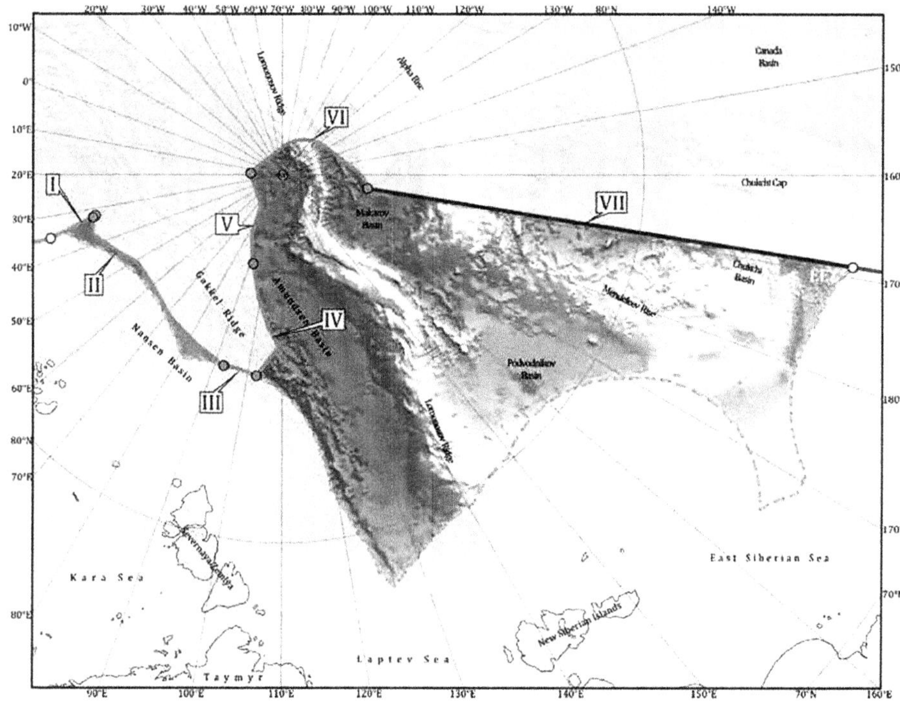

Fig.1. Claimed OLCS line under Article 76 of the Convention in accordance with this partial revised

① 资料来源：http：//www. un. org/Depts/los/clcs_new/submissions_files/rus01_rev15/2015_08_03_Exec_Summary_English. pdf.

地图 9：2006 年挪威外大陆架划界案申请区域①

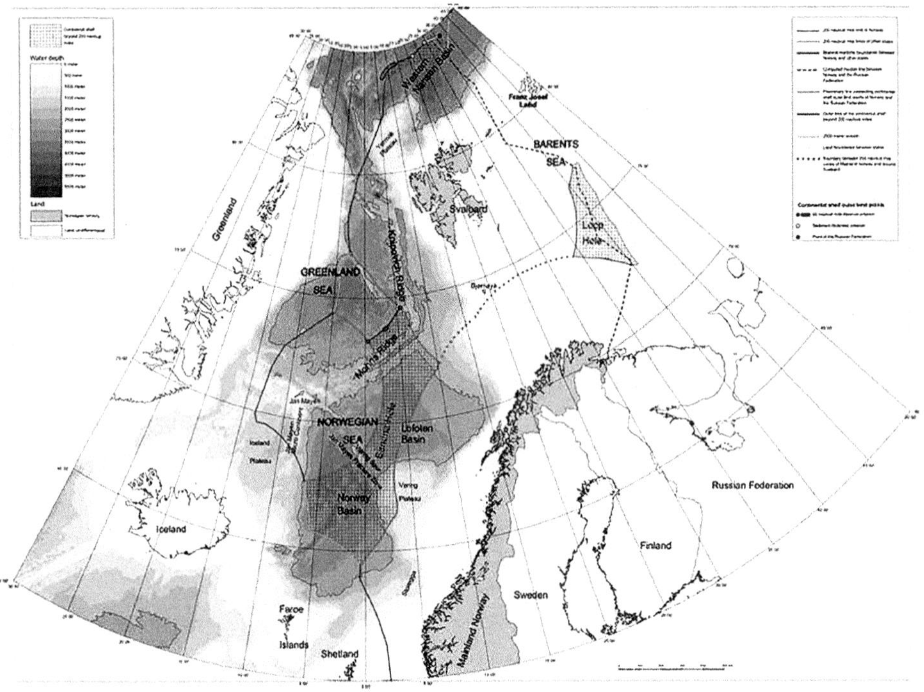

① 资料来源：See Summary of the Recommendations of the Commission on the Limits of the Continental Shelf in regard to the Submission Made by Norway in respect of Areas in the Arctic Ocean, the Barents Sea and the Norwegian Sea on 27 November 2006.

地图 10：2014 年丹麦(格陵兰)北冰洋外大陆架划界案申请区域①

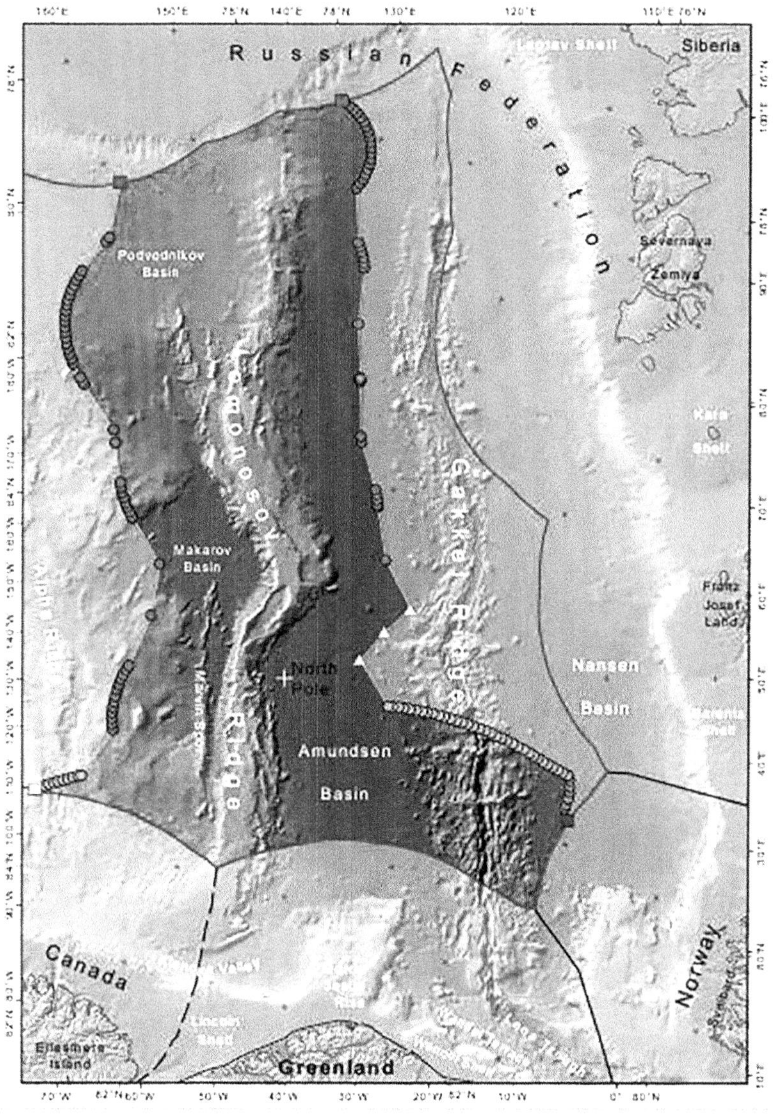

① 资料来源：See The Northern Continental Shelf of Greenland, Partial Submission of the Government of the Kingdom of Denmark together with the Government of Greenland to the CLCS, 15 December 2014.

地图 11：2019 年加拿大北冰洋外大陆架划界案申请区域①

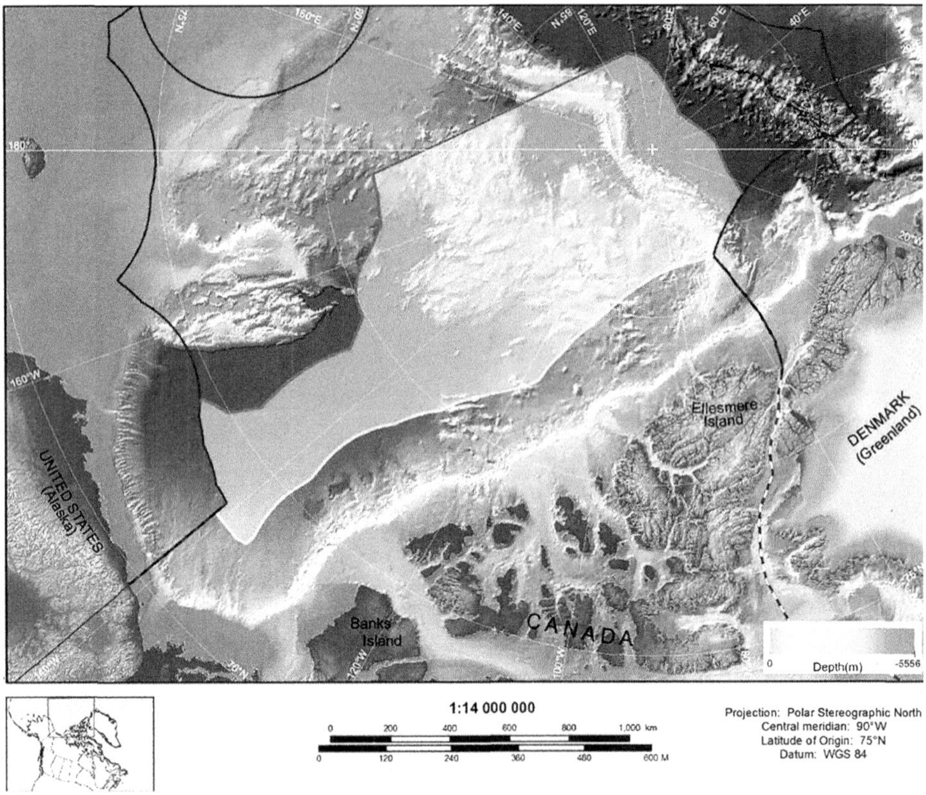

① 资料来源：See the Partial Submission in Respect of the Arctic Ocean by Canada to the CLCS, 23 May 2019.

后　　记

“真英雄何所遇？他遇到的只是全身的伤痕、孤单的长途和愈来愈真切的渺小感。”

——张晓风：《高处何所有》

2015年6月从武汉大学法学院博士毕业后，我实际上一直处在高强度连轴转的工作节奏中。接近5年的时间里，自己一直是在多线作战的紧张节奏中来回切换，而且内外兼至的压力，也决定了自己越到后面越感觉到时间和精神状态的紧绷，很多时候都只能是开启一路狂飙的模式。所幸，这段戎马倥偬的岁月虽然艰苦，却也无比难忘，洋溢着苦中作乐的满满体悟。跃马飞奔的不仅有必须全身心投入的工作任务，同样也有一系列成果的满载而归。回望这段并不容易的高压工作经历，对我这样的新手青椒来说，无疑也是一次让自己快速成长的风云洗礼。不过，与自己在其他方面的快速进展相比，由于各项工作任务的纷至沓来以及自身能力和精力的有限，我自己的博士论文反而拖着延宕至今，一直没能修改出版。直到2018年有幸得遇武汉大学出版社的胡荣老师，在她的指导帮助下，我才终于重启对自己博士论文旧作的润色与打磨。看着屏幕里这份几年前花费了自己好一番工夫才得以完成的作品，许多读博期间的美好回忆，也瞬间在脑海中奔涌回放开来。读博的那三年，可以说是自己人生中最快乐也最纯粹的一段美好时光，那时候的日子除了专心学术外是无忧无虑的，每天在简陋的枫园11舍(有“枫园学术民工楼”之戏称，盖因当年这栋楼住宿条件最差，但走出的学术大神数量最多)203室内，翻卷书页的沙沙声与键盘敲击的哒哒声的低低合唱，已融为我读博时每日个人生活的最佳伴奏曲。而在论文写作之余，还可徜徉于枫园那那宛如世外桃源般的湖光山色间，散步、晨读、听英语。可以说，以武大法学院和枫园11舍为圆心的环境，虽然向外出行并不方便，但好处就在于那里远避尘嚣，让人自然而然地潜心学海，这一切在蘸上时光的油彩之后，现在再度回首，便更显其可爱、可贵、可感与可恋。

作为自己的首部专著，本书是在自己博士论文的基础上修改整理而成的。因此，作为我读博三年期间认真指导并关怀我成长每一步的博士生导师，黄德明教授对我的指点和教诲确实是我首先需要由衷感谢的。能为黄老师赏识并收入门下，此生幸矣。正是因为导师无微不至的关怀和不离不弃，本人才得缘步入自本科以来所最为向往的珞珈国际法殿堂，一偿自己的学术夙愿。自正式入学读博以来，黄老师作为我的博士生导师，从各个方面关心我的成长，并在具体的研究事项上给予了大量的帮助。我的每一份研究计划、论文初稿交予导师审阅时，黄老师都会在探讨中给出详细的指导意见，鼓励我结合自身的兴趣和前期资料积累优势深化相关领域的研究。在读博阶段，自己能在《法学家》这样等级的法学专业重要期刊上发表与北极 200 海里大陆架划界相关的论文研究成果，亦与导师的督促和推荐密不可分。在生活上，身为黄门弟子更是福利多多。黄老师常做东招待我们学生，改善我们的伙食，师门之间的情谊也在交流中不断密切和加深。对导师的感恩并非三言两语所能言尽，如今，我很庆幸自己有机会在学术探索的道路上继续朝着自己的理想和目标前行，唯有加倍努力，才能不负导师对我的点拨与期许。

在此，还必须由衷感谢读博所在的武汉大学法学院的两大学者名师——余敏友教授和曾令良教授对我的点拨、赏识与提携。余老师和曾老师既是本人学习效仿的终身楷模，在我读博期间以及在我后来人生中关键时刻，两位老师所给予的肯定、提携与栽培，更是令我永远心怀感激。余老师作为武汉大学中国边界与海洋研究院的院长，既是我在工作单位的直接领导，也是我人生关键阶段的伯乐，千里马常有，而伯乐不常有。回想我在跨入武汉大学国际法研究所的专业殿堂之初，当时还只是一介新人，并非是从本科起就一直在武大就读的土著，但余老师与曾老师两位国际法重量级人物对我的指导与勉励，在公开场合对我的肯定与赞许，直接激发了我奋翼起飞的巨大精神动力。进入武大边海院工作后，我也一直跟随余老师从事关于南海问题的海洋法、国际法与国际关系相结合的跨学科研究，在具体研究的进程中也是直接得益于余老师的悉心指教与丰富资料分享，我也由此正式开启了从极地到南海的对比式研究，利用两个研究面的兼跨，初步形成了相互呼应的研究理路；行文至此，我也深切缅怀我的另一位伯乐曾令良先师，曾老师生前对我的鼓励是巨大的，一直到去世前两个月还在关注我的成长，给我提供相关的学术资源和条件。可惜天有不测，未想曾老师竟骤然离去，心中至哀至痛，只能扼腕。在 2018 年 6 月拿下国家社科基金青年项目后，我曾缓步前往珞珈山曾老师长眠处凭吊，当时是叶落满山的肃穆，周边风疾林徐的阵阵涛声，也似风云涌动的战鼓。唯有以此砥砺，作为自己哀思的寄托，让之后自己的前行更有一份信念和力量。

在工作后，我也得到了不少机会来提升自己对极地问题的思考维度。我自己原先是立足于从国际海洋法的视角出发，来以点带面地撬动对整个极地问题的分析探讨。这一视角当然有其优势所在，因为海洋正是极地问题特别是北极问题中最主要也是最核心的要素板块，且在当前极地事务的具体议题之下，极地海洋法问题也处于学理和实践的最前沿。所以这一主攻方向我会继续坚持下去，而从国际关系、公共政策的跨学科角度，又可视为极地研究中的另一扇窗口，从这扇窗口往外看，可以帮助研究者观察到一个更加宏观、更为多元的学术世界。所以在工作之后，我也一直在努力重构自己的极地研究思路体系，一面是法律，一面是政策，如果两者能双剑合璧的话，跨学科视角下的研究方法既可相互切换，也能互为补充。2018 年 5 月，我有幸应邀参加了在大连海事大学举办的第五届中加北极合作论坛（The 5th Sino-Canadian Exchange on the Arctic）研讨会，在会上的研讨成果也给了我相应的启发。在这个过程中，我的同事、武大边海院的匡增军教授给了我很多极具洞见的启发性建议，与其他老师和院校同仁的交流也让我受益良多。所以在此同时也要感谢匡老师以及中南财经政法大学法学院的邓烈教授，中国海洋大学法学院的刘惠荣书记、董跃副院长、白佳玉教授，中国海洋大学国际事务与公共管理学院的孙凯副院长，大连海事大学法学院的初北平院长和外交学院国际法系的宋岩老师，感谢您们在共同探讨过程中给我提供的诸多指点与帮助。此外还要特别感谢我的另一位恩师——我的硕士生导师、南昌大学法学院的顾兴斌教授，顾老师一直关注着我在武大的不断成长，始终给予我无微不至的关心与支持，这也让我铭念在心，有强大的动力继续努力下去，积跬步、致千里，不断做出新的成绩与顾老师以及其他关心我的师友同仁们分享。

当这部书稿的后记在键盘上敲下最后的尾声，我也不禁意识到，自己人生中的又一个重要阶段即将完成，上一个句号的写下，也意味着下一章新篇的开启，“凡是过往，皆为序章”。人生的每时每刻都可能遇到不小的压力和挑战，但沉下心来日积月累，蓦然回首会发现，所有的荆棘之旅都有它不虚此行的使命和意义，原来，自己也有能力去跋涉千山万水的距离。当然，由于工作这几年主客观环境的高度紧张，以及因在不同工作任务间的来回切换所致的研究时间缩水，最后这部专著所涉及的有关问题在未来仍有待进一步的驾驭和深化，本人也期待能够在后续的研究过程中予以完善和提升。在此，我还要特别感谢武汉大学出版社的胡荣老师和出版社的其他老师们，是你们的鼓励、支持与关怀，才使得本书最后能在博士论文修改的基础上得以顺利付梓。

最后，本人需要致以最崇高敬意和最深切感激的，是为我操劳了大半辈子、年过花甲的父母。父母养育之恩，今生今世都实难报答。父母常教育我：人生的不同阶段总有高低起伏，不可能事事顺意，只要做好了自己，就不扰于心，不困于行；只要不负勇往，迎向光明，即再无忧虑和恐惧。父母在话语里的敦敦教诲，常让我深刻体悟到父母对我之期之盼的殷殷之意。与父母相陪相伴的时光，是我最最珍惜的宝贵财富。对于未来，我期望可以给父母更好的回馈。岁月让父母无法逆转地老去，而其中沉淀的，也是父母对我的深切期待，每每凝神自思，我可否以实际行动做得比现在更好，这是份暖心而沉甸甸的责任。与成长相伴随的，理应是更大的担当。谨以此为终生之自勉。

是为后记。

章成

二零二零年一月七日

于武大边海院